本书受到国家社会科学基金西部项目"政府行为与企业社会责任嵌套机制研究"（项目编号：15XGL009）的资助。

规制俘获与
企业社会责任关系研究

郭岚 ◎ 著

STUDY ON THE RELATIONSHIP BETWEEN
REGULATORY CAPTURE AND CORPORATE
SOCIAL RESPONSIBILITY

中国社会科学出版社

图书在版编目（CIP）数据

规制俘获与企业社会责任关系研究 / 郭岚著 . —北京：中国社会科学出版社，2021.6
ISBN 978-7-5203-8247-2

Ⅰ.①规⋯　Ⅱ.①郭⋯　Ⅲ.①企业责任—社会责任—研究　Ⅳ.①F272-05

中国版本图书馆 CIP 数据核字（2021）第 069930 号

出 版 人	赵剑英	
责任编辑	黄　晗	
责任校对	周　昊	
责任印制	王　超	

出　版	中国社会科学出版社	
社　址	北京鼓楼西大街甲 158 号	
邮　编	100720	
网　址	http://www.csspw.cn	
发 行 部	010-84083685	
门 市 部	010-84029450	
经　销	新华书店及其他书店	
印　刷	北京明恒达印务有限公司	
装　订	廊坊市广阳区广增装订厂	
版　次	2021 年 6 月第 1 版	
印　次	2021 年 6 月第 1 次印刷	
开　本	710×1000　1/16	
印　张	15	
插　页	2	
字　数	216 千字	
定　价	79.00 元	

凡购买中国社会科学出版社图书，如有质量问题请与本社营销中心联系调换
电话：010-84083683
版权所有　侵权必究

前　言

　　自1924年谢尔顿提出"企业社会责任"以来，国外企业社会责任研究，已经从最初"企业是否应该履行社会责任"的讨论，进入战略社会责任管理阶段。学者们将企业履行社会责任的动机划分为"漂绿型""战略社会责任""完全利他型"社会责任。国外很多著名企业把企业社会责任作为企业核心战略，战略地履行社会责任，实现"企业在做好事的同时做得好"。

　　近20年来，国内企业社会责任发展迅速。企业社会责任已在中国从无到有，从舶来品到真正根植于中国社会。15年来，中国政府陆续推出各项政策和法令，力图将提升企业社会责任意识与地方政府绩效考核有机结合起来，以实现社会的可持续发展。2006年1月，重新修订的《中华人民共和国公司法》在"总则"中将"履行社会责任"规定为公司必须履行的一项义务。随后，深圳证券交易所和上海证券交易所相继公布了《上市公司社会责任信息揭露指引》，以引导上市公司主动揭露社会责任信息。2012年年底，中央经济工作会议明确提出了"强化大企业的社会责任"；党的十八届三中全会将"承担社会责任"作为深化国有企业改革的六项重点工作之一；党的十八届四中全会特别提出要"加强社会责任立法"；党的十八届五中全会提出"创新、协调、绿色、开放、共享"的发展理念；党的十九大将企业社会责任上升为国家意志和国家战略。这一国家战略的提出，意味着企业必须提升履行社会责任的水平。在习近平新时代中国特色社会主义思想的引领下，中国企业特别是国有企业发展应"坚持经济效益和社会效益并重"。一个企业既需要承担经济责任、法律责任，又需要承担社会责任和道德责任。企业做得越大，公众对企业社会承担各项责任的要求也就越高。

现实中，中国政府推进企业履行社会责任的进程和力度发展极不平衡；东部经济发达地区与中部、西部地区差异较大。以此为背景，本书在中国式财政分权背景下，在考虑地区经济发展水平、财政自给能力和地方治理基础上，试图回答以下几个问题：首先，中国各行业社会责任内容是否一致，不同行业企业、同一行业中，不同发展阶段企业是否具有独特的社会责任议题。其次，中国上市公司是否会根据企业内外资源差异，战略选择社会责任维度和履行社会责任的程度？再次，从政策制定者角度，综合运用规制俘获理论和资源依赖理论，分析企业规制俘获的内在基础，探讨规制行为选择与企业社会责任的关系。最后，从影响域的角度，研究企业如何通过经济影响力、政治影响力、行业影响力等方式进行规制俘获，进而获得有利于企业发展的行业规制，降低社会责任的规制要求。本书认为，企业规制俘获、战略选择社会责任履行的程度、战略选择社会责任维度均为了寻求企业发展的关键资源。

本书研究的主线：中国企业社会责任的多角色源于企业的资源依赖。企业社会责任是企业综合运用经济影响力、政治影响力和行业影响力进行战略选择的结果。而由于地区经济、政府治理能力的差异，企业通过各类影响力进行规制俘获，影响企业社会责任的行为选择存在差异，因而表现出明显的非线性关系。故需要根据不同的影响力类型和政府异质性，对企业履行社会责任的行为进行研究。本书的写作沿着以下思路：首先，构建分行业社会责任评价指标体系，对中国上市公司社会责任进行评估分析，以辨析中国上市公司社会责任发展进程的阶段性特征。这将为深入研究中国企业社会责任现状以及社会责任相关理论研究提供数据参考。其次，以"资源依赖"为基础，理清规制俘获与企业社会责任理论连接的桥梁和纽带。再次，将企业规制俘获的影响力划分为经济影响力、政治影响力和行业影响力，构建相应的评价指标体系，通过客观数据刻画企业规制俘获的各类影响力强度。最后，在考虑政府异质能力情况下，分别探讨企业经济影响力、政治影响力、行业影响力与企业社会责任的关系。

本书研究的着力点和可能的创新点：在规制俘获与企业社会责任关系研究中，重点选取了经济影响力、政治影响力和行业影响力加以深入剖析，以期有所发现和创新。一是规制俘获这一独特视角，将企业规制俘获的影响力划分为经济影响力、政治影响力和行业影响力，并从政企双方活动的二维视角，实证检验了企业影响力与社会责任的关系。这一研究思路将实现（动态）规制俘获与企业社会责任理论的新综合。二是构建分行业特殊社会责任议题的评价体系和改进社会责任计量方法，可以展现新的社会责任研究维度，获得更加全面的社会责任评价数据，拓展了企业社会责任评价研究的内容和维度。三是从企业互动角度探索企业规制俘获的基础和条件，梳理企业规制俘获的路径和俘获方式；在企业规制俘获的影响力指标解构基础上，进一步构建了中国上市公司规制俘获数据库。这将为规制俘获微观层面的计量研究带来可供参考的新方法。新的研究思路和研究方法的综合运用发现：无论在何种政府类型下，企业经济影响力均与企业社会责任负相关；民营企业家当选或企业聘请人大代表、政协委员均能促进企业积极履行社会责任；企业政治影响力和行业影响力对企业社会责任各个维度的影响存在战略选择的现象。

通过以上关于企业规制俘获与企业社会责任关系的实证分析发现：虽然我们无法改变企业逐利的本性，但是可以从企业最大的内驱力（逐利）出发，以"经济效益和社会效益并重"为原则，引导企业战略履行社会责任；以政府、社会、行业协会以及企业各自的需求为基础，构建一个由政府、社会、行业协会与企业"四位一体"的企业社会责任嵌套治理框架，这将为推进企业积极履行社会责任提供一定的启示。

任何社会科学的研究都是一次不完美的尝试，本书亦然。企业社会责任的影响因素很多，除了政企关系、完备的政策环境、企业内驱力才是企业积极履行社会责任的关键。本书仅从资源依赖的角度，对企业规制俘获与企业社会责任的关系进行了探索，力图清晰刻画企业规制俘获的能力，以及这种规制影响力对企业社会责任的影响程度。

基于这个考虑，笔者自2015年获得社会科学基金资助开始，历时三年多时间进行数据调研、整理、分析和写作，但由于对应问题的复杂性，加之笔者能力所限，势必存在诸多不足之处。但笔者仍将在社会责任这个研究领域继续努力，不断放松研究假设，关注时代热点，以丰富研究成果，增强研究的实用性。本书的研究来自恩师沈中华教授的启发，得到了诸多同行专家的多次指点，研究数据收集和整理得到了硕士研究生们的大力支持，在此对所有帮助过我的同行专家学者表示深深谢意。

郭　岚

2020年12月

摘　　要

　　企业履行社会责任的观念正逐步改变着企业的经营模式。但是，我国绝大多数企业的社会责任项目停留在慈善捐赠阶段，企业社会责任缺乏持续有效性。"漂绿"和"互惠型"社会责任受到公众的质疑。企业履行社会责任或扮演"社会资本献金"、或扮演"互惠型责任"抑或是"公益摊牌"，更有甚者是政府与企业合谋的结果。企业社会责任的多角色源于企业和政府双方的资源依赖。基于此，本书在考虑地方政府利益和政府异质性特征情况下，从规制俘获的视角探讨企业俘获政府的方式；遵循政府与企业双方资源依赖—相互博弈—规制俘获和规制合谋—企业社会责任的分析路径，从理论模型上解析企业社会责任规制形成和执行中政府被企业俘获的过程。通过客观的数据，分析企业影响力对企业社会责任的影响机制。本书对各个行业特殊社会责任的探讨，将企业社会责任评价向行业特色研究进行了推进；对企业俘获政府条件和方式的探讨，将规制俘获的研究拓展到企业微观层面，形成规制俘获理论和企业社会责任研究的全新综合。本书研究结论对加强政府治理、促进企业主动履行社会责任、增强企业竞争力具有一定的实践意义。

　　本书第二章首先探讨了企业社会责任和规制俘获的内涵、外延和维度，其次对企业俘获政府的条件和途径进行了理论梳理。从影响域的角度，本书将企业俘获政府的影响力划分为经济影响力、政治影响力和行业影响力。

　　本书第三章首先分别对我国上市公司俘获政府的经济影响力、政治影响力和行业影响力进行了定义和计量分析，以刻画我国上市公司俘获政府的类型和程度。通过数据分析发现：企业可以通过企业规模、就业、税收等经济影响力俘获政府；企业既可以通过高管的政治关联又可以通过不当政治交往行为构建企业的政治影响力，从而影响政府政策的执行权和监督权的实施；在行业影响力方面，越来越多的企业意识到，参与行业标准制定可以对行业政策、行业竞争环境产生最直接和深刻的影响，因此企业具有参与行业标准制定的主观积极性。其次，基于卡罗尔社会责任定义，结合我国各行业特色，运用内容分析方法，构建我国上市公司社会责任评价数据库。研究发现：我国上市公司社会责任履行程度呈现出逐年提高的趋势，但是行业间社会责任履行的差异逐渐扩大，呈现出"好的企业越来越好；差的企业越来越差"的现象；上市公司普遍在股东责任、政府和公众责任、员工责任上表现较好，但是在消费者责任、环境责任和社区责任的履行上表现欠佳。

本书基于上市公司社会责任数据和规制俘获数据，在考虑财政自给率、政府自治能力、地区经济发展状况和企业特征变量基础上，分别探讨了经济影响力、政治影响力和行业影响力与企业社会责任的关系。

本书第四章，运用面板门槛模型，对政府行为进行识别，并探讨不同政府行为类型下，企业经济影响力对企业社会责任行为的影响。结果表明：企业在地方政府经济发展中的影响力对企业社会责任的影响存在边际效用递减。企业对地区就业人口的经济影响力，仅在转轨型政府中表现为与企业社会责任的显著负相关关系，而在干预型政府和强化市场型政府中表现不显著的正相关关系。无论在何种政府类型下，企业对地方政府财政自给能力的影响力是政府考虑的重要因素，企业对地方财政自给能力的影响力与企业社会责任呈负相关关系。

本书第五章，在区分显性和隐性政治影响力基础上，分别考察政治联系种类与企业社会责任行为选择的关系；对不同产权条件下，不同政治联系类型企业社会责任的动机差异进行了深入探讨。研究表明，不当政治交往将显著降低政府对企业社会责任的规制强度，从而降低企业履行社会责任的程度。国有企业控制权层级的提高，将弱化企业不当政治交往行为以及政府官员联系对企业社会责任的负面影响。对非国有企业来说，人大代表、政协委员能促进企业履行社会责任。企业政治影响力类型对企业社会责任各个维度的影响存在战略选择的现象。

本书第六章在刻画行业影响力指数基础上，分析和检验了企业的行业影响力对企业战略履行社会责任的影响机制。实证结果表明：仅参与一个权威的行业专业协会即可改善社会责任的程度，但参与行业标准制定的次数以及参与普通行业协会的指数，均与企业社会责任履行呈正相关关系。本书从企业竞争优势和"官民二重性"的行业协会角度对这种现象给予了解释。本书进一步发现：参与专业行业协会并且参与行业标准制定，是非国有企业获得行业优势资源的重要途径，因此非国有企业会积极履行社会责任。行业影响力类型与企业社会责任各维度间同样存在战略选择的现象。

根据上述实证结果，本书从企业俘获的途径入手，提出相应对策建议：中央和地方政府社会责任战略协同；跨区域、绿色官员考核机制协同、软法和硬法协同；社会责任中介组织的构建；行业协会牵头制定分行业企业社会责任信息揭露指引；行业协会和专业研究机构引导企业战略履行社会责任。

关键词：企业社会责任；规制俘获；经济影响力；政治影响力；行业影响力

Abstract

The fulfilling of corporate social responsibilities has been gradually changing firms' business mode. However, corporate social responsibility projects of most firms in China have been stayed in the level of charity and donation, and lack of continuous effectiveness. Some type of corporate social responsibility such as "Floating green" and "Reciprocal" has become objects of public denunciation. Corporate social responsibility plays the role of "social capital contribution", or "reciprocal responsibilities", and "public showdown", it was even the outcome of a conspiration by both the corporate and the government. The multiple roles of CSR are the outcome of the mutual resource dependence on each other by the enterprise and the government. Based on this background, this paper discusses the ways of corporates' capturing of government from the perspective of government capture under the consideration of the interests of local governments and the governments heterogeneity. The analysis goes in the path of "mutual resource dependence of enterprise and the government", "game theory", "regulation capture", "regulation collusion" and corporate social responsibility. We construct a theoretical model to illustrate the capturing process of government by the corporation in process of CSR regulation set up and execution. And we further discuss the influence mechanism of firm's influential power on CSR. The discussion on the special social responsibility of various industries, could advance the research of CSR evaluation into industry characteristics; The research on the state capture could be extended to the micro-level of enterprises, forming new complex of study on government capture theory and CSR; It could form a new theory synthesis of regulation capture and corporate social responsibility. Our conclusions have practical significance on strengthening government governance, promoting enterprises to fulfil their social responsibility, and enhancing the competitiveness of enterprises.

In chapter two, we defined the connotation, extension and dimension of CSR and regulation capture. Then, we clarified the conditions and the ways of the capture of government by firms. From the influence domain, we divide the corporate influence of regulation capture into economical influential power, political influential power and industry influential power.

In chapter three. We measured and analyzed the economical influential power, political influential power and industry influential power of regulation capture by listed firms, in order to describe the degree and type of regulation capature. We find that Companies can capture the government by means of economical capability such as economic scale, employment, and tax, and they can also influence the enforcement and supervision of government policies through improper political behavior and political connection. And on the means of industry influence, more and more firms realized that getting involved in drafting industry standard would have the most direct and the deepest influence on industry policy and competitive environment, thus they engage more in authoritative industry associations. Then, based on the definition of Carroll's social responsibility, and combined with the various characteristics of industries in China, we build the social responsibility evaluation database of listed companies in China, using content analysis method. The study finds out that the social responsibility performance of listed companies in China has been increasing year by year, but the difference between the performance of social responsibility in different industries has gradually been widened. It means that the good companies are getting better, otherwise, the bad companies are getting worse. Listed companies do well in the shareholder responsibility, government and public responsibility and

Abstract

employee responsibility, however, they do poor in consumer responsibility, environmental responsibility and community responsibility.

Based on the social responsibility and regulation capature database of listed companies, we analyzed the relationship between the economic influence and the corporate social responsibility, political influence and corporate social responsibility, the industry influence and the corporate social responsibility, respectively, controlling the influence of self-financing capacity, government capacity, regional economic development and corporate characters. The research is as follows:

In chapter four, we use the panel threshold model to categorize the government's behavior and explore the relationship between economic influence and corporate social responsibility. The results show that corporates' influence on regional economic development has diminishing marginal effect on CSR. However, the corporate economic impact on the regional employment was only significantly negative related to the corporate social responsibility in the transitional government, it is not significantly positive correlated with CSR in the market-leading government and itervention government. Whatever government's behavior, the corporate's influence on the local government's self-financing capacity is an important factor for the government to take into consideration. And the influence mentioned above have negative correlation with CSR. The article further explains the motivation of CSR behavior in different types of government.

In chapter five, we first categorize political influence of firms into two kinds, such as "explicit political connection" and "obscure political connection". Secondly, we explore the relationship between different types of political connection and CSR behavior choice based on the difference of political influence. And we study the motives of CSR in different political connection type in different ownership structure. We find out that improper political interaction would significantly reduce the government's regulation intensity of corporate social responsibility, thus it could reduce the degree of corporate social responsibility. However, with the improvement of the control level of state-owned enterprises, the negative effects of improper political interaction and government official connection on CSR were gradually reduced. For non-state-owned enterprises, the political connection with the representatives of National People's Congress and the Chinese people's political consultative conference can promote the enterprises to do well. Finally, the multi-dimensional empirical results reveal that there is the phenomenon of strategic choice in the relationship between different political influence type and CSR.

In chapter six, we constructed the industry influence index to depict the influence of industry association and industry standard influence on corporate social responsibility, according to the industry association level. The empirical results show that participating in an authoritative industry association only can improve the degree of social responsibility, and it also shows that the times that firms participate in drafting industry standard have positive relation with CSR. Also, the general industry association index is positively correlation with corporate social performance. We explain this phenomenon from the perspective of enterprise competitive advantage and the industry association of "the duality of official and people". Secondly, we find that it is an important way for private enterprises to obtain industry dominant resources by taking part in industry association and making industry standard. So, the private enterprises would do well in corporate social responsibility. Finally, the empirical result reveals that each dimension of corporate social responsibility is also the result of the phenomenon of strategic choice, by various corporate industry influence.

According to the above mentioned empirical results, we have the specific proposal includes the following: The social responsibility strategic coordination with central and local government, cross-regional and green official assessment mechanism synergy, the coordination of soft regulation and hard law, construction of social responsibility intermediary organizations, the industry association leading the disclosure guidelines of the corporate social responsibility information, and industry associations and professional research institutes guiding corporate strategies to do their social responsibilities.

Key words: Corporate Social Responsibility; Regulation Capture; Economic Influence; Political Influence; Industry Influence

目 录

第一章 绪论 …………………………………………………… (1)
 第一节 选题背景和选题意义 ………………………………… (1)
  一 选题背景 ……………………………………………… (1)
  二 理论意义 ……………………………………………… (3)
  三 实践意义 ……………………………………………… (5)
 第二节 研究目标和内容 ……………………………………… (7)
  一 研究目标 ……………………………………………… (7)
  二 研究内容 ……………………………………………… (7)
 第三节 本书研究思路和方法 ………………………………… (11)
  一 研究基本思路 ………………………………………… (11)
  二 研究方法 ……………………………………………… (11)
  三 项目支持 ……………………………………………… (12)
 第四节 本书的创新点 ………………………………………… (12)

第二章 规制俘获与企业社会责任基础理论 …………………… (15)
 第一节 规制俘获相关文献述评 ……………………………… (15)
  一 规制俘获概念 ………………………………………… (15)
  二 第二代财政理论：规制俘获的条件解释 …………… (18)
  三 资源依赖：规制俘获的动机解释 …………………… (20)
  四 企业规制俘获的途径研究 …………………………… (22)
 第二节 企业社会责任述评 …………………………………… (26)
  一 企业社会责任概念、内容和维度 …………………… (27)

  二　企业社会责任计量方法研究 …………………………（30）
  三　企业社会责任与企业价值的关系探讨 ………………（33）
  四　战略型社会责任对企业社会责任行为差异的解释 ……（36）
 第三节　规制俘获与企业社会责任关系 ……………………（38）
  一　企业政治行为与规制俘获关系 ………………………（38）
  二　资源依赖理论成为战略型社会责任与规制俘获的
    连接桥梁 ……………………………………………（40）
  三　企业社会责任是否成为规制俘获的途径 ……………（41）
 第四节　本章小结 ……………………………………………（42）

第三章　企业规制俘获影响力和企业社会责任计量研究 ………（44）
 第一节　企业规制俘获影响力计量 …………………………（44）
  一　经济影响力定义和计量指标 …………………………（44）
  二　政治影响力定义和计量 ………………………………（46）
  三　行业影响力定义和计量 ………………………………（53）
  四　企业影响力现状分析 …………………………………（54）
 第二节　企业社会责任计量 …………………………………（57）
  一　分行业社会责任评价指标体系构建 …………………（59）
  二　企业社会责任指数计量方法 …………………………（61）
  三　社会责任指数的可靠性分析 …………………………（61）
  四　我国上市公司社会责任履行现状 ……………………（63）
 第三节　本章小结 ……………………………………………（66）

第四章　俘获方式一：经济影响力与企业社会责任 ……………（68）
 第一节　理论基础与研究假设 ………………………………（70）
  一　企业经济影响力与企业社会责任研究 ………………（70）
  二　政府类型与企业社会责任行为选择 …………………（71）
 第二节　数据来源和研究设计 ………………………………（73）
  一　研究样本说明 …………………………………………（73）
  二　企业社会责任面板门槛模型 …………………………（74）

三　政府行为分类与企业社会责任行为选择模型 ………… (75)
　第三节　企业经济影响力、政府异质性能力的门槛检验 …… (78)
　　一　描述性统计分析 …………………………………… (78)
　　二　基于经济发展水平、财政自给与就业治理能力的
　　　　门槛回归 …………………………………………… (78)
　第四节　政府类型与企业社会责任选择 …………………… (83)
　　一　政府类型分类 ……………………………………… (83)
　　二　政府类型与企业社会责任行为选择 ……………… (84)
　第五节　本章小结 …………………………………………… (86)

第五章　俘获方式二：政治影响力与企业社会责任 ………… (88)
　第一节　理论基础与研究假设 ……………………………… (89)
　　一　政治联系与企业社会责任关系 …………………… (89)
　　二　不当政治交往与企业社会责任 …………………… (95)
　　三　政治联系、不当政治行为与企业社会责任维度
　　　　关系 ………………………………………………… (96)
　第二节　数据来源与研究设计 ……………………………… (97)
　　一　研究样本说明 ……………………………………… (97)
　　二　研究设计 …………………………………………… (98)
　第三节　政治联系、政治交往成本与企业社会责任实证
　　　　　结果 ………………………………………………… (100)
　　一　描述性统计分析 …………………………………… (100)
　　二　政治影响力类型与企业社会责任关系初探 ……… (101)
　　三　不同产权下政治影响力与企业社会责任关系探讨 …… (103)
　　四　政治关联、政治寻租对企业社会责任各个维度
　　　　影响 ………………………………………………… (110)
　第四节　本章小结 …………………………………………… (111)

第六章　俘获方式三：行业影响力与企业社会责任 ………… (113)
　第一节　理论基础和研究假设 ……………………………… (115)

第二节 数据来源与设计说明 ……………………………… (118)
 一 研究样本说明 ……………………………………… (118)
 二 研究模型设计 ……………………………………… (119)
第三节 描述性统计分析 …………………………………… (121)
第四节 行业影响力与企业社会责任关系分析 …………… (122)
 一 行业影响力变量逐步加入与企业社会责任回归
  分析 ………………………………………………… (122)
 二 按照企业性质进行分组回归 ……………………… (124)
 三 行业影响力对企业社会责任各个维度的影响分析 …… (128)
第五节 本章小结 …………………………………………… (128)

第七章 "四位一体"嵌套治理框架 ……………………… (130)
第一节 "四位一体"嵌套治理框架 ……………………… (130)
第二节 "四位一体"嵌套治理框架实施路径 …………… (132)
 一 基于产业链互动的社会责任动力机制实现路径 …… (132)
 二 基于制度层设计的超区域社会责任协同治理
  实现路径 …………………………………………… (132)
 三 基于社会责任文化根植的多层次治理机制实现
  路径 ………………………………………………… (133)
第三节 政府、社会、行业协会与企业社会责任
  "四位一体"嵌套框体系构建 ………………… (134)
 一 多层次、多主体社会责任治理机制构建 ………… (134)
 二 社会中介组织的构建 ……………………………… (137)
 三 跨区域社会责任协同治理推进体系构建 ………… (138)
 四 推进行业协会改制与行业社会责任引导 ………… (140)

研究结论、研究不足和研究展望 ………………………… (143)
 一 基本研究结论 ……………………………………… (143)
 二 研究中存在的不足 ………………………………… (145)
 三 尚待进一步解决的问题 …………………………… (147)

参考文献 ·· (148)

附　录 ·· (175)

　　附表1　行业特殊社会责任议题 ························· (175)
　　附表2　润灵、中国社会科学院和本书CSR评分数据········ (180)
　　附表3　中国上市公司分行业社会责任情况
　　　　　　（2004—2014） ································· (183)
　　附表4　中国上市公司分年度社会责任情况
　　　　　　（2004—2014） ································· (188)
　　附表5　经济影响力分析变量描述性统计分析 ············· (193)
　　附表6　经济影响力变量相关系数 ······················· (194)
　　附表7　不同政府类型下经济影响力与社会责任各维度
　　　　　　关系 ·· (195)
　　附表8　政治影响力变量描述性统计分析 ················· (201)
　　附表9　政治影响力相关系数 ··························· (202)
　　附表10　政治影响力与企业社会责任各维度关系 ········· (203)
　　附表11　行业影响力变量描述性统计分析 ··············· (206)
　　附表12　行业影响力相关系数 ························· (207)
　　附表13　行业影响力与企业社会责任维度关系 ··········· (209)

致　谢 ·· (212)

后　记 ·· (216)

第一章 绪 论

第一节 选题背景和选题意义

一 选题背景

企业社会责任（Corporate Social Responsibility，CSR）改变着21世纪企业的经营理念。随着空气和水质污染、全国大范围持续雾霾天气，食品安全、消费者权益和劳动者保护等环境和社会问题的凸显，企业承担社会责任已经从或有或无的"慈善捐助"行为变成企业必须践行的责任。而这一核心议题在中国社会和中国企业界具有特别的意义。但目前，我国绝大多数企业的社会责任认知仅停留在"慈善捐助"层面，企业任意选择捐助项目，缺乏项目执行的持续动力，使得企业社会责任项目的社会效果难以评估（姜启军和苏勇，2010）。企业社会责任被认为是企业一项无利可图的负担，与其"逐利"的本质相背离，造成企业履行社会责任的自动力不足。因此企业高调的"慈善捐助""漂绿"的公关宣传，企业"绿领巾"掩盖的"红领巾"（高勇强等，2012）等，均受到利益相关者的质疑。事实上，由于信息的非对称性、配套的正式制度和非正式行为规范的缺失，企业拒不履行社会责任、履行社会责任不尽责的行为或"阳奉阴违"的行为，并非偶发。特别是在经历了2011年"双汇瘦肉精""莲花味精数十年偷排污水"等事件后，人们不得不反思：是什么因素让扮演着"善长仁翁的企业"能够隐藏其"环境污染、违规操作"的丑陋面貌？

学者们普遍认为，完善的法律体系和高效的政府规制，多主体、多层次的社会监督和企业社会责任的内驱动力是推进企业社会责任进程的三个重要方面。Liang 和 Renneboog（2017）甚至认为，国家法律和规制对企业社会责任的影响强度高于公司的个体特征或内部动力的影响。但是，政府和社会团体均存在被企业俘获的可能（叶静，2009），法律监督和政府规制的推动作用弱化，使得中国企业社会责任缺失行为的发生并非偶然。Detomasi（2008）、贾明和张喆（2010）认为，复杂的政企关系，是造成规制俘获、社会责任不尽责的一个重要因素。企业有可能可以依靠自己的经济实力影响甚至改变地方产业政策方向，降低产业规制执行的强度，也可以通过行贿等不当政治交往降低规制处罚的程度。而地方政府为保护其辖区内经济主体利益，利用其手中的行政权力，对本地企业和外地企业在经济上实行差别待遇或者倾斜性的地方法规，从而形成地方保护（胡向婷和张璐，2005）。特别是在1994年分税制改革之后，依赖地方支柱企业的发展来创收、增收成为地方政府缓解财政压力的重要途径。地方政府为了增加财政收入，可能会放松对辖区内企业的各项规制，比如环境污染、安全生产等的监督。20世纪80年代以来，多目标的官员人事考核体系的实施，激发了地方官员对经济发展的过度需求（张军，2005），使得他们在面临财政激励的同时还面临政治激励（周黎安，2007）。多目标的地方官员考核机制，使得地方官员的经济竞争愈演愈烈。地方政府极强的自利动机为企业"俘获"（Capture）政府提供了必要条件，通过"俘获"政府，企业可以获得更多的稀缺经济资源并且受到地方政府的保护。这奠定了地方政府与被规制企业合作博弈的基础（姚圣，2011），双方通过这种均衡各取所需，但均衡的后果很可能导致社会环境的恶化并引发"斜坡效应"（Revese，1992）。

事实上，除了转轨国家，在西方成熟市场经济国家，企业俘获政府上层的现象依然盛行（Baker，2010）。2017年7月，《明镜周刊》报道指出，近20年来，德国汽车企业，就技术、成本、供应链等定期串谋，操纵市场。但由于德国汽车产业天生的国有血脉，使得汽车产业官产不分。德国汽车企业在社会就业、地区经济中具有举足轻重的地位，因此可胁迫政府降低环保要求，享受各项规制的特权；他们透过行业协会，将企业或行业意志渗透为国家意志。① 同时，由于德国汽车工业的重要性，德国政府极力反对欧盟提高废气排放标准，并极力拖延道路测试，纵容德国国内汽车企业的低环保标准生产。此外，德国政府还通过减免柴油车污染费的方式，为柴油汽车的促销摇旗呐喊。德国政界不分政党，均与汽车产业存在千丝万缕的政治联系。加上汽车工业协会的俘获与游说，使得德国汽车企业牢牢地俘获了德国政府。政府规制的纵容为汽车工业的发展和壮大提供源源不断的政策奶水。② 这些企业获得政府社会责任规制庇护的案例，都证明了从规制俘获视角对企业社会责任进行研究的重要性。

二 理论意义

自 Oliver Sheldon 首次提出"企业社会责任"这个概念以来，理论界一直围绕着企业向谁负责，是否应该承担社会责任，履行社会责任是否增加企业成本减低利润进行了长期的争论（Friedman, 1970；Manne, 1962；Amalric, 2005；Cespa 和 Cestone, 2007；Manfred 和 Amalric, 2008）。既往几十年，学者们主要关注以下几个方面：第一，企业社会责任与企业经营管理（Waldman, 2008）。热点问题有企业社会责任与公司治理（Lau 等, 2016；Fathi 等, 2018）；企业社会责任与企业管理，如社会责任营销、有责任的新产品研发等。第二，企业社会责任与企业发展的关系（Amalric, 2005）。热点问题有企业社会责任与企业的可持续竞争能力的关系（Porer 和 Kramer, 2006；Kim 等, 2018）；企业社会责任与企业的价值（会计价值和市场价值）之间的关系（Cespa 和 Cestone, 2007；Links 等, 2017）；企业社会责任与企业信用、声望的关系

---

① 《明镜周刊》调查案例内容来源于 http://dy.163.com/v2/article/detail/CQ6LC12M0518HTRE.html。
② 梅晓卉：《德国汽车工业滑下神坛》，《亚洲周刊》2017 年第 34 期。

(Bae等，2018)。第三，企业社会责任与利益相关者（Benson等，2011；Liang和Rennboog，2017）。热点问题有利益相关者的鉴别；企业社会责任与利益相关者之间的交互作用（Benson等，2011；Eding和Scholtens，2017）。第四，企业社会责任信息的披露（McWilliams和Siegel，2001；沈洪涛等，2006；2008；Badrul等，2018）。包括世界各国企业社会责任情况（Boubakri，2016）；行业社会责任评价；企业社会责任信息揭露形式（沈洪涛等，2006；李正和向锐，2007）；企业社会责任信息揭露质量与真实企业社会责任表现关系（沈洪涛等，2007；Wang等，2018）。第五，企业社会责任的动因和影响因素分析（Petrovits，2006；Luo和Bhattacharya，2009）。这些研究以企业理性为基础，以价值最大化为目标，以企业内部环境为重点，从企业成本与收益的比较或是企业相关利益团体博弈的结果等方面对企业社会责任缺失进行解释。已有研究忽略了CSR的履行不仅需要企业自觉的选择，更需要相应的外部制度约束。在企业履行社会责任的过程中，政府扮演着规则制定者、推动者和监督者的角色。作为规制者，政府可以依靠相关的政策法规、税收优惠等来约束并保障企业履行社会责任，从而解决"市场失灵"以及企业发展的外部性（Gray等，1995；叶静，2009）问题。对于政府而言，环境保护规制、生产与消费安全性规制等为推进企业履行社会责任提供了制度保障。但由于政府官员的"有限理性经济人"和"政治人"角色，政府成为企业俘获的对象。企业通过政治联系、企业产权、行业游说俘获政府（Delmas，2016），获得利于企业自身的社会责任规制。因此，近年来，学者们开始关注企业政治关联与企业社会责任的关系（Li等，2015；Badrul等，2018）；或将企业社会责任视为企业实现政治战略的一种有效途径（Chen和Cao，2016）；企业可通过互惠型社会责任获得政府庇护（李维安等，2015），在官员更替中通过社会责任来获得新任官员青睐，以建立和维系政治联系（Lin等，2015；Bures，2015）。

然而研究中学者们或关注了规制俘获中的政治关联，或仅关注了政治寻租与企业社会责任的关系，而忽略了政府利益和政府异质性资源对政府自身行为的影响；可以说，既往研究割裂了政府利益、规制俘获与社会责任的传导关系（李健，2012）。鲜有学者在考虑政府异质性特征下，从规制俘获的视角探讨企业俘获政府的方式和影响力，以及企业影响力①与企业社会责任行为的耦合机制。政府行为差异将传递给企业异样的信息，进而带来企业社会责任行为选择的差异。基于此，本书从政府与企业资源依赖出发，以政企合谋为前提假设，对企业社会责任规制场域内，政府被企业俘获的过程机制进行理论分析；通过面板门槛回归对政府行为类型进行识别；进一步地，在考虑政府异质性基础上，分别从企业俘获政府的经济影响力、政治影响力、行业影响力等方面探讨政府与企业社会责任行为选择的机制。本书将在理论上搭建起规制俘获与企业社会责任的桥梁；本书对政府行为的划分，将为政府行为研究提供可参考的客观依据，为后续学者的研究抛砖引玉；本书对政治影响力的研究不仅考虑了传统的政治关联，而且引入了政府不当交往行为计量，拓展不同类型的政治影响力对企业社会责任行为的战略选择研究。

三 实践意义

近年来，我国政府陆续推出各项政策和法令，力图将提升企业社会责任意识与地方政府绩效考核有机结合起来，以实现社会的可持续发展。2006 年 1 月，《中华人民共和国公司法》在总则中将"履行社会责任"规定为公司必须履行的一项义务；2008 年 1 月，国务院国有资产监管委员会发布的《关于中央企业履行社会责任的指导意见》，要求中央企业成为依法经营、诚实守信、节约资源、保护环境和以人为本、创建和谐企业的表率。2008 年 3 月 5 日，在第十一届全国人大第一次会议上，时任总理温家宝在《政府工作报告》

---

① 企业影响力是指企业、行业或部门所采取行动背后的力量。本书将企业俘获政府的影响力划分为经济影响力、政治影响力和行业影响力，具体概念定义和外延定义详见第三章。

中强调，企业应当在可持续发展观念下，以循环经济理念为基础来深化企业社会责任意识；2009年1月1日起实施的《循环经济促进法》，更是国家采取强有力的法律手段来引导、规范和保障发展循环经济，以法律的手段促使企业全面履行社会责任的重要举措。在此背景下，其他社会组织也积极参与到推动中国企业履行社会责任的行动中，包括证券交易所（如深圳交易所《上市公司社会责任指引》《上海证券交易所上市公司环境信息披露指引》、巨潮低碳50指数、巨潮泰达环保指数）、行业协会（如《中国工业企业及工业协会社会责任指南》《中国纺织服装企业社会责任管理体系总则及细则》)、媒体和非政府组织（中国可持续发展工商委员会和北京大学光华管理学院联合推出的《〈中国企业社会责任推荐标准和实施范例〉内容介绍及应用说明》等。随着经济发展水平的提高和地方政府间竞争的加剧，越来越多的地方政府，尤其是东部沿海地区政府，意识到积极推进企业社会责任有助于实现地区的可持续发展，增加地方政府竞争力，并提出了相应的政策措施。如上海浦东新区2007年发布的《浦东新区推进企业履行社会责任的若干意见》《浦东新区推进建立企业社会责任体系三年行动纲要（2011—2013)》；浙江省、江苏省、山东省各级地方政府以及深圳市等也相继颁布推进企业履行社会责任的相关指导意见。但高玉宝、Dietam和Edele（2012）也指出，地方政府推进企业履行社会责任的进程和力度发展极不平衡；东部经济发达地区与中部和西部差异较大，在中西部地区少有政府积极推进企业履行社会责任的实践。究其原因，是地方官员意识不强、能力不足，抑或由于财政压力和考核压力被地方精英企业所俘获，致使地方政府在对企业社会责任的履行的影响中，在"扶持之手"与"掠夺之手"之间不断选择，或是企业的规制俘获。因此，本书从考虑地区经济发展水平、财政自给能力和地方治理、地区腐败等异质性能力基础上，对企业俘获政府的方式、企业各类俘获行为对企业社会责任影响的差异和机制进行探析。这一研究思路具有一定的理论和实践意义。

第二节 研究目标和内容

一 研究目标

（1）构建分行业社会责任评价指标体系，对我国上市公司社会责任进行评估分析，以辨析我国上市公司社会责任发展进程的阶段性特征，为深入研究中国企业社会责任现状以及社会责任相关理论研究提供数据参考。

（2）以"资源依赖"为基础，厘清规制俘获与企业社会责任理论连接的桥梁和纽带；并通过理论分析和实证研究，探讨企业俘获政府的影响力途径和影响机制。

（3）通过客观数据刻画企业俘获政府的各类影响力强度；在考虑政府异质能力情况下，分别探讨企业经济影响力、政治影响力、行业影响力与企业社会责任关系是本课题研究的主要目标。从企业微观角度，提供企业俘获政府的计量方法和指标基础；该研究思路为政府行为研究提供可参考的客观依据，为后续学者的研究抛砖引玉。

二 研究内容

本书从政策制定者角度，综合运用规制俘获理论和资源依赖理论，分析企业社会责任领域政府与企业合谋的内在基础，探讨政府行为选择与企业影响力、企业影响力与企业社会责任的关系。当然，企业俘获政府的过程是企业综合运用多种影响力相机决策的结果。从影响域的角度，本书将企业俘获政府的影响力划分为经济影响力、政治影响力和行业影响力，并对三种影响力的不同表现类型进行了界定。事实上，在企业俘获政府的影响力与企业社会责任行为关系的研究中难以割裂各种企业影响力间的相互作用，更难以将三种企业影响力完全独立开来。因此，本书在控制相关变量的基础上，分别对不同影响力类型与企业社会责任及其各维度之间的关系进行了分析和检验，从而刻画出企业俘获政府的不同方式与企业社会责任履行之间的关系机制。在研究中，本书按照基础研究、理论假说和实证研究、对策研究等三个部分进行篇章结构设计，具体内容结构如图1-1所示。

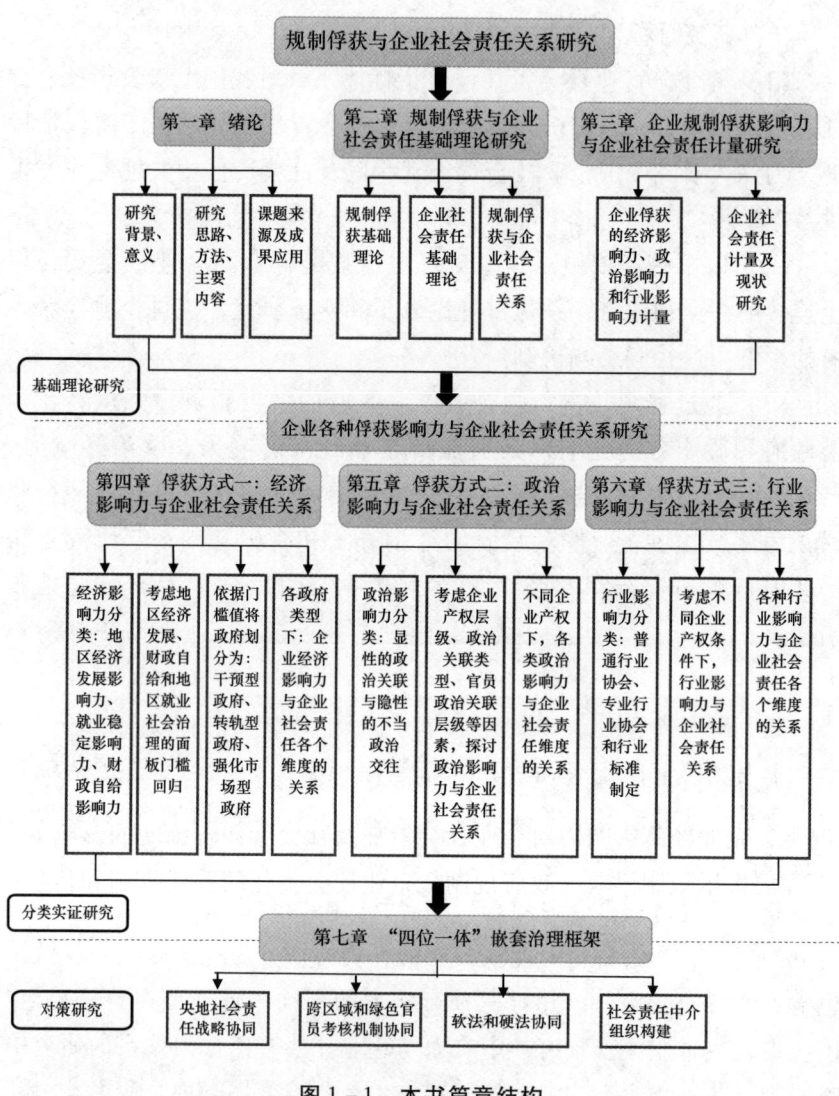

图1-1 本书篇章结构

第一章为绪论。通过文献分析和经验事实归纳，提出规制俘获视角下企业社会责任研究的背景、理论和实践意义；概述研究的内容框架、研究目标、研究思路和方法等。

第二章为规制俘获与企业社会责任的理论基础分析。主要包括：第一，运用第二代财政理论、财政分权、官员人事考核制度、资源依赖理论等，探讨政府官员被企业俘获的可能性条件；第二，分析企业俘获政府的途径和俘获的内容；第三，分析并阐释企业影响力与企业社会责任的关系。

第三章为企业规制俘获影响力与企业社会责任计量研究。主要包括：第一，通过分析企业俘获政府的途径，将企业影响力划分为经济影响力、政治影响力和行业影响力。在对不同类型影响力内涵分析的基础上，提出相应的概念维度和测量指标，并对我国企业俘获政府的影响力现状进行计量。第二，以"公司公民"为基础，厘清上市公司行业价值链特点和利益相关者的特殊诉求，构建分行业上市企业社会责任评价标准体系。在此基础上，对我国上市公司2004—2014年度[①]各个行业的社会责任现状进行评估分析，以反映不同企业影响力对企业不同社会责任维度的选择变化。

第四章为经济影响力对企业社会责任的影响分析。主要包括：第一，运用面板门槛模型，在考虑财政自给率、政府自治能力、地区经济发展等状况下，寻求政府行为选择的质变点，探讨企业经济影响力对企业社会责任行为的影响；第二，依据门槛回归的质变点识别三种政府行为类型，并对其特征进行分析；第三，分析不同政府行为分类情况下，企业经济影响力对企业社会责任及社会责任各维度的影响关系，深层揭示规制俘获—政府规制—企业社会责任的关联机制和传导效应。

第五章为政治影响力对企业社会责任的影响分析。主要包括：第

---

① 本书研究数据仅包括2004—2014年样本数据。因2004年前后企业会计准则以及企业公布年报内容要求变化较大，对企业绩效、企业社会责任评价等指标的摄取带来较大难度，难以获得较为一致的评价数据，因此本书研究时间段从2004年开始。而本研究从2015年开始收集和整理企业年报、政府统计公报、城市统计年鉴等资料，其中政府统计公报和城市发展统计年鉴存在1—2年的滞后期，为保证数据的一致性，故本书的研究仅能更新到2014年数据。

一，在区分政治联系基础上，分别考察政治联系类型与企业社会责任行为选择的关系，探究不同产权条件下，具有不同政治联系的企业履行社会责任的动机；第二，分析企业的政治影响力类型与7个企业社会责任维度的战略选择关系。

第六章为行业影响力对企业社会责任的影响分析。主要包括：第一，将参与行业标准的制定视为行业话语权的重要替代变量，探讨企业参与行业标准制定对企业社会责任的影响，探究企业参与行业协会、行业标准制定促进企业社会责任的本质和动因，是否隐匿着企业竞争的本质要求；第二，在区分企业所有权性质和企业是否建立政治联系的基础上，探讨行业协会、行业标准制定与企业社会责任的关系；第三，企业参与行业协会对企业社会责任不同维度的战略选择关系。

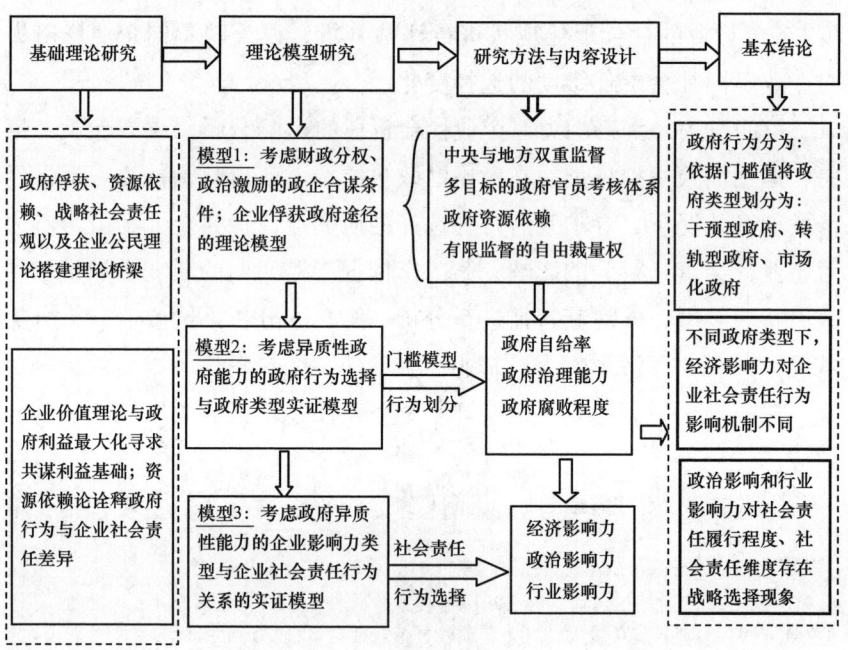

图1-2 研究思路

第七章构建了"四位一体"嵌套治理框架。根据实证研究结果，从企业俘获的途径入手，提出相应对策建议：中央和地方政府社会责任战略协同；跨区域、绿色官员考核机制协同；软法和硬法协同；社会责任中介组织构建；行业协会牵头制定分行业企业社会责任信息揭露指引；行业协会和专业研究机构引导企业战略履行社会责任。

第三节 本书研究思路和方法

一 研究基本思路

本书以规制俘获为视角，拟遵循规制俘获的基本机制—企业社会责任规制俘获—企业社会责任行为选择的路径，分层次对企业俘获政府的途径以及其对社会责任行为的耦合机制进行探讨。具体研究思路如图1-2所示。

二 研究方法

本书采用规范分析与实证研究相结合、定性分析与定量分析相结合的方法进行研究，具体的关键方法应用如下：

（1）文献分析方法。在对资源依赖论、规制俘获论、第二代财政分权理论、企业社会责任等相关理论进行文献梳理的基础上，进一步通过文献归纳和理论演绎探讨企业履行社会责任的动机和条件，以及不同的规制俘获途径，进而分析对企业社会责任行为的影响，提出相关理论假说。

（2）经验研究方法。基于地方政府官员的"有限理性经济人"和"政治人"假设，以地方政府官员同时面临的财政激励和政治激励为条件（周黎安，2007），从官员面对财政和政治激励做出的理性反应（王贤彬和徐现祥，2010）和行为的特征出发，利用自建数据库，分别进行实证分析：

其一，运用Hansen（1999）面板门槛模型探索不同财政自给能力、政府治理能力、政府腐败程度等对政府行为选择产生影响的质变点；然后，通过回归分析，检验不同政府自给率影响下，企业经济影响力、政治影响力、行业影响力对企业社会责任行为的影响。并且根据门槛值将政府行为划分为：强化市场型政府、转轨型政府、干预型政府。

其二，在对不同政府类型下，企业影响力、企业社会责任维度等进行描述性统计分析的基础上，进一步运用面板回归，分析政府异质性资源对俘获途径和企业社会责任行为选择的内在影响机制和影响程度。

三　项目支持

在前期研究过程中，笔者得到了指导教师及有关专家的悉心指导。笔者作为项目负责人获得了国家社会科学基金、四川省哲学社会科学规划办、四川省教育厅重点研究基地——川酒发展研究中心和四川省循环经济发展中心等多项课题资助。通过这些课题的积累和沉淀，进一步夯实了本书的理论基础，廓清研究思路，优化研究方法，拓展和完善理论模型，最终完成了预期的研究内容。

第四节　本书的创新点

（1）本书从规制俘获这一独特视角来考察中国上市公司履行社会责任的外部影响因素，并在分析框架上实现（动态）规制俘获与企业社会责任理论的新综合。本书以政企合谋为前提假设，对企业社会责任规制视域内政府被企业俘获的过程机制进行理论分析。在此基础上，本书将企业影响力划分为经济影响力、政治影响力和行业影响力三种类型。这一研究将有效连接规制俘获理论和企业社会责任的研究框架，从政企互动角度，为企业社会责任搭建新的研究路径，为后续学者的研究抛砖引玉。

（2）对企业社会责任研究范畴和维度的拓展。首先，分行业特殊社会责任议题的评价体系构建和社会责任计量方法改进，可以展现新的社会责任研究维度，获得更加全面的社会责任评价数据。目前国内社会责任研究数据主要使用：企业捐赠指数、每股贡献值①、润灵环球社会责任评价指数②和某单个行业社会责任评价。研究发现：使用企业捐赠指数和每股贡献值指标，其计量结果易受经济周期影响，其评价内容难以反映行业特色和企业社会责任各维度特点；润灵环球社会责任评价指数或某单个行业社会责任评价中可能存在强年度趋势，且研究样本上难以持续反映所有上市公司的社会责任变化。本书构建的考虑行业特殊社会责任议题的《上市公司社会责任评价数据库》，一方面，可以充分反映各行业企业利益相关者的特殊影响，既将企业社会责任研究向利益相关者和行业特殊社会责任结合研究方向推进，又能呈现出多维的特殊社会责任评价结果；另一方面，既可以在较长时间趋势上反映行业社会责任的变化，又可以避免强年度趋势，为社会责任长时间面板数据研究提供新的数据支持。其次，分别将经济影响力、政治影响力、行业影响力引入企业社会责任研究领域。这不仅深化了不同类型的企业影响力对企业社会责任各维度的战略选择研究，而且拓展了企业社会责任的研究视域，关注到不同产权性质和产权性质下，企业影响力类型对企业社会责任替代或互补效应。从新的视角诠释了企业经济影响力与履行社会责任的关系。

（3）将规制俘获理论研究向企业微观层面推进。首先，从企业角度探索企业俘获政府的基础和条件，梳理企业俘获政府的路径和俘获方式，为企业俘获政府路径研究提供清晰的思路。其次，引入新指标测量并构建了中国上市公司规制俘获数据库，为规制俘获微观层面的计量研究带来可供参考的新方法。以往对企业政治行为、规制俘获方式的研究多采用半实验问卷的方法对 MBA 或者 EMBA 学员进行调查

---

① 每股贡献值 =（每股收益 + 纳税总额 + 职工费用 + 利息支出 + 捐赠公益支出 - 社会成本）/期末总股本；其中社会成本主要指环境污染等造成的社会成本支出。在社会责任评价中，如陈玉清和马丽丽（2005）将社会责任贡献分为政府所得贡献率、职工所得贡献率、投资者所得贡献率、社会所得贡献率四类；刘长翠和孔晓婷（2006）、王建琼和何静谊（2009）不断发展和完善了陈玉清等（2005）的分类和计算指标。

② 润灵环球责任评级（Rankins CSR Ratings，RKS）由原润灵公益事业咨询研究与公众产品部成立，主要应用内容分析方法对公布社会责任报告的上市公司社会责任报告内容的完整性、内容性、技术指标等进行评价。与本书评价指标和内容的差异，详见第三章。

以获得研究数据。但是由于问卷设计方式或调查者可能在问卷中隐藏自己的真实想法和行为，使得问卷结果和实际情况存在一定的偏差。一方面，本书在企业影响力指标解构基础上，进一步构建了中国上市公司规制俘获数据库，反映不同类型政治影响力对政府社会责任行为选择的影响差异；另一方面，本书对企业不当政治交往行为的拓展和计量，将丰富企业政治行为的研究，并为政治寻租行为的计量研究带来可供参考的新的计量方法。

第二章　规制俘获与企业社会责任基础理论

第一节　规制俘获相关文献述评

一　规制俘获概念

(一) 内涵和外延

对规制俘获理论的研究可追溯到20世纪初马克思、Bently等政治经济学家对大企业控制政府机构的探索性研究（拉丰和梯若尔，2004；拉丰，2013）。直到20世纪60年代，斯蒂格勒对政府规制的探讨，拓展了规制俘获的研究范式，由此形成了规制俘获的芝加哥学派。他们认为，"规制俘获是由于存在立法者和管制机构的自利行为。因此利益集团可以通过各种途径俘获政府和管制者，从而获得利于企业集团的规制"（吴剑平，2014）。在斯蒂格勒（1971）看来，利益集团不仅包括大企业而且包括小的产业或企业。在奥尔森（1965）集体行动理论框架下，他分析了小企业或小的产业可以通过联合行动俘获政府为产业的利益设计和操作政府规制的过程。以拉丰、让·梯若尔以及马蒂蒙特等为代表的图卢兹学派重点关注了非对称信息条件下的政府政策与公众利益背离的原因、腐败、贿赂等对社会福利的危害，提出了政府规制的激励机制设计。而在近20年规制俘获的实证研究中，各国学者和研究机构则重点关注了转轨国家产业俘获的现状与影响，开发了产业俘获程度的测度指数（李健，2013），构建了产业俘获的测度模型（Hellman，2000）。但这些研究仅停留在国家层面，缺乏对企业微观层面的深入思考。

Hellman 等（2000）提出转轨国家的规制俘获理论，他们认为，政府不总是公众利益的代表，利益集团或者具有经济影响力的企业与权力部门及人员勾结，可以实现"俘获"政府的目的。俘获者企业通过向政府官员提供非法的个人收益"俘获"政府，从而将企业自身的偏好付诸整个市场，扭曲市场竞争和博弈规则，为企业创造高额垄断收益（蒋硕亮，2010）。而与政府俘获相似的行政腐败则被认定为通过向官员行贿等不当政治行为获得政治执行的扭曲或获得违规惩罚的变通。政府俘获和行政腐败均是企业向政府官员行贿等不当政治行为，获取利于企业的规制收益。不同的是，政府俘获是影响政府的规制制定（卢正刚和赵定涛，2005；李占乐，2013），而行政腐败是影响既定政策的有效执行和监督（Hellman，2000）。当俘获政府所获得的利益掌握在少数企业手中时，那些具有影响力的企业（国有企业、大规模企业）更倾向于通过支持竞选、干预政府、政治联系等操纵政治，获得有利的政府规制。

　　中国学者普遍认为 Hellman 等人对转轨国家规制俘获的内涵定义过于狭窄，因此学者们更加认可 Stigler（1971）规制俘获的定义。他们结合中国的实际对规制俘获的内涵进行了扩展（李占乐，2013；李健，2013；吴剑平，2014；孔祥利和沙颖洁，2016）。李健（2013）从企业政治行为角度，将规制俘获理解为企业通过直接或间接的政治战略影响政府官员政治决策，进而获取利于企业的进入壁垒、融资渠道、财政补贴等 6 类稀缺政治资源的过程。而企业的政治战略包括了游说、行业咨询、财务刺激以及贿赂、惠赠礼品、旅游支持、邀请官员讲学等行政腐败在内的企业政治策略。张金俊（2013）认为，规制俘获是指企业或企业集团通过向政府官员贿赂来影响公共政策的制定或希望借助政府的公权力来对企业生产行为及其后果提供保护的行动组合。吴剑平（2014）认为，转轨国家规制俘获是具有影响力的集团通过各类影响力或企业政治行为等政治成本支出，换取最大化的企业政策获益的行为过程，其结果就是公共政策目标与公众福利的背离。孔祥利和沙颖洁（2016）认为，规制俘获行为是利益集团通过行贿、政策游说等不当政治手段，影响政府政策制定、改变政治执行

第二章　规制俘获与企业社会责任基础理论

的方向或规制的强度，维护企业既得政策利益，以维护企业长期垄断利润的行为。基于此，本书认为规制俘获应该是包含中小企业在内的企业集团利用各种影响力策略，实现对政府机构或官员的俘获，从而在公共政策制定中获得偏向本集团的政策或降低规制执行、监督和处罚强度的政治行为。这一内涵的拓展至少包括以下几层意思。

第一，企业俘获政府的方式或途径更加多样化。企业规模、主营业务收入、上缴税收与地方经济和官员晋升的影响密切相关，企业对地方政府的经济影响力自然成为企业俘获政府的天然途径；而与前任官员、人大代表、政协委员建立联系或者民营企业家当选人大代表或政协委员①，成为企业建立政治影响力的显性途径。企业通过寻租或提供公益活动赞助的"社会资本献金"等不当且隐匿的行为成为企业建立政治影响力的隐性途径。参与行业协会，通过行业协会的游说或者提供的咨询报告等方式，将企业个体的意识通过集体行动的逻辑来影响行业规制，进而获得利于产业集团的规制。因此，经济影响力、政治联系和不当政治交往行为获得的政治影响力、行业协会的影响力均成为企业规制俘获政府的有效途径。它包含了 Hellman (2000) 定义的狭义的规制俘获、行政腐败和企业影响力三种途径。

第二，企业俘获政府规制的影响范围更加宽泛。正如张金俊 (2013) 所指出的，企业俘获政府除获得政策制定的收益外，更期待为企业不良经济行为后果提供庇护，也就是获得政府处罚的变通，降低规制的强度。因此，本书定义的规制俘获包含了政府规制的制定、规制的执行及规制的监督和处罚权的变通。

第三，企业俘获的对象由政府官员扩展到各级政府官员和政府机构。本书考察企业对地方政府的经济影响带来的规制扭曲，因此企业俘获的对象由单一提供私人支付的官员扩展到官员和各级政府机构。

---

① 2006年1月1日起实施的《公务员法》明确规定，国家公务员离退休3年内不得在相关企业任职；2013年10月，经中共中央批准，中央组织部发出通知，印发《进一步规范党政领导干部在企业兼职（任职）问题的意见》。因此，聘任前政府官员到企业任职这一现象得以改善。

（二）相关概念区别与联系

规制俘获、政府扶持、行政腐败、政治资源四个概念间既有区别又有联系。在 Hellman（2000）、卢正刚和赵定涛（2005）、蒋硕亮（2010）等学者看来，行政腐败是基于企业或利益集团通过向政府官员提供非法的私人收益，改变政策执行的方向和执行的强度，获得执行权的裨益。政府扶持则是依据特定的政治、经济方针，以弥补市场失灵、保护幼稚产业或促进新能源、可持续发展产业的发展为目的，由国家财政安排专项资金，向微观经济活动主体提供无偿的转移支付或各类政策的行为（杨东进，2013；陈维等，2015）。政府扶持通常通过财政补贴、税收减免、融资渠道、规制许可等方式进行，具有合法性与合理性。不难发现，获得产业扶持政策、资金，解决企业融资约束，寻求政策庇护是企业规制俘获的目的（杨东进，2013）。可以说，本书定义的规制俘获，涵盖了 Hellman（2000）行政腐败对规制执行权的影响范畴，包含了从规制制定权、执行权和监督权等全方位的影响；从俘获方式上，不仅包括私人的资金支付，也包括了政治联系、专家学者、行业影响力，同时也涵盖了企业规模、企业性质所带来的天然经济影响力等。企业俘获政府的目的就是期待通过对政府规制的影响，猎取各类政治资源。因此，杨东进（2013）认为，规制俘获是企业寻求政府扶持、获取政治资源的手段和有效方式。特别是选择性的产业政策，极易触发企业的"寻租"和"代理"问题。地方政府及官员根据企业性质进行分类和优先级预设，使得政府扶持政策成为一种可选择行为甚至歧视行为。这种选择性产业政策，以及企业面临政策的"道德风险"和"逆向选择"，加剧了企业俘获政府的行为。

二 第二代财政理论：规制俘获的条件解释

以 Tiebout 于 1956 年发表的 *A pure of local expenditure* 为标志的现代财政分权理论，在 Stigler 和 Oates 等对中央政府与地方政府对公共物品提供中的效率和偏好的讨论中得以发展（傅勇，2010）。特别是 Oates 提出的"异质性和规模经济的权衡"实质上给出了最优分税程度的一个关键，这奠定了第一代财政分权理论的基础。Rubinfeld（1987）以各级政府"公共福利最大化"为研究假设，考察了各级政府间财政关系，重点关注了最优政策的确定。而以 Mckinnon 等（1987）为代表的学者则利用公共选择理论和委托代理模型开始了对地方政府行为选择及地方官员的激励机制的探讨，即第二代财政分权理论（傅勇，2010）。第二代财政分权理论认为政府是由官员构成的一个组织，普遍以"有限理性经济人"和"政治参与人"为假设前提，认为地方政府官员存在"自利动机"，在公共政策制定过程中并不必然以"公共福利最大化"为目标。在地方官员的激励机制中需要考虑官员为"政治晋升激励"和"财政激励"而存在的过度依赖于地方经济增长（胡向婷和张璐，2005），容易被精英俘获（Elite Capture）的问题。地方规制俘获效应的取得方式随着财政压力的变化而变化。Oates（2002）认为，在财政分权制度下，分权监管环境会产生"竞争到底"现象。地方政府对经济发展和财税的追求，会通过放松环境监督，默许或纵容企业超标排放等方式，留住具有较大经济影响力的支柱企业。当地方官员的政治晋升过度依赖于地方经济发展时，受监管企业可以通过空间迁徙的方式与地方政府谈判，逼迫政府进一步降低规制水平（Greaker，2003；Basak，2006），故地方政府在进行规制的同时也存在放松规制的倾向（Revesz，1992）；当地方政府掌握大量资源，能够对地方企业施加更多的影响，以获得更多的政治收益和私人收益时，就为地方政府被精英企业"俘获"（Capture）提供了必要条件。

地方官员在多任务的考核中，表现出了"政治人"和"有限理性经济人"的双重特质。正如陈抗、Hillman 和顾清扬（2002）认为，在 1994 年财政分权之前，地方政府对发展地方经济有扮演"援助之手"的强烈动机；伴随着分税制改革的实施，地方政府面临巨大的财政压力，倒逼地方政府依靠本地经济增加财政收入，地方政府总是在是否进行产业"扶持"之间进行选择。20 世纪 80 年代末开始的多任务人事考核制度实施以来，地方官员的考核绩效与辖区内的经济绩效显著相关（张君，2005）。因此，地方政府官员作为"有限理性经济人"参与其中，使得他们面临"经济""财政"的多重考核压力。地方政府为了增加财政收入，可能会放松辖区内企业的各项规制，比如环境污染、安全生产等的监督。在多任务考核制度下，地方官员对地区经济发展和财政收入的追求愈演愈烈。王红领等（2001）研究认为，地方政府为避免地区失业率增加，保持地区社会稳定，也会做出"阻止地方国有企业民营化或清算决策"的行为。

2012年开始试点，2016年全国正式推行的"营改增"，对中央和地方的税收收益进行了重新分配。地方政府考核中需不断增加生产性收入、教育、医疗、社会环境等公共物品和公共服务项目的指标。公共财政支出的不断增加，加剧了地方政府对财政收入、经济发展的依赖。因此，策略性引资、短视性政策，轻公共服务等机会主义行为出现。这些行为导致经济发展与环境保护、社会公益等公共物品供给上的短期失衡（李香菊，2016）。

综上所述，财政分权理论的研究诠释了地方政府被精英企业俘获的经济基础，构建了地方规制俘获的经济前提和研究假说；规制俘获理论的研究则重点关注了企业对政府的负面影响和测度。由此可见，财政分权和规制俘获理论的研究主要从政府角度对规制俘获的原因和影响进行探讨，缺乏对微观企业俘获的动机和影响进行深入考察。因此，本书以"规制俘获"为切入点，重点考察企业主动适应并影响政府规制的政治行为方式，考察了规制俘获对企业社会责任行为的影响机制。

三 资源依赖：规制俘获的动机解释

Selznick（1949）对田纳西流域当局（TVA）在南方农业决策过程中吸引地方政治精英参与政策过程的探索性研究，开启了资源依赖理论的研究之门。随后Pfeffer（1972a；1972b）、Pfeffer和Salancik（1978）使资源依赖理论得以发扬。Pfeffer和Salancik（1978）提出任何组织生产和发展是第一要务，任何一个组织关系生存和发展的稀缺资源，必须与外界进行交换。资源的稀缺性和重要性则决定组织对外部资源依存度的本质和范围。组织对资源的依赖性就是权力的对应面（田培杰，2013），政府组织亦然。一方面，政府组织的有效运作，依赖与外界的物质与资源交换，因此奠定了政府建立资源共享与协作的基础。当政府面临市场以及社会性问题复杂度增加时，政府对稀缺资源的需求也相应增加，政府需要开始向外部合作伙伴寻求资源（秦长江，2012）。另一方面，政府官员的晋升依赖于公共政策的推行力度、社会的治理程度，而这些必须仰仗外部各种力量的协同。Lipsitt 和 Mitnick（1991）认为，政府官员期待获得市场发展的准确信息、社会声誉、威望以及宽松的财政资金。在拉丰（2004）看来，政府部门政策的制定不仅需要考虑规制收买的可能性，而且需要考虑规制对产业绩效的影响，以及企业组织可能做出的阻止政策的反应。政策的有效实施本身依赖于外部企业组织、社会公众的共同参与，才能减缓政策推行阻力，提高政策的社会回应性。因此在西方国家，政府官员和企业集团合谋，利益集团通过游说、公开支持规制机构的观点，提供政治献金和竞选选票等支持相应的机构或政党，进而从政府机构获得反映利益集团偏好的项目和政策庇护。双方各取所需，有影响力的企业在一定程度上左右了政府政策的运行方向。在转轨国家，经济发展是地方政府的第一要务。地方政府对经济发展的渴求，决定了政府和企业在经济资源依存中权力和地位的不对等。地方政府以牺牲环境和公众利益为代价的各种政策性优惠来招商引资，寻求发展。由于缺乏健全的法律法规和完善的市场机制，有影响力的企业对地方政府政治的影响力更加不容小觑。那些与政府机构或政治家族保持密切联系的企业集团或具有经济实力的企业、或通过广泛的政治网络（Panda，2015；Mihály 等，2016）、或因其雄厚的资金、或因衍生的不当政治行为绑架地方政府，使得政府规制偏离公众利益。

特别是在推进企业履行社会责任的进程中，政府扮演了政策的制定者、执行者等多种角色（叶静，2009）。多样化的政府角色定位使得政府和企业、政府和行业协会、行业协会与企业间保持了复杂的关系（秦长江，2012）。当1994年中央和地方分税制改革后，地方企业上缴税收对地方政府财政的影响增强；而以社会稳定、经济发展等为基础的多目标考核，促使地方政府对地方支柱企业集团的经济依赖。企业的发展、企业提供的就业岗位、企业上缴的税收成为官员能否较好完成考核目标的重要影响因素。这就为支柱企业通过经济影响力进行规制俘获创造了条件。可以说，无论是西方发达国家还是在转轨国家，资源依赖均较好地诠释了政府被企业俘获的动机。

四 企业规制俘获的途径研究

Hellman（2000）将企业对政府的影响分为政府俘获、企业影响力和行政腐败三种类型。由于 Hellman（2000）提出的是狭义的规制俘获，因此他坚持认为：俘获者企业通过向官员提供私有支付获得的政策决策的收益方式才称之为规制俘获途径；但拉丰（2004）认为，利益集团对政府官员的收买和合谋仅是"冰山一角"；规制者不仅关心收买和合谋收益，而且关心企业对新的产业规制的反应、阻止或支持程度。企业的支持将显著影响政策推行的速度。因此企业俘获政府的方式不仅包括金钱贿赂[①]、政府官员未来职业承诺（"旋转门"）、利益集团与官员的私人关系，而且也包括企业集团对政府规制结构的言论支持、对政治竞选、游说等提供的"政治献金"或"选票"（拉丰，2004）。国外学者普遍认为政治竞选的选票和资金支持是建立政治联系获得政策好处的有效方式；公司规模是企业政治参与能力的重要影响因素（Schuler 和 Rehbein，1997），企业通过政治参与、企业规模、政治献金实现俘获政府获得政策庇护的有效政治影响行为（Hillman 等，2004）。

李占乐（2013）认为，企业俘获政府包括各种非法和合法的方式，影响和控制政府公共政策制定的活动。其主要表现形式为：一是通过国有企业自身产权的属性和支柱企业对地方经济影响力，在公共决策中具有一定影响力。进而，支柱企业成为能够影响公共政策的影

---

① Adams（1981）认为，建立在私人关系基础上的礼节性部分的金钱或礼物回报（好处费）是合法的。但是这部分收益在中国很难衡量。

响力企业。二是地方支柱企业通过自身经济影响力绑架政府，获得地方保护性政策。三是通过不当政治行为获得政策的政治影响力。李健（2013）认为信息策略、财务刺激策略、政绩支持策略是增加企业政治性资本获得政策利益的有效途径；田志龙等（2003）、卫武（2006）、高勇强和陈磊（2009）普遍认为企业正式和非正式的政治行为均可成为俘获政府的有效途径，进而影响产业政策从制定到监督的全过程。财务刺激、直接参与、代言人等策略是企业常用的政治策略；"财务刺激"可进一步分解为对政府公共项目的资金赞助、政治献金、公益摊牌、私人礼品等支付；直接参与则可分解为民营企业家当选为人大代表、政协委员或前官员离职后直接下海经商，成为政策咨询顾问等政治联系；"代言人"或"企业信息策略"则可以分解为通过聘请前官员、代表等政治参与人建立的政治联系，通过成为行业协会专家等获得行业代理人参与政策制定等。但是，高勇强和陈磊（2009）则进一步指出监管的制度漏洞，使得"权钱交易""权色交易""直接或间接贿赂"等隐蔽的不当政治行为盛行，并成为俘获政府获得企业不当经营行为经济后果的"规制庇护所"。在转轨国家，规制俘获表现为权钱交易纵深化、俘获行为隐秘化、决策权力腐败化、交易垄断化与合法化、市场机制工具化等特点，甚至延伸出"腐败文化"。李子豪和刘辉煌（2013）发现，腐败可以通过降低环境规制、扭曲环境和资源政策的执行方向、改变外贸和投资模式等途径对自然环境产生负面影响。姚圣和程娜（2014）认为，企业的政治联系将直接降低企业上交的排污费，从而获得环境规划的"政策性优待"。Greoker（2003）和Basak（2006）也指出对地方经济影响较大的企业，可以通过边境设厂、迁徙策略迫使政府在环境规制中出现"斜坡效应"（Revese，1992）。支柱企业对对方经济和各项制度的影响力，不仅会造成环境规制的斜坡效应，而且会迫使各个地方政府招商引资，地方经济发展呈现出环境（Wilson，1996）和员工权益保护等方面的"逐底竞争"（Chan，2003）。

当企业面临社会责任规制改变时，企业可以通过企业经济影响力来影响政策的制定；或采用不当政治交往、建立政治关联等政治影力实现从规制决策权、执行权和监督权的全方位深层次俘获。但是，随着对政府官员监督的加强，政府官员和企业不断寻求合法化交换的方式。因此第三种方式，通过游说政府获得有利的产业规制或者政策成为一种趋势。Sukuiassyan 和 Nugent（2011）通过对 25 个经济转轨国家 2002—2005 年企业和行业协会的数据分析认为，企业参与行业协会是比通过不当政治行为贿赂官员促进企业绩效上更加安全、合法且行之有效的手段。行业协会的合法利益诉求以及行业专家的合理申辩，开辟了政府和企业利益交换的合法途径（金太军和袁建军，2011）。与单个企业相比，行业协会提供的政策咨询报告、行业意见更能形成政策的叠加效益（金太军和袁建军，2011）。因此，行业协会的一项重要功能就是作为一个团体的代表或意见领袖，参与政府监管机构以及政策制定者、媒体的信息交互（Boléat，2003）。但是受行业协会生成路径和制度环境的影响，中国行业协会的功能、作用和影响力与西方国家存在明显差异。作为行业协会，一方面承担着企业赋予的游说、集体利益表述、行业界限和规范形成的经济责任，另一方面承担着政府赋予的政治影响力。在路径依赖下，行业协会难以承担企业代表（诸如技术改革论证、减少交易费用、行业游说、企业维权等）、维护和服务这三大功能（龙宁丽，2014），而更多地体现为政府角色的延伸和政府的帮手。因此，Foster 等人（2002）论断，行业协会不仅可以通过正式行业报告的方式，还可以通过非正式的咨询和建议的方式向政府有关部门提交行业协会规制意见或建议，产生政策影响力。由此，这些行业协会不仅具有政策影响力，而且具有部分法定职能，甚至在政府授权下享受部分公共资源的分配权，如税收、进出口配额分配等（龙宁丽，2014）。企业积极参与行业协会，就意味着：其一，立法建议和咨询权是一种不可多得、含金量极高的稀缺资源，企业可以通过行业协会的报告和建议将企业意见升华为行业意见，使自己的意见和主张得以法制化；其二，企业参与行业协会的目的是通过掌握行业话语权，参与行业标准的制定，将自身的优势转变为行业的规制，进而改变企业竞争环境；其三，参与行业协会意味着企业可以拥有更多的稀缺资源，可以突破企业与政府沟通的屏障，优化政企关系的路径。这对缺乏资源控制力的企业极具诱惑力。其四，企业通过参与政府召开的行业会议，可以较早获知政府行业规制的目标和政策导向，从而及时调整企业竞争策略。因此，企业积极参与行业协会，积极响应行业社会责任的号召，期望通过行业协会增强与政府的联系，获得更多的信息、资金等稀缺资源。此时，行业协会和履行社会责任更多的是扮演了政企沟通桥梁的作用。

综上所述，本书将企业俘获政府规制的途径分为三类：经济影响力、政治影响力、行业影响力。企业通过三种影响力俘获政府，既获得有利于企业发展的行业规制，又可以降低社会责任的规制要求。当经济发展、社会稳定等与官员政治晋升诉求密切相关时，官员会被具有经济影响力的企业所俘获。企业为获得对政策直接的政治影响力，可以通过显性和隐性政治影响力两种方式进行。前者主要通过聘请前官员、退役军官、民营企业家当选人大代表、政协委员建立的显性政治联系；后者主要指通过寻租、宴请交往等不当政治交往行为建立的隐性政治联系。在卫武（2006）研究的基础上，本书认为企业可以通过参与行业协会、聘请专家的方式获得集体行动的利益，从而获得行业政策的影响力。因此本书把行业影响力划分为参与专业行业协会的影响力、普通协会的影响力和参与行业标准制定带来的对行业规制的影响力。通过对不同性质和层级的行业协会赋权实现对企业行业影响力的刻画，进而分析企业的行业影响力对企业社会责任规制和企业社会责任行为的影响。事实上，企业俘获政府的多种影响力既不可能完全独立，也不可能完全替代；企业多种形式的规制俘获影响力，彼此之间可能存在一定的重叠性；企业单独运用某种俘获影响力的可能性极低。企业社会责任规制俘获更可能是企业多种俘获影响力综合运用、相机决策的结果。因此，本书在分别控制企业政治联系、企业产权、企业规模等企业影响力特征变量和政府异质性特征变量的基础上，分别探讨经济影响力、政治影响力、行业影响力与企业社会责任的关系。

第二节 企业社会责任述评

自 Oliver Sheldon 首次提出"企业社会责任"这个概念以来，以弗里德曼（Friedman，1970）和曼尼（Manne，1962；1972）为代表的反对者一直围绕着企业是向股东还是利益相关者负责，企业是否应该承担社会责任（沈洪涛和沈艺峰，2007），履行社会责任是不是一项无利可图的成本支出，是否必将降低企业利润或损坏企业长期的利润源泉等这些问题（Cespa 和 Cestone，2007；Manfred 和 Amalric，2008），与以弗里曼（Freeman）、德鲁克（Druker）、布莱尔（Blair）为代表的支持者进行了长期的争论（Amalric，2005；卢正文和刘春林，2011）。在这近一个世纪的纷争和学术探讨中，学者们对企业承担社会责任的认知经历了股东价值最大化的价值观（Jensen，2002）、"利益相关者价值最大化"社会责任观（Wood，1995）、"企业公民"社会责任观（Logsond 和 Wood，2002；Logsdon，2004）和战略社会责任观（Post 和 Waddock，1995；Porter 和 Kramer，2006）。随着经济发展与社会进步，20 世纪 90 年代，人们逐步接受并在"公司公民"这个概念上达成共识。Logsond 和 Wood（2002）根据政治学中的"公民权的社会观"，将公民的概念从个人扩展到公司。他们认为，公司可以作为当地社会的一个成员，拥有作为一个社会公民的基本权利，也应承担相应的社会义务。Moon 等（2005）依据 Stokes（2002）的四种公民模式对公司公民的本质进行了透彻的分析。Moon 等（2005）认为，Stokes（2002）提出的"慎重的民主"与利益相关者理论涉及的"企业的社会参与"天然契合。公司可以像个人公民一样参与政治，在社会参与基础上的公司公民可以介入，并有能力影响社会问题，以审慎的态度应对各种复杂的社会环境，并进行复杂决策。Waddock（2004）认为，"公司公民"的概念可以将"企业的利益相关者"和"企业社会责任表现"自然地糅合为一体；而"公司公民"的概念更是为企业主动参与、应对"企业—社会关系"，有选择性地介入影响相关社会问题提供了一个有效的途径（Valor，2005）。正如沈洪涛和沈艺峰（2007）所认为的，公司公民概念改变了以企业为中心的利益相关者分析框架，使得公司与其他利益相关者处于平等地位，相互依存，共同承担社会责任。这一思路很好地继承并融合了企业社会责任与利益相关者理论，因而本书将基于"公司公民"对企业的利益相关者进行分析。并以此为基础，定义企业的社会责任内容和维度，进而分析企业在内外部资源约束条件下进行的战略选择。

一 企业社会责任概念、内容和维度

从20世纪30年代到20世纪70年代，在公司社会责任思想的历史论战中，从事公司社会责任规范研究的学者们试图从社会责任原则、公司社会回应、公司社会表现等方面对企业社会责任的概念进行解释，并对企业社会责任的维度进行分析与解构。直至20世纪90年代，在对企业利益相关者的鉴别（Benson等，2011；Liang和Rennboog，2017）、企业社会责任与利益相关者之间的交互作用（Benson等，2011；Eding和Scholtens，2017）以及如何根据利益相关者需求进行企业社会责任实际操作（Kigantto和Foolsema，2007）的论证中，企业社会责任的概念才在这场长久的论争中日渐清晰（沈洪涛和沈艺峰，2007）。但是对企业社会责任的概念、内涵和外延的理解却分成了三种类型的观念。

第一种观念是以Carroll为代表的企业社会责任等同企业责任观。Carroll（1979）建立了包括企业社会责任、社会回应、利益相关者社会问题管理在内的三维模型；在Carroll（1979）看来，企业承担的包括经济、遵纪守法、伦理道德以及其他一些企业可以自由裁量的自愿责任是企业社会责任的第一个基本维度。Carroll（1993）进一步认为，企业的利益相关者主要是指那些企业与之互动，并在企业里具有利益或权利的个人或群体，由此他将"企业自有裁量的自愿责任"修正为"慈善责任"，并提出了著名的金字塔模型。Schwartz和Carroll（2003）提出了企业经济责任、道德责任以及法律责任相互独立又交叉联系的社会责任（Intersection Circles Model，IC模型）。Jamali（2007）区分了企业3类强制性社会责任和2类自愿性社会责任。前

者包括 Schwartz 和 Carroll（2003）提出的经济、法律和道德相关责任；后者则包括 Carroll（1979）和 Lantos（2001）提出的自由裁量的道德责任、战略型责任。刘长喜（2005）认为，企业社会责任综合契约中应该包括股东在内的经济责任，股东的经济责任可视为企业社会责任的一个维度。

第二种观念是以 Brummer（1991）和卢代富（2001）为代表的企业社会责任与企业其他责任的并列观（李正和向锐，2007）。Brummer（1991）认为社会责任仅是企业责任的一个子集；李立清（2006）发展了 Brummer（1991）的观念，他认为企业社会责任是企业在承担的经济和法律角色之外承担的第三类并列责任。国内，卢代富（2001）则认为，除经济责任之外的企业责任均可视为企业社会责任。李正和向锐（2007）也明确赞同上述观念，认为企业社会责任是一种修正的股东利益最大化理论；企业应该以承担股东经济责任为前提，以遵纪守法和遵循道德规范为基准，根据利益相关者影响力差异选择社会责任项目。而环境可持续性、员工发展与保护、社区关注、消费者权益保护以及银行和相关债权人利益均可成为企业关注的社会责任议题。宁金成和张安毅（2010）明确指出，作为创造社会财富基层单位的公司，其首要责任就是依法高效地创造并分配财富。企业履行社会责任不能成为公司未较好实现股东价值的借口，更不能由此改变对公司行为判断的准则。这种观念得到了大多数学者实际的支持。在企业社会责任与公司绩效的实证研究中，学者们基于亏损企业未履行经济责任和可能存在实证偏差为由，纷纷将亏损企业排除在外，学者们普遍认为亏损企业是不负责任的企业。

第三种观念是以外延方式定义企业社会责任的具体内容和维度。美国经济开发委员会 1971 年 6 月将企业社会责任划分为 10 个维度的 58 类行为。Gray 等（1995）认为，企业应该向社会揭露诸如企业环保、消费者保护、能源、社区服务和慈善捐助、员工持股、南非问题等 15 项相关的社会责任议题。葛家澍、林志军（2001）认为，企业应该主动揭露的社会责任信息包括：环境保护、员工职业规划、员工医疗和职业保护、反种族歧视以及社区融入等。由 Kinder、Lydenberg

及 Domini & Co. Inc. 发布的社会责任投资指数（KLD 投资指数）将企业社会责任分解为社区关系、环境关系、产品质量安全、雇员关系、妇女以及少数民族问题等 5 个与企业利益相关者联系紧密的问题以及核能、军备和南非问题等 3 个具有争议的问题。

事实上，时至今日学术界仍然无法就企业社会责任的内涵和社会责任维度达成共识（沈洪涛和沈艺峰，2007；李正和向锐，2007）。无论是哪种对社会责任概念的解释，学者们普遍认为，企业应该在自愿基础上对内关注股东经济利益、关注员工安全和职业发展；对外关注产品质量、环境、慈善捐助，以及正确处理企业与政府、企业与社区融入的关系；在企业经营管理和处理各种关系中注重企业伦理。本质上说，各种关于社会责任概念以及企业社会责任与公司责任地位的论争，其实质不过是在股东价值与企业其他利益相关者价值之间寻求的一种均衡。Carroll（1991）认为，企业社会责任问题会因企业所处行业的不同而不同；企业内外利益相关者诉求的差异铸就了各个行业特殊的社会责任议题（Griffin 和 Mahon，1997）。Basu 和 Palazzo（2008）认为企业履行社会责任具有特征性，这种特征性就是企业管理者思考、讨论与利益相关者的联系、企业自身在社会公益中的角色，以及如何配置资源和力量来努力完成企业社会责任角色、联系的一系列过程中所显现的社会责任内在品质。Beschorner 和 Hajduk（2017）认为，企业社会责任不仅应该关注企业高调宣传的社会责任项目，而且要结合行业的特点，关注各个行业特殊的社会责任议题。国内学者徐尚昆和杨汝岱（2007）在对我国 630 位企业经理进行调查并进行归纳分析后认为，企业社会责任的概念和范畴应根植于中国特殊的社会文化，其表现形式和内容将区别于其他国家。如李四海等（2012）研究发现我国亏损企业慷慨捐赠的背后隐藏了地方政府的高额补助，亏损企业的捐赠行为是一种互惠型的理性选择。政府补助的扶持行为成为企业未来发展的一种信号传递。而股东经济责任仅仅是企业社会责任的一个维度，采用内容分析的社会责任计量方法并不会因为对亏损企业的计量而存在较大偏误。基于此，本书更加赞同 Carroll（1991）将企业社会责任等同于企业责任的观念。Logan 和 Connor

(2005）认为，企业的社会责任应该从整个价值链角度分析利益相关者。因而企业应该从原材料采购、生产、提供服务、销售、废物回收等整个价值链的角度来考虑企业承担什么样的社会责任。在企业的后向价值链中，我们需要考虑原材料的公平采购、道德贸易、原材料生产者的低工资、工作环境、童工等社会问题，以及诸如像农产品等原材料生产过程中的有机、生态种植，运输过程中的"绿色供应链"等环境问题；在企业生产价值增值阶段考虑企业所处社区的志愿服务、员工、投资者、政府行业协会等社会问题以及企业生产的能源效率、循环利用和环境污染等问题；在企业的前向价值链中应关注销售渠道的公平贸易、包装物的回收和处置、消费者的利益等问题。概括起来，企业社会责任的主要内容包括：第一，企业的基本价值、伦理、政策和公司的商业实践；第二，企业为社区发展自愿做出的贡献；第三，企业需要管理好原材料需求和生产、从产品增值到产品销售、使用和处置等整个价值链在内的合作伙伴的相关环境和社会议题（Logan 和 Connor，2005）。

综上所述，本书认为，企业社会责任是在企业营利的同时，在整个企业价值链中，对利益相关者扮演的各种社会角色的综合。具体来说，企业各价值链阶段的利益相关者包括：政府与公众（包括行业协会和 NGO 组织）、投资者（包括债权人）、消费者、雇员、合作伙伴、环境等。这些利益相关者在企业价值链的不同阶段扮演了不同的角色，影响着企业社会责任的维度和具体社会责任议题。

二 企业社会责任计量方法研究

虽然社会责任的研究有实质性的进展，但是社会责任计量方法这一个分支的研究相对落后（Abbott 和 Monsen，1979）。据 Reed 等（1990）的不完全统计，至少出现了 14 种以上衡量社会责任的方法。但是，20 世纪 70 年代后，企业社会责任主流的计量方法主要包括以下三种：社会责任会计方法（李正和向锐，2007）、声誉指数法（Folger 和 Nutt，1975）、内容分析法（Abbott 和 Monsen，1979；李正和向锐，2007）。

社会责任会计方法是把对公司从事社会责任活动所产生影响的项目纳入到正式的会计系统中,把社会责任信息分为社会资产、社会负债、社会成本、社会收益等四个类别,并对他们分别进行计量和披露(李正和向锐,2007)。Gray 等(1995)、Moser 等(2012)对社会责任会计披露的项目、计量内容等进行了相关研究。但是 Ramanathan(1976)认为:"企业或评价者难以准确衡量企业业务活动的外部社会成本与企业的收益之间的比率。"因此,社会责任会计方法并未在国外学术研究中盛行。反观国内,自 1995 年起,我国财政部已将"社会贡献率"列入企业经济效益评价指标体系(1995)中;2008 年 5 月,在加强上市公司社会责任承担工作暨发布《上海证券交易所上市公司环境信息披露指引》的通知中指出,公司可以在年度社会责任报告中披露每股社会贡献值。因而国内学者运用会计社会责任方法来计量企业社会责任的研究较多。陈玉清和马丽丽(2005)从政府、职工、投资者和社会四个方面定义企业的社会贡献率,并对社会责任会计信息的市场反应进行了研究;后续,学者们在发展和完善陈玉清等(2005)的分类和评价方法基础上,分别从企业终极控制人性质(刘长翠和孔晓婷,2006)、公司绩效、公司治理结构(王建琼和何静谊,2009)等方面对企业社会责任的影响进行了研究。但是,李正和向锐(2007)则认为,企业社会成本、收益以及社会资产等方面难以形成统一的核算基准,因而公司之间难以比较各自的社会贡献。基于上述理由,李正和向锐(2007)质疑几位学者对社会贡献率分类的基准,甚至认为他们所界定的贡献率内容是值得商榷的。但是,李正和向锐(2007)的研究并未就社会责任会计方法和内容分析方法的差异给出令人信服的客观比较数据。

声誉指数是指通过向专家发放问卷等方式得到对公司各种社会责任信息、政策的主观评价,并依据专家评价结果进行排名的方法。最早的声誉指数为 1971 年,美国经济优先权委员会(Council on Economic Priorities)利用污染指数对美国造纸行业的 24 家公司所进行的排名,也就是 CEP 指数。该指数得到了 Folger 和 Nutt(1975)以及 Spicer(1978)的改进性运用。因为声誉指数的构建基于被调查者获得收集、整理甄别资料的能力和公正评价,因此在 Abbott 和 Monsen (1979) 看来,声誉指数的桎梏在于:第一,因为受到公司自身客观因素造成的声誉度和美誉度差异:如规模、企业存在年限、媒体紧密度和被调查者主观阅历等两方面影响,所以被调查者难以核实企业社会责任执行情况,并做出客观准确的评价;第二,冗长的问卷降低了被调查者对问卷的接受度,因而限制了声誉调查的样本公司数(Abbott 和 Monsen,1979)。因此,很少研究者使用声誉指数法。1983 年开始,美国《财富》杂志公布从管理质量、产品和服务质量、创新财务稳健性等 8 个方面对美国 32 个行业 300 家公司的社会责任声誉进行评级,称为"财富公司声誉评级指数"。该指数由于数据具有连续性,调查样本多,涉及面较广,参与调查的专家多为行业内专家,数据较为客观科学,因而 Spencer 和 Taylor(1987)、Cotrill(1990) 以及 Thomas 和 Simerly(1994)在对公司社会责任与公司财务绩效的关系研究中均采用了该指数。1994 年 Kinder、Lydenberg 和 Domini & Co. Inc. 联合发布的基于标准普尔 500 公司的主观社会责任投资指数(KLD 投资指数)。该指数实质上也是一种主观声誉评级。

内容分析法是依据公司揭露的信息进行分类,并对各类信息进行赋值,得到对公司社会责任的评价的研究方法(沈洪涛和沈艺峰,2007)。这种研究方法以"做得越多,做得越好,信息揭露质量面越广质量越高"为研究假设(沈洪涛,2006;2008)。学者们认为,企业履行社会责任表现越好,企业社会责任报告的可读性越强,内容更加丰富(Wang 等,2018)。企业主动披露社会责任信息的目的在于与不履行社会责任的公司做出区别(沈洪涛,2007)。因此,内容分析方法的优势就是,在相对主观地定义社会责任维度和 CSR 评价标准后,其剩下的部分是相对客观的事实(Abbott 和 Monsen,1979)。Bowman 和 Haire(1975)对美国 82 家美国食品公司社会责任的研究就采用了此种方法。之后 Abbott 和 Monsen(1979)采用内容分析方法构建了社会参与度指标(SID)。但是,宋献中和龚晓明(2007)则认为,单纯的信息揭露难以区分社会责任的质量和等级。因而,越来越多的研究者对内容分析方法进行了改进,如 Wiseman(1982)的

3 分 4 级评分法、宋献中和龚晓明（2007）在内容分析基础上的赋权法、吴德军（2011）的内容分析比例评分法等。社会责任会计计量方法容易受到经济周期、正负向指标偏误的影响；相反，内容分析方法在确定社会责任计量维度和评价指标的基础上，能够比较好地反映企业的社会责任的特殊性，并且具有受经济周期的影响较少，计量偏误较少等优点。因此，本书采用内容分析方法对企业社会责任进行评价。

三 企业社会责任与企业价值的关系探讨

在 Friedman（1962）看来，管理者作为公司股东的代理人，应该以公司利润最大化为目标；公司在遵守法律追逐利益的同时将增加整个社会的财富。而 Manne（1962）认为，企业履行社会责任将造成垄断和政府管制的增加，因为慈善的捐赠必然带来企业成本增加，因而需要征收的垄断租金也会越高。而在长期的争论中，实证检验成为最有力的武器（Rowley 和 Berman，2000）。故而自 Moskowitz（1972）和 Vance（1975）的研究开始，CSR 与企业价值的关系成为企业社会责任研究的重要研究领域（沈洪涛和沈艺峰，2007）。不少学者就企业社会责任与公司治理的关系（Waldman，2008；Lau 等，2016；Fathi 等，2018），企业社会责任与公司性质、公司规模、行业特征的关系（沈洪涛等，2006，2007，2008）进行充分探讨。但无论是对公司行业、性质等内部因素的探讨，学者们总是试图运用不同的指标厘清企业社会责任与企业价值的关系（Amalric，2005）。从现有研究来看，公司价值的主要衡量指标可以分为两类：企业市场价值指标和会计账面价值指标。前者主要是基于事件研究法，对社会责任信息与市场价值以及对股东价值的分析；后者主要是基于公司财务绩效，探讨公司经营绩效与企业社会责任的因果关系（沈洪涛和沈艺峰，2007）。

最早关于公司社会责任与资本市场价值关系的研究，即 Morskowitz（1972）和 Vance（1975）采用未经风险调整的股票市场价值指标来衡量企业价值，以此检验社会责任与公司价值关系的研究。

Morskowitz（1972）对 14 家社会责任表现突出公司的股票市场收益率进行分析，认为良好的企业社会责任表现将得到更高的股票市场认可度，因而其股票收益率高于同时期的市场收益率；然而 Vance（1975）以相同的 14 家公司为样本，观察其 1972—1974 年的市场收益率后得出与 Morskowitz（1972）截然相反的结论。在 Cochran 和 Wood（1984）看来，未经市场风险调整的"清洁的市场收益率"必然带来公司市场收益与企业社会责任关系研究结论的差异。随后学者们开始采用风险调整的市场收益来研究公司社会责任信息的资本市场价值，但是他们的研究并没有给出公司社会责任与公司市场价值之间的明确结论（沈洪涛和沈艺峰，2007）。在后续的研究中，不少学者认为企业社会责任表现较好的公司与社会责任表现差的公司在股票回报上没有显著的差异（Bauer 等，2005；Bello，2005；Galema 等，2008）。然而 Brammer 等（2006）以英国上市公司为研究样本发现公司社会责任与企业市场回报之间呈负相关关系；Becchetti 和 Ciciretti（2009）调查了 372 家 KLD 指数中具有社会责任感的公司 1990—2003 年的平均市场回报率后得出与 Brammer 等（2006）相似的结论。他们认为，具有社会责任的公司平均市场回报率显著低于非社会责任公司。在区分行业竞争程度后，Kim 等（2018）认为，在高度竞争的行业中，企业积极的社会责任行为将提高企业的市场价值；相反，在低度竞争的行业中，企业消极的社会责任行为反而会提高企业的市场价值。他们的研究为迥异的企业社会责任与企业价值关系的解析提供了一个调和路径。

但是，无论是采用经过市场风险调整的市场收益指标还是包含了股利变动的股票价格来研究企业社会责任与资本市场价值关系，其千差万别的研究结论无不说明，在企业社会责任与公司资本市场价值的研究中难以排除公司盈利的影响（Aupperle 等，1985），以及不得不考虑资本市场的有效性假设，即市场能在股票价格上对信息做出充分、及时以及完整的反应。因此，随着 Fama（1970）提出有效市场假说检验方法和理论的不断完善，Ingram（1978）将事件研究法引入社会责任研究中。Ingram（1978）发现，企业在主动揭露社会责任信息的基础上，能够做到高质量信息揭露，那么其市场价值高于没有揭露信息和揭露信息质量较低的企业。自此，事件研究法被众多的学者所采用，以检验企业社会责任信息对企业市场价值的影响。Shane 和 Spicer（1983）检验了外部披露的环境污染的负面信息与企业异常报酬率的关系。检验认为，环境污染控制较差的企业市场异常报酬率显著低于污染控制较好的企业。随后 Pruitt 和 Peterson（1986）、Hoffer 等（1988）就企业产品召回信息与企业市场异常报酬率进行了研究。Luo 等（2012）认为，对企业来说，没有信息就是最好的信息。

在企业社会责任信息与公司价值关系的检验中，公司财务绩效指标是另一类常用的企业价值检验指标。在公司的财务绩效衡量中，学者们通常采用总资产报酬率（ROA）（Shen 和 Chang，2009；Chang 等，2011）、净资产报酬率（ROE）、销售利润率（Wu 和 Shen，2013）来衡量企业的财务绩效，从而得出社会责任与公司会计账面价值的正向关系。但是社会影响假说和资源依赖假说（The Slack Resource Hypothesis）的支持者却对公司社会责任与公司财务绩效的正向关系和二者之间的因果联系给出了不一样的解释。在社会影响假说看来，公司履行社会责任一方面可以提高社会声誉，以增加销售额，进而带来财务绩效的增长（Ruf 等，2001）；另一方面，企业通过声誉机制，可以招募高质量的员工，减少或内化公司各种社会问题（Harjoto and Jo，2011），解决各种利益相关者矛盾，进而带来公司的可持续增长（Cespa 和 Cestone，2007；Petrovits，2006；Luo 和 Bhattacharya，2009）。尤其是，Lins 等（2017）研究发现，在金融危机中，企业履行社会责任的社会价值发挥得淋漓尽致。在金融危机中，社会责任表现良好的公司，拥有利益相关者更高的信任、更高的企业利润率、更高的公司增长率。但是基于资源依赖假说的研究，如 McGuire 等（1988）的研究，揭示当期良好的社会责任与公司前期良好的财务绩效密切相关（Allouche 和 Laroche，2005）；而在 Preston 和 O'Bannon（1997）、Seifer 等（2004）的后续研究中得到了进一步的支持。企业经营者仅会在感知到的可以利用的剩余资源情况下决定企业的捐助规模（Seifer 等，2004）。因此，越好的财务绩效越能支持公司更好地履行社会责任（沈洪涛和沈艺峰，2007）。

基于权衡假说（Trade-off hypothesis）和管理者机会主义假说（Managerial Opportunism hypothesis）的研究者则认为企业社会责任与公司财务绩效间呈负相关关系（Allouche 和 Laroche，2005）。权衡假说支持者认为，企业履行社会责任会加剧公司的资源约束，不利于支持和维护企业的竞争地位，因而企业社会责任越好，其财务绩效越低（Friedman，1970）。Chih 和 Chen（2010）在对金融公司社会责任的研究中发现，企业社会责任履行越好的公司其资产规模越大，资产报酬率也越低。但是在管理者机会主义假说看来，经理人的道德风险问题将影响企业社会责任履行的支出，进而影响企业的财务绩效。在Preston 和 O'Bannon（1997）看来，在公司经营业绩较好时，管理者为获得较高的短期报酬，将会减少企业社会责任的支出以增加企业现金流；相反，在企业经营较差时，管理者会增加企业社会责任的支出，以消除或减少企业绩效较差的质疑。

关于企业价值与公司社会责任关系的实证研究，由于研究方法和研究目标的差异，使得结论各异，至今未能达成共识。由于缺乏严格理论去厘清公司社会责任和企业绩效之间的关系，准确定义和计量企业社会责任存在固有的困难（Griffin 和 Mahon，1997）；在财务变量选取上常存在利益相关者的错配问题（Wood 和 Jones，1995）以及计量模型的错误设定（McWilliams 和 Siegel，2000），使得实证检验常存在相互矛盾的结果（Wood 和 Jones，1995；Ruf 等，2001）。但是在Wu 和 Shen（2013）看来，这些差异和矛盾是没有对企业社会责任行为动机进行区分，企业履行社会责任的动机为了"do good to do well"或是"do well to do good"；更没有充分考虑企业履行社会责任的差异是企业战略选择的结果，这将带来企业的成本、短期财务绩效和长期持续回报的差异。

四 战略型社会责任对企业社会责任行为差异的解释

Post 和 Waddock（1995）认为，战略慈善观能够有效地折中和解释企业应向股东、其他利益相关者应承担的责任以及企业公民应履行的义务。战略慈善观坚持：企业在"做好事的同时就能做得好"，社会效益和企业经济效益是相辅相成的（卢正文和刘春林，2011）。企业社会责任就应该是企业通过自由决定的商业实践以及企业资源的捐献来改善社区福利的一种承诺。这种社区福利就应包括人际和谐、环境问题等（菲利普·科特勒，2011）。这样，企业社会责任就成为了企业经营不可或缺的一环。由此可以推断，不同的社会责任行为受到不同的企业行为动机的影响。并且根据行为动机的不同可以分为：完全利他主义的行为、利润最大化的战略选择、提高公司声誉的"漂绿"行为（Frankental，2001）。迈克·波特（2006）认为，用战略管理的方法来分析社会责任项目，企业选择与企业战略一致的项目，将改变社会责任成本约束的观念，发现新的机会，进而产生持续的竞争优势（Porer 和 Kramer，2006）。Falck 和 Heblich（2007）通过构建概念模型分析认为，以利润最大化为战略目标的企业在履行社会责任时，当公众议题和企业战略契合，并且履行这种社会责任的项目是一种长期有效的承诺时，企业将实现其利润的最大化。Dam 等（2009）分析了秉承"企业漂绿""战略社会责任"以及"完全利他"等三种不同社会责任观念的企业在成本和利润上的差异。他认为，只有秉承战略社会责任观的企业才能实现企业价值最大化。Wu 和 Shen（2013）基于扩展的 heckman 选择偏误，进一步验证了不同的资源约束和社会责任动机的银行在经营成本和收益的差异。两位学者的研究同样支持了 Dam 等（2009）的结论。

文章认为，利润最大化的战略行为为我们研究企业履行社会责任的维度和边界提供了有力的支持；Frankental 等（2001）的研究为我们分析上市公司企业履行社会责任行为的差异和动机提供了思路和方法。但是，我们必须认识到，上述研究是基于美国企业或是跨国企业的公司经营实践。而对于中国企业来说，公众对社会责任的理解程度（陈佳贵等，2012）、企业经营能力和意识与国外企业尚有较大的差距，其结论可能与中国企业的实际有较大差距。例如，按照 Dam 等（2011）的方法，当企业的成本和利润都无效时，企业可能是利他型的社会责任行为。但实际上，中国企业可能是因为企业经营能力和理念的差异，企业可能根本不知道如何去选择合适的社会责任项目，如何有效地与 NGO 组织合作，获得利益相关者的认可，换来企业长期的利润最大化。Beschorner 和 Hajduk（2017）认为，企业社会责任应该根植于行业文化和利益相关者的具体诉求，进而考虑行业特殊的社会责任议题。因此，我们需要结合中国的上市公司，结合行业特点进行专门的研究。

第三节　规制俘获与企业社会责任关系

一　企业政治行为与规制俘获关系

20 世纪 70 年代，西方企业开始意识到企业法律法规的影响以及政府的干预已渗透到企业的战略决策，给企业的生存和可持续发展带来重大影响。产业政策和规制并不总是平均作用于同一产业中的企业，而是集中于行业内的某些或某类企业，政府可以通过其购买行为、管制政策（如排污或者绿色生产标准）等改变企业的竞争格局，甚至剥夺某些中小企业的生存空间（Schuler，1996）。可以认为，影响企业外部的规制环境是企业和各利益相关者间相互较量、相互博弈、利益均衡的结果（Keim 和 Baysinger，1988）。因此，企业不能被动适应外部政治环境，而需要主动地通过其一系列的非市场行为改变企业的外部政治环境。Keim 和 Baysinger（1988）认为企业政治战略是企业战略管理的一个组成部分，即其为赢得有利于企业生产和可持续发展的外部政治环境的一系列行动组合。其行动的目的是希望通过企业政治行为，影响政府官员或者政策法规制定，从而巩固自己的经济地位，确保企业的长久利益。通常企业具体实施政治战略过程即为企业的政治行为（田志龙等，2003）。Getz（1997）认为，企业主动地、有意识地影响政府政策或改变政府政策进程的行为都属于企业的政治行为。Hillman 和 Hittv（1999）认为，信息战略、选民培育和财务激励是三种常见的企业政治行为。Getz（1997）则认为，选民培养、政治关联、游说、政治委员会、财务支持、信息参考、公众曝光等都属于企业的政治行为。而Vogel（1996）指出，在企业众多的政治行为中，政治捐款和对政府的直接游说是最直接有效的政治行为。田志龙等（2003）在对中国企业家进行深度访谈的基础上，结合中国实际，将中国企业的政治策略划分为七类。其中，直接参与策略包括政治关联、参与行业协会、因其专业影响力成为政府某方面的顾问；而经营活动政治管理策略则包括通过企业上缴税收或者提高经济影响力、雇用下岗职工等，成为当地政府骄傲的或是强烈依赖的企业；信息咨询策略则是为政府提供有利于企业或者行业的咨询报告；财政激励策略则包括直接财务支持，邀请官员参观、做报告、为考察旅游等支付差旅费或者积极的慈善捐款等。

不少研究认为，当政府掌握过多经济和政策资源，而且自由裁量权和资源分配权难以监督时，这些极具诱惑力的关键资源就成为企业俘获政府的"诱饵"；地方政府可以通过调整政策方向，降低规制执行和监督强度、政府订单、财政补贴等行为给予企业积极的政治回报。中国企业通过聘请前政府官员，或者通过直接参与政治、加入行业协会或者聘请专家、提供咨询报告、积极捐赠、成为政府骄傲的企业等政治行为直接影响产业规制；同时企业也通过贿赂官员及其亲属、提供差旅等财务支持隐蔽的政治行为"俘获政府"（Getz，1997；田志龙等，2003）。政治俘获对企业的价值就在于：第一，有效应对不完备的制度所带来的压力（潘红波等，2008）。保护企业的资产不受侵害（薛爽，2013）；第二，可以获得满足自身偏好的规制政策（Faccio，2006）；第三，可以为企业获得提高企业竞争能力的额外经济收益，如税收优惠、财政补贴、信贷资源（李健和陈传明，2013；罗党论和杨玉萍，2013；李维安等，2015）等。具体到企业社会责任行为视域，企业可以通过俘获政府获得企业自身可以实现的、利于企业发展的社会责任规制标准，从而提高行业的门槛，改变或维系企业的竞争优势；也可以通过俘获政府降低企业社会责任规制，胁迫政府降低环境规制标准或规制频率，进而减少企业社会责任的成本支出；也可以通过俘获政府，改变政府规制的方向和强度，减少企业社会责任不尽责或不道德社会责任行为被查处的概率，降低被处罚的强度，进而减少惩罚成本和声誉受损。因此，企业通过政治行为或影响力俘获政府，对企业来说大有裨益。

二 资源依赖理论成为战略型社会责任与规制俘获的连接桥梁

企业难以模仿的异质性资源是企业经济租金的来源，是企业绩效的根本来源，更是企业获得持续竞争力的动力之一（Conner，1991）。但是，配置和使用关系到企业持续竞争的异质性资源常常并不受企业自身所控制（贾明和张喆，2010），而受到企业所面临的外部因素的影响，包括政府、行业协会、供应商、顾客等利益相关者的影响。这使得企业在控制这些资源过程中面临不确定性（Pfeffer 和 Salancik，1978；Frooman，1999；贾明和张喆，2010）。当政府掌握着公司发展的诸如土地、税收优惠、进入壁垒等关键资源时，公司为了降低不确定性或者保持面对规制的充分弹性，可能会主动参与社会责任，进而增强与政府的联系（Berman 等，2017）；当行业协会能够成为影响行业规制制定的稀缺资源，从而为企业带来丰厚的经济回报、形成资源互补时，企业就有积极性去强化与行业协会的关系（Yen 等，2014）。由于社会责任行为是一种利益相关者更易于接受的信息传递方式，通过这种差异化的"信号策略"，提高公司的公众形象（石军伟等，2009），累积社会声誉资本，加强或改善公司与利益相关者之间的关系，从而降低企业获取和保持关键资源的风险（Fombrun 等，2000；贾明和张喆，2010）。正是因为公司经营中关键资源获取的不确定性，（Pfeffer 和 Salancik，1978；Frooman，1999；Backhaus 等，2002）公司就有动力采取履行社会责任的行为。这些正向的互惠行为有利于公司的持续经营（Ma 和 Parish，2006）。申富平和袁振兴（2011）认为，企业社会责任与企业资源的依赖程度和依赖关系是企业社会责任的动力和依据。而某种资源对企业经济租金的贡献率、资源的"黏合性"以及稀缺性将决定企业对该资源的拥有者承担何种程度的社会责任。由此可以推断，不同的社会责任行为受到不同的企业资源的影响。

资源依赖理论和战略型社会责任观天然地契合于企业异质性框架。企业对持续经营的异质性资源的追求为企业履行社会责任注入最强动力。当企业战略履行社会责任能搭建起获取关键资源桥梁时，企业社会责任成为最佳行动方案。当企业受到资源约束，仅仅是为了避免声誉受损时，企业履行社会责任的行为可能仅仅是为了避免"做坏事"，影响企业声誉的"漂绿行为"。

三 企业社会责任是否成为规制俘获的途径

基于互惠性交换原则，企业通过履行更多的社会责任来维系与政府的紧密关系，以获得财政补贴、低息贷款、良好社会声誉、避免政治冲击等（李健和陈传明，2013；张川等，2014；Lin 等，2015；Zhang 等，2016）。Detomasi（2008）认为，企业履行社会责任是寻求政治庇护或者满足企业政治诉求的一种有效手段（Frynas，2015），其根本目的在于保持在维系企业竞争优势的政策壁垒上的充分弹性。贾明和张喆（2010）发现，高管政治关联与企业捐赠意愿和捐赠水平正相关，企业捐赠的目的是为了维护和加强其政治联系。因而，企业履行社会责任的背后常常隐藏了其政治动机（王成方等，2013）。基于互惠性原则，企业履行社会责任不过是企业战略选择的结果。姚圣（2011）研究发现，企业通过政治关联"俘获"政府，进而在环境规制上政府与企业间形成一种长期的均衡博弈。因此他认为，政治关联越强，环境业绩越低。但是，文章仅提到地方支柱企业通过自身经济影响力获得地方保护的可能性，并未清晰指出如何衡量这种地方保护。李四海等（2012）以亏损企业为研究样本，以政府补助为中介变量，分析发现具有政治关联的亏损企业参与慈善捐赠的积极性和捐赠数额更高，同时获得的政府补助也高于非政治联系企业，以此证明企业捐赠行为是基于政治资本的累积和获取补助的经济目的。王成方等（2013）针对不同产权性质企业的政治关联、地方政府治理能力对企业履行社会责任影响差异给出了分析和解释。他们认为，国有企业社会责任信息披露水平与非国有企业社会责任信息披露水平的差异受到地区经济和社会发展水平的影响。在行政干预程度较低，市场化水平较高的地区，政治关联对企业社会责任信息披露水平的影响不显著。娄祝坤和张川（2014）研究发现企业政治联系的类型将直接影响企业社会责任的选择，因此企业社会责任的履行是基于互惠性的战略选择。但是肖红军等（2010）运用事件研究法对企业环境信息揭露与股票市场异常报酬率的关系进检验发现，有政治联系企业的累计异常报酬率和累计资金流出量明显低于非政治关联企业，由此认为在企业社会责任信息揭露中，政治关联与企业价值呈负向关系。

近年来，企业社会责任被认为是一种有效的政治手段（Chen 和 Cao，2016；Lau 等，2016），"社会关系献金"和"声誉补偿金"能有效改善和弥补企业出事带来的声誉损失，降低企业的处罚风险和处罚金额（Bures，2015）。当面临地方官员更替时，企业社会责任能改善与新任官员的关系（Lin 等，2015），增强政企联系纽带。更有部分学者认为，企业社会责任、企业捐赠作为一种俘获政府的合法路径，是一种可以替代先行与官员建立政治联系的政治行为（Bruch，2015）。因此，企业的捐赠行为具有明显的政治寻租倾向（Ma 和 Parish，2006；李四海等，2015；Lau 等，2016）。但是，企业社会责任是一个多维的变量，以企业捐赠来衡量难以描述企业社会责任的全貌，更难以窥探企业政治行为、企业社会责任的真实关系。

第四节 本章小结

综上所述，研究中国企业社会责任行为选择需要充分考虑规制俘获的影响。以往的研究，学者们仅关注了政治关联与企业社会责任的关系，而将企业其他政治行为与规制俘获以及企业社会责任的研究割裂开来。李健（2012）认为，规制俘获、企业政治战略等理论均从单一视角阐述了企业对政府的负面影响，企业政治战略理论却将规制俘获视为政企之间的直接互动，忽略了政府与企业关系的形成机制分析。遗憾的是，黎文靖（2012）研究仅提出了企业社会责任与企业所有权类型、政治寻租关系的一个概念性框架，缺乏实证数据的验证。基于此，本书将从资源依赖论角度，对企业俘获政府的方式、战略选择、社会责任行为动机进行深入探讨。本书认为资源依赖理论、第二代财政分权理论从不同角度对企业俘获政府的动机以及政府被精英企业俘获的条件进行了解释；而对企业战略社会责任、企业政治战略行为分析认为，企业社会责任可能是政治俘获的一种有效途径；为获得企业持续竞争优势，基于互惠性原则，企业可能积极履行社会责任以加强与政府的联系；而政府在制定关于企业社会责任的各项规制时，更容易也更乐于接受精英企业的意见和建议。当企业面临社会责任规制改变时，企业可以通过企业经济影响力来影响政策的制定；也可以通过行业影响，使用游说、政策咨询等手段影响行业社会责任规制，甚至采用不当政治交往、建立政治关联等政治影响力实现从规制决策权、执行权和监督权的全方位深层次俘获。事实上，企业俘获政府的多种影响力既不可能完全独立，也不可能完全替代；企业多种形式的规制俘获影响力，彼此之间可能存在一定的重叠性；企业单独运用某种俘获影响力的可能性极低。企业社会责任规制俘获更可能是企业多种俘获影响力综合运用、相机决策的结果。因此，本书第四章、第五章和第六章在分别控制企业政治联系、企业产权性质、企业规模等企业影响力特征变量和政府异质性特征变量基础上，分别探讨经济影响力、政治影响力、行业影响力与企业社会责任的关系。

第三章 企业规制俘获影响力和企业社会责任计量研究

第一节 企业规制俘获影响力计量

在约翰·斯坦纳和乔治·斯坦纳（2015）看来，影响力是自身行动或迫使其他实体行动的力量或权力。企业影响力就是指企业、行业或部门所采取行动背后的力量。企业影响力的基本来源是一种社会权力，这种权力被企业用于组织和控制人或物，以有效地实现个人或组织目标。企业可以通过自身的影响力来俘获政府，进而为实现利于企业自身的规制利益。从影响域的角度，本书将企业俘获政府的影响力划分为经济影响力、政治影响力和行业影响力，并对三种影响力的不同表现类型进行了界定。在此基础上，本书进一步构建了包含行业协会信息、政治关联信息在内的规制俘获数据库。本书建立的规制俘获数据库：首先，依据企业对地方经济影响力特征，如经济发展、就业、财政等定义和计量企业经济影响力；其次，依据高管中政治联系的类型划分为政府官员类、人大政协类以及军队类，并分别进行赋值和评分，同时根据官员和人大代表、政协委员的层次划分出中央和地方政治关联层次；最后，依据企业公布的年度报告内容，按照行业专业协会和普通协会分别进行赋值和评分，同时对企业是否参与行业标准制定进行评价。

一 经济影响力定义和计量指标

企业经济影响力是指企业无须诉诸对公共官员的私人支付，而是通过对控制资源，特别是控制财富（诸如企业规模、国家所有权），来影响基本规制形成的能力。这种力量越强大，行动导致的变化也就越大，获取资源并有效地转化为所需的产品或服务的能力就越强（约翰·斯坦纳和乔治·斯坦纳，2015）。早期的研究认为，公司规模是企业政治参与能力的重要影响因素（Schuler 和 Rehbein，1997）。公司规模越大意味着公司越能获得更多的政治投票权、更大的经济影响力，因而更容易俘获政府，获得利于企业发展的行业规制，进而获得更大的行业垄断租金（Hillman 等，2004）。而企业销售收入、企业资产、企业市场占有率、企业员工规模是衡量企业规模的重要指标。Tusi 和 Wang（2004）将中国地方政府的目标分解为包括地方经济发展、财政自给能力、环境保护、社会稳定和社会保障、科技文化、人口和计划生育等在内的 15 个目标体系。自地方官员"多任务考核目标体系"提出以来，官员的考核竞争已得到理论界的普遍认可（曹春方和傅超，2015）。地区良好的经济增长能显著提高官员考核绩效（王贤彬和徐现祥，2010），从省级到市级，自上而下，对经济发展的需求逐级增加（乔坤元，2013）。企业对地区经济的影响力可能通过经济发展、就业、财政、投资等多种渠道传导（谢乔昕和宋良荣，2015）。因此，本书将企业的经济影响力外延定义为企业对地区经济发展、就业和社会稳定性以及财政税收支出等方面的影响力。

谢乔昕和宋良荣（2015）认为，企业的营业收入是企业经营结果最直接的体现，选择企业主营业务收入/地区生产总值的比例作为衡量企业对地区经济增长的经济影响力变量 1（$INF1$），具有一定合理性。该指标暗含的假设为：企业对地方经济增长的贡献越大，地方官员仰仗支柱企业的可能性越大，企业的经济影响力就越大（谭劲松等，2010）。

地方就业率是地区稳定和政府社会治理能力的一个重要考虑指标。企业职工人数也是衡量企业规模的一个重要方面。王红领等（2001）研究认为，地方政府避免地区失业率增加，对地区社会稳定产生不利影响，会对地方国有企业扶持，阻止地方企业"民营化"或"破产清算"。Su 等（2014）认为，地方政府对低水平失业率的追求是地方政府干预地方国有企业的重要动机。企业就业人数越多，对地区社会稳定性、经济影响就越大。因此，本书采用单位职工人数/地区单位就业数，衡量企业对地区就业的经济影响力变量2（$INF2$）。

地方政府官员的多目标人事考核体系，需要不断地改善基础设施建设，提高科技、文化、教育等公共投资水平，增加投资项目，提高公共项目绩效。然而公共财政支出的增加，将倒逼地方政府发展经济，增加财政收入。因此，地方政府对宽松的财政环境的追求和地方税基的保护，造成对地方税收贡献较大的企业存在保护倾向，税收贡献越大的企业，经济影响力越大（胡向婷和张璐，2005；陈冬等，2016）。因此，本书选取企业上交的各项税费/地方财政收入作为企业对政府财政能力影响力变量3（$INF3$）。

二 政治影响力定义和计量

约翰·斯坦纳和乔治·斯坦纳（2015）将企业的政治影响力定义为企业影响政府的能力。企业可以通过资助候选人竞选、游说立法者等方式对法律和政府规制产生影响。魏杰和谭伟（2004）指出，"阳光轨道"和"黑色轨道"是建立政治影响力的两种途径。前者主要通过政治关联获得影响力；后者主要通过政治寻租的不当政治交往行为获取。虽然各国学者对政治关联的内涵、外延以及获取方式并没有取得一致的结论，但是学者们普遍认可政治关联是不同于腐败和贿赂的"阳光轨道"（赵峰和马光明，2011），是一种合法的行为。由于不当政治行为的隐蔽性给计量工作带来极大困难，故学者们重点关注了政治联系对企业的影响。与既往研究不同之处在于，本书将在不同企业所有权条件下，讨论"显性的政治联系"与"隐性的不当政治行为"对企业社会责任的影响。

（一）政治联系定义与计量

牛晓燕和陈艳（2015）认为，政治关联也称为政治联系、政治关系。学者们普遍将企业与政治权力控制者之间的关系视为政治联系（吴文峰等，2008）。在研究中学者们普遍认同将企业的政治联系划分为由法律、产权关系等确立的天然政治联系（罗党论和杨玉萍，2013）和由非正式制度确立的政治联系（Xu和Zhou，2008）两种。这种非正式的政治联系通常采用支持政治竞选或政党行为（Khwaja和Mian，2005；Claessens等，2008；Huber和Kirchler，2013；Shen和Lin，2015，2016）、任职经历（Faccio，2006）、精英教育经历（Betrand等，2004）以及政治家族的联系（家族庇荫）（Fisman，2001；吴炯和李保杰，2015；余汉等，2017）获得。国外学者最早运用事件研究法证明公司与政党以及政治家联系的市场价值。Roberts（1990）发现政党议员死亡、病重等会使支持阵营公司股票价格下跌，而支持竞争对手的公司却能在此次事件中获得正向的股票回报。Fisman（2001）发现，当谣传印度尼西亚前领导人苏哈托病重的消息时，与苏哈托家族联系紧密的公司股票价格下跌程度大于较少联系的公司。Faccio（2009）在排除慢性疾病和政治预期事件影响基础上，从政治地理联系角度发现，政治领导人的突然死亡对那些经营范围和地域上与政治家职责范围重叠越高的企业影响越显著。正如Faccio（2009）所指出的，采用事件法来确认政治联系的范畴和价值常受到其他事件的影响，因而存在统计偏误。因此，Khwaja和Mian（2005）、Clasessens等（2008）在研究中，将政治联系的方式界定为，如果企业在政治竞选中向政党候选人进行了捐款，则该企业有政治关联。Shen和Lin（2015，2016）将具有某个政党倾向的企业视为政治联系企业，如企业提供政党竞选资金支持、企业CEO公开发表言论支持政党。但是这种政治联系的界定方式受到Goldman等（2009）的严重质疑。他们认为对政党候选人的政治捐赠仅仅只能反映企业单方面的政治倾向而不能认定为政治联系。国内学者多沿用Faccio（2006）政治关联的认定方式，重点关注了通过聘请前任官员，民营企业家参选人大代表、政协委员等方式确立的政治联系。随着研究的深入，国内学者对官员的任职经历和政治关联的类型进行了区分。如杜兴强等（2010），将政治联系划分为政府官员类和人大政协类，以此研究政治关联类型与企业业绩的关系；张川等（2014）分别研究了企业官员类和人大代表、政协委员类政治关联与企业社会责任的战略选择现象。贾明和张喆（2010）将政治关联层次划分为中央和地方两个层级。

在政治关联考察对象——企业高管的外延定义上，国内外学者也存在较大的差异。Fan 等（2014）、陈艳艳和罗党论（2015）将企业的总经理和董事长担任人大代表、政协委员或曾经在政府部门任职确认为企业存在政治联系；梁莱歆和冯延超（2010）、李姝和谢晓嫣（2014）则认为独立董事对企业政治联系的作用有限，因此将企业政治联系认定为：企业高管应该是除独立董事之外的董事会、监事会成员以及企业的高级管理人员。然而，诸如刘颖斐和陈亮（2015）、李强和冯波（2015）等学者的研究则认为，企业高管应该是包含独立董事在内的所有董事会成员、监事会成员和企业高级管理人员。甚至，Wong（2010）等将香港公司政治关联认定的范围扩大到了占公司股份5%以上的大股东范畴，其政治职权范畴也扩大到选举委员会成员。基于"关系"为基础的社会文化和社会网络，不少学者将政治关联视为一种"社会资本"（牛晓燕和陈艳，2015），因此，出于增加社会资本，扩展社会网络的角度，政治关联应该在更加宽泛的企业高层层面得以认定。故本书将依据刘颖斐和陈亮（2015）的做法，将公司高管（董事会包含独立董事、监事会、高级管理人员）中曾经在党、政、军中任职或担任人大代表、政协委员的作为政治联系的外延。既往研究主要采用虚拟变量法（潘红波，2008；李维安等，2015）、赋值法（Su 和 Feng，2013；李强和冯波，2015）、定序变量法（贾明和张喆，2010）、比例法（罗党论和唐清泉，2009）对各种类型的政治联系进行赋值和计量。本书采用 Su 和 Feng（2013）的方式分别对不同类型和级别的政治关联进行赋值。但是与 Su 和 Feng（2013）研究不同的是：第一，本书将最小的政治关联类型定义为"科长"。第二，本书将政府官员政治关联类型划分为军队、人大和政协、党政机构三种类型，分别对其赋值；同时对于党政机构官员的政治联系区分为中央和地方两种政治关联层级。按照 Su 和 Feng（2013）方法分别从官员职级和层级两方面进行评分。从高到低，评分依次为13分、11分……

最低分为科局级 1 分。①

（二）不当政治交往类型与计量

本书在查阅上市公司年报（2004—2014）后，按照高勇强和陈磊（2009）的研究将企业不当政治行为中与管理费用发生联系的行为和名目进行梳理，如表 3-1。本书发现：由于《企业会计制度（2014）》以及《会计准则（2006）》中只规定了差旅费用、业务招待费、会议费、培训费、交通费、通信费、劳务费等与企业经营管理相关的费用，可计入管理费用，但是却没有明确规定管理费用中必须公布上述费用明细。因此在会计事务中，企业往往难以真实、全面、详细地公布上述数据。甚至因为会计制度规定，上市公司业务招待费不得超过当年营业收入的 0.5%，不少公司选择将业务招待费采用不同名目计入管理费用中（魏志华等，2015）。由于会计制度更新的滞后性，以及对上市公司年报公布信息情况监管的缺失，我国上市公司在 2009 年之前，在管理费用中陈列交通差旅费、业务招待费、劳务费和咨询费比例极低（如表 3-2 所示）。严重的数据缺失和花样繁多的管理费用名目，为不当政治交往行为的计量带来了极大的难度。

表 3-1　　　　　　　　不当政治交往行为及管理费用明细

不当政治交往类型	表现形式	管理费用明细
直接贿赂型	向官员或家属直接馈赠金钱或贵重礼物	办公费、礼品费或过节费
	免费轿车使用	交通费（或小车费、小车队费用）
	为官员提供豪华住宅或提供装修，不收或仅收少量费用	租赁费、办公费、装修（装潢）费
	资助官员子女游学或深造	培训费、出国考察费、差旅费、教育培训费

---

① Chen et al. (2017) 曾在论文中详细阐述了官员职级和层级的对应关系。详细资料可参考 Chen, C. R., Li, Y. L., Luo, D. L and Zhang, T., "Helping hands or grabbing hands? A analysis of political connection", *Journal of Banking and Finance*, 2017, pp. 71, 80-89。

续表

不当政治交往类型	表现形式	管理费用明细
娱乐消费型	提供高档餐饮、健身、保健按摩、美容等项目款待官员及其亲属	业务招待费、交际费
	邀请官员参与赌博或其他娱乐项目	业务招待费、交际费
变相贿赂型	邀请官员担任企业顾问	咨询费、劳务费
	提供信息或介绍业务牵线搭桥	中介服务费
	邀请官员参加会议，并给予相应会议劳务或红包	会议费、专家咨询费

资料来源：根据高勇强和陈磊（2009）、张建君和张志学（2005）内容和企业年报附注内容整理。

表3-2 交通差旅费、业务招待费、劳务费、咨询费公布情况

年份	样本数	交通差旅费		业务招待费		劳务费		咨询费	
		公布样本数	比例（%）	公布样本数	比例（%）	公布样本数	比例（%）	公布样本数	比例（%）
2004	1007	8	0.008	8	0.008	12	0.012	24	0.024
2005	1023	7	0.007	7	0.007	10	0.010	27	0.026
2006	1062	17	0.016	17	0.016	18	0.017	30	0.028
2007	1126	33	0.029	33	0.029	22	0.020	38	0.034
2008	1222	47	0.038	47	0.038	16	0.013	42	0.034
2009	1275	675	0.529	675	0.529	104	0.082	272	0.213
2010	1449	880	0.607	880	0.607	130	0.090	341	0.235
2011	1576	997	0.633	997	0.633	134	0.085	380	0.241
2012	1653	1054	0.638	1054	0.638	146	0.088	413	0.250
2013	1647	1033	0.627	1033	0.627	144	0.087	409	0.248
2014	1656	992	0.599	992	0.599	120	0.072	379	0.229
合计	14696	5743	0.391	5743	0.391	856	0.058	2355	0.160

资料来源：根据企业年报2004—2019年附注内容整理。

申宇等（2015）认为，企业自愿披露贿赂等信息，是一种具有很大风险的"自证其罪"的行为。显然，企业会通过招待费的不同归

类，隐藏其政治寻租的行为（魏志华等，2015）。但无论如何归类，企业的不当支付必然会带来管理费用的增加。尤其是在地方政府领导更替时，企业管理费用骤增（申宇等，2015）。因此，通过计算超额管理费用方式来衡量企业与政府不当政治行为是一种有效的计量方式（杜兴强，2010）。而这一研究方法得到了杜兴强等（2012）和申宇等（2015）的采用。具体步骤为：

$$EMA = r_0 + r_1 op\_size + r_2 lev + r_3 rate + r_4 auditor + r_5 age + r_6 bosize + r_7 tmts + r_8 employee\_t + r_9 per\_salary + r_{10} ttsr + r_{11} gr\_rate + r_{12} ci + r_{13} uct + r_{14} dum\_inds + r_{15} year + \varsigma$$

式（3-1）

$$AEMA = MA - EMA$$ 式（3-2）

$$MEAMO = AEMA/op\_size$$ 式（3-3）

步骤一：按照式（3-1）分年度和分行业计算企业期望管理费用。其中，op_size 表示企业当期的营业收入①，lev 表示企业当期的资产负债率，$rate$ 表示主营业务增长率，$auditor$ 表示是否为四大审计事务所，age 表示上市公司年龄区间的定序变量，1 表示年轻公司，2 表示中年公司，3 表示年长公司②；$bosize$ 表示企业董事会规模，用董事会人数计算，$tmts$ 表示管理人员规模，用在职高管人数计算③；$employee\_t$ 表示在职职工数；per_salary 用在职职工的平均薪酬表示物价指数；$ttsr$ 表示公司股权集中度，用前十大股东持股比例表示④；gr_rate 表示毛利率；

---

① 杜兴强等（2010）采用的是企业上一年度企业总资产的自然对数衡量企业规模，但是通过作者对2004—2014年管理费用的整理发现，企业管理费用，特别是其中的差旅费、业务招待费等与企业的主营业务收入密切相关；对于面临亏损的企业，如果采用上期总资产衡量则会带来期望管理费用计算较大的差异，因此采用当期的主营业务收入进行计算。

② 为避免强烈的年度增长，本书采用连玉君和钟经樊（2007）做法，将变量定义为定序变量。用研究年份减去上市年份的3分位进行划分。如果当年差值低于1/3，则为1表示年轻公司；如果当年差值介于1/3与2/3之间，用2表示中年公司；如果当年差值大于2/3，用3表示年长公司。

③ 本书增加了管理层规模变量，原因在于企业高管的薪酬同样计入管理费用中，同时难以区分不当管理费用是因为增加了管理层的在职消费还是不当政治行为。

④ 杜兴强等（2010）采用的是前五大股东的赫芬达尔指数表示股权集中度。

ci 表示资本密集度,用固定资产/总资产计算,UCT 表示企业终极控制权性质,0 表示为非国有企业,1 表示国有企业;dum_inds 和 $year$ 分别为行业和年度虚拟变量。需要说明的是,按照《中国证监会行业分类指引 2012》所分行业和年度进行回归,为了避免多重共线性以及个别年份和行业样本企业过少等问题,本书按照连玉君和钟经樊(2007)方法对 2004 年起,行业样本低于 15 家上市公司且主营业务相似的行业进行合并,具体情况见表 3-3。

表 3-3　　　　　　　　　行业合并情况

行业	2004	2005	2006	2007	2008	2009	2010	2011	2012	2013	2014	合并
A	17	18	18	19	20	22	26	26	28	28	29	A
B	27	28	32	37	44	45	48	50	53	53	54	B
C	580	589	615	666	725	754	893	984	1038	1032	1041	C
D	61	63	61	62	64	66	64	68	68	71	70	D
E	19	18	23	26	28	32	37	40	44	45	46	E+S
F	105	108	107	107	111	112	116	130	134	134	125	F
G	45	46	51	54	55	57	64	65	67	67	68	G
H	2	2	2	2	2	2	2	2	2	2	2	—
I	26	26	29	33	37	40	48	53	56	54	55	I
K	99	98	96	87	101	107	107	109	110	108	104	K+L
L	7	8	8	9	10	11	13	12	13	12	15	—
M	0	0	0	1	1	1	3	3	3	3	3	—
N	4	4	5	7	7	7	9	10	11	11	14	—
R	12	12	11	11	11	12	12	17	19	19	20	R+M+N+H
S	2	3	4	5	6	7	7	7	7	8	8	—
合计	1006	1023	1062	1126	1222	1275	1449	1576	1653	1647	1656	

步骤二:按照式(3-2)计算超额管理费用 $AEMA$。如式(3-2)所示,$AEMA$ 等于企业实际发生的管理费用 MA 减去期望管理费用 $\overline{EMA}$。

步骤三:为避免量纲的差异,本书对超额管理费用用当期主营业务收入进行调整。按照式（3-3）计算后得到企业政治交往成本指数 $AEAMO$。其中，期望管理费用 EMA 利用式（3-1）计算所得。

三 行业影响力定义和计量

行业协会作为市场经济中的一个独立经济体，在企业主张和意志合法化（Kshetri 和 Dholakia，2009）、重塑行业结构和行业规制制定、规范化中扮演了重要角色（Zucker，1977；Schaefer 和 Kerrigan，2008；Rajwani 等，2015）。其中，行业协会通过游说影响公共政策的制定是行业协会的重要功能之一。甚至，行业协会游说功能发挥的程度俨然成为衡量一个国家行业协会和市场体系是否成熟和有效的主要指标之一（甘思德和邓国胜，2012）。Cho 等（2006）、Fremeth 和 Richter（2011）、Delmas（2016）的研究发现，无论是清洁生产的公司还是污染行业企业均热衷于花费大量成本游说政府，参与行业协会、获得影响政府政策的行业影响力，进而使企业处于政策的优势地位，实现其改变行业竞争状态的真实目的。可以说，随着企业和行业协会规模的增长，企业和行业协会对政府政策形成的影响力越来越大（Yu 等，2014）。但是，Deng 和 Kennedy（2010）调查发现，相较于企业单独的政治行为，企业参与行业协会，通过行业协会游说影响政府决策的行为，是一种更加行之有效的企业政治行为。行业协会的游说次数更少，但对政府规制的影响力更大。由此，本书将行业影响力定义为企业通过行业协会的各种游说、政策咨询等形成政府规制的影响力。

诚然，企业参与行业协会是企业行业影响力的重要途径。由此可以看出行业协会的类型将成为企业行业影响力构成的关键因素。Yu 等（2014）对我国江苏、浙江等地企业和行业协会的调查发现：由政府建立的行业协会游说政府的积极性和政策影响力更高，企业更希望通过参与此类行业协会影响政府的规制形成。显然，企业参与专业协会和参与普通工商业协会，在对企业关键资源获取的内容和能力贡献上存在较大差异。企业参与普通协会最重要的价值在于扩大企业社会网络。通过社会网络资源的增值获取更多的信息，从而带来企业绩效的改善（Yen 等，2014）。不同行业企业 CEO 之间长期频繁地交往,可以获取很多在本行业内的隐秘信息。比如企业可以更快获取或者感知到政府政策的风向标,获取竞争对手的技术个性信息、竞争对手人事变动信息。虽然不是所有的信息都是有价值的,但是扩展的社会网络使得 CEO 可以基于更多的信息为公司做出更好的决策。因此从资源依赖角度,企业会根据需求,战略选择参与行业协会的类型和参与的强度,从而增强企业行业影响力、政治影响力以及资源控制力。陈贵梧等(2017)认为,参与行业协会将显著提高企业社会责任水平,在员工责任、环境责任以及社会捐赠上表现尤为突出。由此,他们认为企业参与行业协会,战略履行社会责任依然是一种应对社会风险、获取政治资源的有效策略。但是在中国这样一个以社会关系为基础、格序差异的庞大社会中,行业协会的层次和企业参与协会的广度与深度将深刻影响企业的行业影响力和资源获取能力。因此,本书按照行业协会性质和层次分别进行赋值(表3-4),以衡量企业参与协会的强度以及企业的行业话语权。

表3-4 行业影响力评分标准

	专业协会级别	国家级	省级	地市级
	分值	7	5	3
行业影响力	普通协会级别	国家级	省级	地市级
	分值	5	3	1
	行业标准	按参与次数加总计算		

注释:1. 普通协会指与企业主营业务非直接相关的协会,如工商联合会、会计相关协会等。协会影响力选取不同类型协会级别最高者进行加总。

2. 专业协会是与企业主营业务相关协会,如酿酒企业就与生物工程协会、酿造协会密切相关,而与机械等为非相关协会;反之,钢铁生产就和锻造、冶金、机械等相关,而与微生物协会等非相关。如果参与的协会与行业清洁生产或环境标准的制定相关,则该协会视为与行业相关的专业协会。

四 企业影响力现状分析

从表3-5 Panel A[①]可以看出:建立政治联系的上市公司中,国

---
① 经济影响力 $INF1$、$INF2$、$INF3$ 在第四章变量描述性统计分析(附表5)中有详细描述,故不在表3-5中呈列。

表3-5 企业俘获政府行为现状

	政治联系 无	政治联系 有	委员 无	委员 有	军队 无	军队 有	中央 无	中央 有	地方 无	地方 有	政治交往 无	政治交往 有	专业协会 无	专业协会 有	普通协会 无	普通协会 有	行业标准制订 无	行业标准制订 有
Panel A																		
非国有企业	2809 (46.3)	3344 (38.75)	1760 (52.3)	87 (27.88)	649 (28.97)	2166 (34.55)	2193 (40.28)	3960 (42.8)	3750 (38.5)	2403 (48.49)	2287 (38.59)	3866 (44.09)	6046 (41.77)	107 48.2
国有企业	3258 (53.7)	5285 (61.25)	1605 (47.7)	225 (72.12)	1591 (71.03)	4104 (65.45)	3251 (59.72)	5292 (57.2)	5990 (61.5)	2553 (51.51)	3640 (61.41)	4903 (55.91)	8428 (58.23)	115 51.8
合计	6067 100	8629 100	3365 100	312 100	2240 100	6270 100	5444 100	9252 100	9740 100	4956 100	5927 100	8769 100	14474 100	222 100
Panel B																		
2004	346 5.7	661 7.66	661 7.66	38 12.18	38 12.18	529 8.44	372 6.83	635 6.86	753 7.73	254 5.13	474 8	533 6.08	1005 6.94	2 0.9
2005	413 6.81	610 7.07	610 7.07	26 8.33	26 8.33	476 7.59	412 7.57	611 6.6	779 8	244 4.92	498 8.4	525 5.99	1019 7.04	4 1.8
2006	445 7.33	617 7.15	617 7.15	23 7.37	23 7.37	472 7.53	403 7.4	659 7.12	785 8.06	277 5.59	505 8.52	557 6.35	1056 7.3	6 2.7
2007	454 7.48	672 7.79	672 7.79	19 6.09	19 6.09	502 8.01	418 7.68	708 7.65	788 8.09	338 6.82	514 8.67	612 6.98	1110 7.67	16 7.21

续表

Panel B

	政治联系		委员	军队	中央	地方	政治交往		专业协会		普通协会		行业标准制订	
	无	有	有	有	有	有	无	有	无	有	无	有	无	有
2008	472	750	750	28	28	557	379	843	839	383	512	710	1208	14
	7.78	8.69	8.69	8.97	8.97	8.88	6.96	9.11	8.61	7.73	8.64	8.1	8.35	6.31
2009	491	784	784	29	29	575	411	864	849	426	517	758	1260	15
	8.09	9.09	9.09	9.29	9.29	9.17	7.55	9.34	8.72	8.6	8.72	8.64	8.71	6.76
2010	575	874	874	32	32	633	460	989	910	539	529	920	1435	14
	9.48	10.13	10.13	10.26	10.26	10.1	8.45	10.69	9.34	10.88	8.93	10.49	9.91	6.31
2011	637	939	939	32	32	671	562	1014	958	618	545	1031	1552	24
	10.5	10.88	10.88	10.26	10.26	10.7	10.32	10.96	9.84	12.47	9.2	11.76	10.72	10.81
2012	692	961	961	32	32	677	625	1028	1008	645	563	1090	1608	45
	11.41	11.14	11.14	10.26	10.26	10.8	11.48	11.11	10.35	13.01	9.5	12.43	11.11	20.27
2013	727	920	920	25	25	632	685	962	1020	627	593	1054	1605	42
	11.98	10.66	10.66	8.01	8.01	10.08	12.58	10.4	10.47	12.65	10.01	12.02	11.09	18.92
2014	815	841	841	28	28	546	717	939	1051	605	677	979	1616	40
	13.43	9.75	9.75	8.97	8.97	8.71	13.17	10.15	10.79	12.21	11.42	11.16	11.16	18.02
合计	6067	8629	8629	312	312	6270	5444	9252	9740	4956	5927	8769	14474	222
	100	100	100	100	100	100	100	100	100	100	100	100	100	100

有企业占比为61.25%,远高于非国有企业38.75%的占比;在拥有政治联系的企业中,非国有企业主动建立与人大代表、政协委员类联系的比例为52.3%,高于国有企业的47.7%;说明主动建立或自己担任政协类委员是非国有企业建立政治联系的主要方式;进一步分析可以发现,通过聘请前政府官员以及地方官员建立的政治关联中,国有企业的占比分别为72.12%、71.03%、65.45%,远高于非国有企业;在通过不当政治交往行为建立的政治联系中,国有企业为57.2%,略高于非国有企业;这说明无论是国有企业还是非国有企业,通过贿赂等不当政治交往行为建立政治联系,从而影响政府政策执行权和监督权的实施是一种重要的企业政治行为。

从企业的行业影响力来看,无论是参与专业协会、普通协会获得的行业影响力还是通过行业标准制定获得的行业话语权,非国有企业与国有企业几乎势均力敌。一个可能的解释就在于:对非国有企业来说,通过参与行业协会,担任理事是一种拓展社会关系网络和建立行业影响力最易于实现的方式,因而其占比较高;而对国有企业来说,由于其强大的政治影响力,行业影响力对政府政策影响的吸引力较低,因而行业影响力对国有企业来说,并不是一种稀缺资源,因而建立行业影响力的积极性较低。故非国有企业和国有企业的行业影响力并无明显差异。

从 Panel B 来看,从 2004—2012 年,无论是政治影响力还是行业影响力均呈现上升趋势;2013 年和 2014 年企业的政治影响力和行业影响力略有下降;但值得注意的是,企业参与行业标准制定的比例上升趋势最快,并在 2012 年达到了最高值 20.27%。也就是说,越来越多企业意识到参与行业标准制定,能够对行业的政策、行业的竞争环境产生最直接和深刻的影响,因此企业参与行业标准制定的积极性较高。

第二节　企业社会责任计量

企业社会责任的计量是企业社会责任研究中最为复杂的问题。由于社会责任计量内容和计量方法上的冲突,使得企业社会责任的计量变得更加困难。本书采用内容分析方法，以我国深圳和上海主板上市公司（金融和保险行业除外）为研究样本，对上市公司社会责任进行评价。为避免企业社会责任评价中出现强年度趋势（沈洪涛和金婷婷，2006；李正和向锐，2007），在评定指标体系上，本书充分利用比率指标，而非绝对数值进行评价；在计量方法上，充分考虑企业年度改进的比率；在考核内容上，本书不仅考虑了企业年报和社会责任报告信息，而且考虑了外部公布的负面消息，实行扣减评分。因此，本书所构建的包含行业特殊社会责任议题的上市公司社会责任数据库与现行主流的数据库，例如在社会责任维度、数据评价指标、评价方法上有一定的差异，具体表现为：

例如与现有的国泰安研究用数据库中的社会责任数据库，第一，国泰安研究用数据库揭露的企业社会总贡献率是按照上证交易所社会责任指引计算所得。① 这种社会责任会计计量指数与经济周期密切相关，外部宏观经济环境的好坏将直接影响企业的盈利状况；进而使得社会责任贡献指数并不能真实反映企业社会责任的履行状况。另外，在社会责任总贡献率累加中存在计量偏误。可以肯定的是，在社会责任会计计量指标中，政府贡献率、消费者贡献率、环境贡献率以及社区贡献率均是正向指标，也就是说企业在该项目上付出的钱越多，该项得分越高，那么该方面社会责任也越好。但是以应付账款/主营业务收入衡量的商业伙伴责任，究竟是一个正向指标还是一个逆向指标抑或是一个适度指标仍是一个值得探讨的话题。简单对各项指标进行相加必然带来社会责任评价结果的偏误。第二，国泰安社会责任数据库仅公布企业是否揭露社会责任各维度信息（0 未揭露，1 揭露），而未公布揭露的质量；这种仅以虚拟变量方式揭露的社会责任信息难以全面准确地反映上市公司各个行业特殊的社会责任议题和行业变化趋势。第三，国泰安社会责任数据库仅包含 2010—2012 年部分数据，而本书构建的数据库包含 2004—2014 年所有非金融类上市公司社会

---

① 即每股贡献值 =（每股收益 + 纳税总额 + 职工费用 + 利息支出 + 捐赠公益支出 - 社会成本）/期末总股本。详见第一章脚注。

责任评价指数。

该数据库与润灵环球 MCTI 社会责任报告评价数据库的相同之处在于：第一，都采用了结合行业特色的社会责任评价体系；第二，都是采用内容分析方法，对社会责任进行评分。不同之处在于：第一，润灵社会责任评价数据从 2009—2014 年连续发布，虽然评价体系 MCTI 逐年调整，但评价结果却未进行调整和更新，故在面板数据运用中可能缺乏一致性，带来数据的偏差。第二，润灵社会责任评价体系 MCTI（2012），从 2012 年引入行业特征评价指标，致使数据库从 2009—2011 年的社会责任评价结果难以体现行业特殊的社会责任议题，前后缺乏一致性。第三，润灵社会责任评价的分类方式与本数据库的不同，本书建立的数据库按照利益相关者进行分类，构建评价指标体系。而润灵社会责任评级数据库的 MCTI（2012）最新评级体系按照社会责任报告的整体性、内容性、技术指标和行业特征指标进行分类评级，难以反映企业社会责任各个维度上的差异。第四，润灵环球社会责任评价仅依据公布的社会责任报告的企业作为研究样本进行评价，在评价中没有对负面行为进行扣减。这种样本选择和评价方式一方面会带来研究样本的较大缺失；另一方面，基于有效市场假说，任何负面的消息都将会带来公司市场价格的变化。上市公司基于"藏拙"的心理，会主动隐瞒负面消息，使得社会责任评价无法反映上市公司的真实面貌。

一　分行业社会责任评价指标体系构建

Beschorner 和 Hajduk（2017）认为，企业社会责任不仅应该关注企业高调宣传的员工、环境等责任，而且要结合行业的特点，关注各个行业特殊的社会责任议题。因此，本书在钟宏武等（2011）研究的基础上，结合我国上市公司企业社会责任的利益相关者，确定企业内容分析的社会责任维度，如表 3-6。在确定社会责任维度基础上，结合企业社会责任的特殊性将社会责任维度细化为各行业特殊社会责任议题，如附表 1。为尽量避免社会责任评分的年度趋势，在企业社会责任评价中，本书采用了比率指标而非绝对数值指标，并考虑了比率指标的年度增长性。比如对企业慈善捐赠的衡量，本书采用企业捐赠额/企业年末资产比率；在环境责任的衡量中则结合企业生产特点，利用单位耗水率、单位耗电量、废水、废气等循环利用率、单位辅料利用率等进行计量。

表3-6　　　　　　内容分析方法的评价指标体系

利益相关者	一级评价指标	二级指标操作指标说明
政府与公众	依法纳税	依法纳税，促进经济发展
	守法合规	遵守相关法律、法规，反商业贿赂措施
	责任管理沟通	社会责任报告、社会责任或可持续发展声明或战略
雇员	平等就业	对雇员提供平等的就业、职位晋升、退休等。包括职员中女性管理者人数、少数民族、残疾人士、是否雇用童工等
	健康与安全	关心员工健康，提供安全的生产条件
	员工稳定性	人员流失
	职业发展	员工培训，职业生涯计划
投资者	知情权	按照上市公司信息披露指引及相关规范及时披露相关信息
	经济回报	公司的成长性、投资收益
环境	污染控制	减少生产行为对周围环境产生负效应的措施，如噪声污染控制，绿色办公，签订改善环境的资源协议
	节能减排	单位能耗率，资源消耗水平，温室气体排放，污水排放
	循环经济	中水回用，废气、废渣、固体生产废弃物以及包装物的回收
	绿色产品	原材料的有机生产、绿色包装、绿色运输
	其他措施	所处区域自然生态环境、动物等保护
消费者	产品、服务质量	产品创新、产品安全保证、产品安全性、客户关系管理
社区	慈善捐赠	公益捐赠、捐资助学、慈善公益基金或活动倡导
	志愿服务	员工志愿服务次数
	社区支持与发展	员工本地化，采购本地化，为所在社区创造就业机会和促进区域经济发展
商业伙伴	责任采购	责任采购比例与责任采购制度的建立，保证供应商的基本权利不受侵害
	销售集中度	建立良好的客户关系管理，保证经销商利益
	公平贸易	与竞争者和商业伙伴的公平竞争和保证销售商利益

二 企业社会责任指数计量方法

Wiseman（1982）研究认为，数量化信息好于文字化信息，文字信息好于无信息。因此，本书首先将样本公司年报、社会责任报告或可持续发展报告中的社会责任信息进行等级划分。按照评分表给予"量化且较上年比例有较大改进的"赋值 3；"量化信息前后两年无变化的"赋值 2；"非量化简单信息"赋值 1；"无信息"赋值 0。其次，在中国质量万里行。每周质量报告、中国产业经济信息网等网站进行相关信息查询，如果网站曝光某企业负面消息将对应该消息的社会责任评分记为 0 分。如某酒企 2012 年在其公司年报和社会责任报告中公布公司改进了企业产品质量信息，文章首先给予了 3 分，但是却在 2012 年 10 月被媒体曝光其产品中塑化剂超标，因此扣减 3 分，最终给予了 0 分的评分。最后，根据吴德军（2011）的方法将各项分值除以各项评价指标满分之和，得到各行业上市公司的各项社会责任指数 CSR_i 和社会责任总指数 CSR。需要说明的是，CSR 计算过程中七个维度和社会责任二级评价指标的权重相同，具体计算式如式（3-4）和式（3-5）：

$$CSR_i = \frac{\sum_{j=1}^{n} x_{ij}}{3n}, j = 1,2\cdots n \qquad 式（3-4）$$

$$CSR = \frac{\sum_{i=1}^{k}\sum_{j=1}^{n} x_{ij}}{\sum_{i=1}^{k} 3n}, j = 1,2\cdots n, i = 1,2\cdots k, k = 7 \qquad 式（3-5）$$

其中，CSR 表示社会责任总指数，CSR_i 表示第 i 个维度的社会责任指数，x_{ij} 为第 i 个维度，第 j 项指标的评分。

三 社会责任指数的可靠性分析

为了验证分行业社会责任评价指标的可靠性，本章采用靳小翠（2014）的方法，将本书构建的社会责任指数与润灵社会责任指数

(2009—2014)① 以及中国社会科学院发布的《中国企业社会责任研究报告2009—2014》的前100强企业进行比对。对比样本选取原则：首先，本书选取2009—2014年，润灵社会责任指数、社会科学院前100强企业与本书研究相同代码的上市公司；其次，样本公司无社会责任评分缺失值。按照上述原则得到有效对比样本145个（详细情况见附件2）。本书利用145个样本进行了Spearman等级相关性检验，结果如表3-7所示。结果显示，本书的社会责任指数与润灵社会责任指数相关系数为0.689，且在10%水平上显著；与社会科学院责任指数相关系数为0.372，且在10%水平上显著相关；由于本书建立的企业社会责任评价指数与润灵社会责任指数均是基于上市公司社会责任报告的评价，因此本书与润灵公司社会责任评价相似度较高。相反，中国社会科学院会责任评级基于专家评分和社会调查，因此该评级与本书和润灵社会责任评价指数相关度略低。同样地，润灵社会责任指数与社科院公布的社会责任指数相关系数为0.389，且同样在10%水平上显著。这个数据从侧面进一步说明，本书的社会责任指数具有一定的可靠性。

表3-7　　　　　　　　社会责任指数相关性分析表

	本书社会责任指数	润灵社会责任指数	社科院社会责任指数
本书社会责任指数	1		
润灵社会责任指数	0.689*	1	
社科院社会责任指数	0.372*	0.389*	1

注：***、**、*分别表示通过显著水平为1%、5%和10%的检验。

---

① 润灵社会责任指数和中国社会科学院从2009年开始公布社会责任指数，故选取样本区间从2009年开始。其中润灵社会责任指数仅基于上市公司当年公布企业社会责任报告的公司进行评分。中国社会科学院公布的中国前100强企业中包括在华外资企业、集团公司，因此存在一个集团公司有多个上市子公司的情况，需要进行剔除。如中国船舶重工集团公司划分为：风帆股份（600482）、鑫茂科技（000836）、乐普医疗（300003）、中国重工（601989）。

四 我国上市公司社会责任履行现状

（一）分行业社会责任履行现状

从附表3来看，目前我国上市公司中履行社会责任最好的为 A 农林牧副渔业，均值为 0.447，但其标准差为 0.151，说明我国农林牧渔行业企业从 2004—2014 年间社会责任履行程度改进较大，且行业企业间履行社会责任行为差异较大；紧随其后的行业为 N 旅游和生态综合治理类行业企业，其 CSR 均值为 0.341，标准差为 0.137。如附表3所示，企业社会责任履行程度最低的行业为 K 房地产开发行业。2004—2014 年，房地产行业社会责任均值仅为 0.169、标准差为 0.081，说房地产行业履行社会责任水平在 11 年间停滞不前，行业社会责任意识堪忧。进一步分析发现，房地产企业在股东责任上表现优异，均值为 0.559；但是却在环境责任、消费者责任、社区责任等方面表现异常糟糕，其评分均值仅为 0.044、0.019、0.076。结合附表2中行业特殊社会责任可以发现，房地产企业在环境责任方面，对绿色建筑、绿色建材、环保建设点方面的设计和建筑理念不强，实施的积极性较低；在消费者责任方面，对房屋的按期交付、建材使用的真实性和透明度需要加强；在社区责任方面，房地产企业普遍缺乏在房屋设计、拆迁和建设中对旧城予以保护的理念。但是从行业评分明细中，房地产企业却一直处于行业的标杆地位，积极推进和主动履行其社会责任。从各个行业履行社会责任各个方面来看，企业最积极揭露、最重视的依然是股东责任，因此追求企业价值最大化被企业经营者视为第一要务。

（二）分年度社会责任履行程度分析

附表4的 Panel A，为我国上市公司社会责任年度描述性统计量；Panel B 是以 2008 年为时间分界点的样本均值 t 检验。从附表 4Panel A 部分可以看出，我国上市公司企业社会责任均值由 2004 年的 0.147 提高到 2014 年的 0.316，并呈现出逐年上升的趋势；上市企业间社会责任标准差由 2004 年的 0.048 逐步扩大到 2014 年的 0.125，说明我国上市公司履行社会责任的差异逐渐扩大。从社会责任各个方面的改善情况来看，员工责任和政府责任改善情况最佳；员工责任由 2004 年的 0.144 提高到 2014 年的 0.39，均值提高了 0.254；政府社会责任均值由 2004 年的 0.134 提高到 2014 年的 0.372，提高了 0.238；而改变程度最差的是社区责任，2004 年社区责任均值为 0.056，到 2014 年依然只有 0.145，仅提高了 0.89。存在这种现象的一个原因在于：2002 年 1 月颁布实施的《上市公司治理准则》中明确提到应尊重职工的基本权益，保证相关信息的披露是公司应承担的责任；2006 年 2 月开始颁布实施的新会计准则中，对企业社会责任中职工薪酬、养老金、职工教育经费等相关内容的计量和披露进行了规范，因此企业在会计年报中将更多地公布与职工相关的培训计划和经费使用情况。而社区责任改善不佳的原因可能在于：绝大多数企业的社会责任认知仅停留在"慈善捐助"，企业任意选择捐助项目，缺乏持续有效的社区融入，使得企业社会责任项目的社会效果难以评估（姜启军和苏勇，2010）。

从附表 4Panel B 可以看出，2008 年前和 2008 年后样本均值 t 检验结果均在 1% 水平上显著，说明我国上市公司社会责任在 2008 年前后有较大的改善。出现这种现象的一个可能原因是：相应国家政策和行业标准的相继出台，促使我国上市公司在 2008 年企业社会责任履行指数得到大幅度提高。

（三）分上市地点的社会责任评价分析

表 3-8 中，Panel A 为按公司上市地点进行分类的上市公司社会责任报告的描述性统计分析；Panel B 为上海证券交易所公司和深圳证券交易所公司的社会责任均值的 t 值检验结果。根据表 3-8 可以看出，上海交易所公司履行社会责任均值 0.245 约低于深圳上市司社会责任均值 0.248，其 t 值为 -1.726 并且在 10% 水平上显著；同时在股东责任、消费者责任以及合作者责任上均在 1% 水平上显著低于深圳公司；但是上海上市公司连续揭露社会责任报告和环境责任的均值却高于深圳交易所上市公司，在 1% 水平上显著。沈洪涛（2007a）以 1999—2004 年上市公司为研究样本，采用内容分析评价方法对我国上市公司社会责任履行情况进行评价分析后认为，上海上市公司社

第三章 企业规制俘获影响力和企业社会责任计量研究

表3-8 上市公司分上市地点社会责任情况

Panel A 地点	统计量	社会责任报告	社会责任指数	政府责任	员工责任	股东责任	环境责任	消费者责任	合作伙伴责任	社区责任
深圳	样本数	9309	9309	9309	9309	9309	9309	9309	9309	9309
	均值	0.154	0.248	0.27	0.289	0.607	0.109	0.215	0.46	0.111
	中位数	0	0.222	0.2	0.278	0.667	0.056	0.167	0.444	0.083
	标准差	0.36	0.116	0.174	0.14	0.23	0.149	0.201	0.232	0.112
	最小值	0	0	0	0	0	0	0	0	0
	最大值	1	0.851	0.933	0.875	1.444	0.972	1	1	0.944
上海	样本数	9276	9276	9276	9276	9276	9276	9276	9276	9276
	均值	0.220	0.245	0.267	0.29	0.583	0.12	0.198	0.413	0.11
	中位数	0	0.214	0.2	0.259	0.556	0.056	0.133	0.444	0.083
	标准差	0.220	0.123	0.197	0.147	0.226	0.162	0.195	0.216	0.111
	最小值	0	0	0	0	0	0	0	0	0
	最大值	1	0.802	1	0.833	1	0.944	1	1	0.833
Panel B	t检验									
深圳—上海		-11.6783***	1.726*	0.908	-0.71	7.172***	-4.737***	6.005***	14.314***	0.923

注: ***、**、*分别表示通过显著水平为1%、5%和10%的检验。

会责任揭露水平高于深圳公司。但本书的研究却与沈洪涛（2007a）相反。本书研究发现：虽然上交所披露社会责任报告公司数量多于深交所公司，但社会责任履行的质量却低于深交所公司。①

第三节 本章小结

伴随战略社会责任的兴起，越来越多的学者将企业社会责任视为一种应对行业内外利益相关者压力、实现企业价值的有效政治策略（Frynas 和 Stephens，2014；Lin 等，2015；Lock 和 Seele，2016）。当企业面临社会责任规制改变时，企业可以通过：（1）企业经济影响力来影响政策的制定；（2）采用不当政治交往、建立政治关联等政治影响力实现从规制决策权、执行权和监督权的全方位深层次俘获；（3）通过游说政府获得有利的产业规制或者政策。但是与西方国家企业直接的游说活动不同，中国企业通常通过行业协会进行游说。本书通过对企业经济影响力、政治影响力、行业影响力的计量认为：企业可以通过经济规模、就业、税收等俘获政府；企业通过寻租等不当政治交往行为建立联系，是企业获取政治影响力的重要途径。在行业影响力方面，非国有企业和国有企业并无显著差异；与此同时，越来越多的企业意识到参与行业标准制定，能够对行业的政策、行业的竞争环境产生最直接和深刻的影响，因此企业参与行业标准制定的积极性较高。

本章在结合各个行业特殊社会责任议题基础上，分行业对我国上市公司社会责任履行现状进行了评价，这一研究思路将企业社会责任评价向行业特色研究进行了推进。本书研究发现：由于上市公司社会责任揭露指引等相关规则的不断颁布和执行，我国上市公司社会责任履行程度呈现出逐年提高的趋势，但是行业间社会责任履行的差异逐

---

① 结论存在一定差异的原因：第一，沈洪涛（2007）研究仅以石化类上市公司1999—2004年为研究样本，而本书以所有公司为样本，时间跨度为2004—2014年；第二，在进行社会责任评价时，本书将是否单独披露社会责任报告作为一个揭露指标，同时考虑了各个行业的特殊社会责任进行分行业社会责任评价。

渐扩大，呈现出"好的企业越来越好，差的企业越来越差"的现象；上市公司普遍在股东责任、政府和公众责任、员工责任上表现较好，但是在消费者责任、环境责任和社区责任的履行上表现欠佳；由于2008年前后沪深两市相关指引的颁布，我国上市公司在2008年表现出社会责任的极大改善；从上市公司上市地点来看，上海证券交易所上市公司社会责任披露社会责任报告的数量高于深圳证券交易所公司，但是社会责任的履行程度和披露质量却低于深圳公司。

综上所述，我国绝大多数企业的社会责任认知仅停留在"慈善捐助"。企业任意选择捐助项目，缺乏持续有效的社区融入，使得企业社会责任项目的社会效果难以评估。但是，在政府相关政策密集出台后，企业履行社会责任的程度得到了极大的改善，说明政府规制是推动和监督企业履行社会责任的重要力量；但是为什么行业间呈现出社会责任的巨大差异，"好的企业越来越好，差的企业越来越差"？究竟是行业标杆企业不断自我提升的结果还是行业社会责任规制和社会责任标准本身就是标杆企业通过行业协会等与政府不断博弈，出台有利于标杆企业自身的规制结果呢？其背后是否隐藏了俘获政府获取竞争优势的目的呢？对此，本书将结合行业特点从企业俘获政府的途径和作用机制上进一步分析规制俘获与企业社会责任的关系。

第四章　俘获方式一：经济影响力与企业社会责任

在 Hellman（2000）看来，大规模企业、具有政治联系、掌握较多资源的企业更能够通过支持竞选、游说政府、贿赂官员影响政府的重要决策。对地区发展产业重要影响（罗党论和应千伟，2012）。在"财政压力""地方政府利益""社会公共利益"的多目标追求下，地方政府在推进企业社会责任进程中扮演多种角色。既有研究常将政府与企业社会责任行为选择的研究割裂开来，忽略了政府与企业各自资源的差异带来双方行为选择的差异，以及由这种差异带来的交互影响。而企业社会责任行为是企业多种俘获影响力重叠、相机决策的结果。研究中难以将企业的多种影响力完全割裂开来，单独研究。因此，本章将企业是否存在政治关联、企业产权性质等作为其他影响力的替代变量加以控制，重点探讨不同政府行为类型下，企业不同经济影响力维度对企业社会责任行为选择的差异。

本章试图回答以下几个问题：第一，以政府自身的资源和能力为门槛变量，重点关注企业的经济影响力对企业社会责任行为选择的影响；研究发现：企业对地区生产总值、人口就业、财政自给影响力越大，地方政府对地方企业保护的动机越强烈，企业的谈判能力也越强，因此支柱企业越可能在社会责任规制上受到政府的保护，从而降低企业履行社会责任。但是地方政府对经济发展的依赖是否具有政治关联边际效用递减。当经济发展到一定水平后，企业对地区生产总值的贡献将不能成为企业与政府谈判的条件，地方政府反而会要求支柱企业承担更多的社会责任。根据门槛回归结果，本书认为当人均生产

第四章 俘获方式一：经济影响力与企业社会责任

总值达到 1.3541 万元（13541 元），财政自给率达到 1.051，地区城镇登记失业率低于全省城镇登记失业率 1.3 个百分点时，存在政府行为选择的质变点。本书根据这几个质变点将政府划分干预型政府、转轨型政府、强化市场型政府。这为规制俘获、政府行为以及政府与企业关系研究提供了政府分类的一个客观依据。第二，在考虑政府行为类型、控制企业产权性质、企业政治关联的基础上，进一步探讨企业经济影响力、企业社会责任的关系。试图回答不同政府行为类型下，企业经济影响力与企业社会责任行为的关系；解释不同政府类型下企业不同经济影响力对企业社会责任维度选择的差异。研究发现：企业在地区经济发展中的影响力 $INF1$ 对企业社会责任的边际影响递减；在不同政府类型的分组回归系数中表现为：由干预型政府中的显著负相关转变为转轨型政府中不显著负相关，进而在强化市场型政府中逆转为不显著的正相关。这一现象说明了随着地区经济增长，官员对经济增长的依赖性降低，对环境规制、消费者保护的让渡减少。具体表现为 $INF1$ 对政府和公众责任、环境责任、消费者责任的相关系数由负相关关系转变为显著正相关关系，且相关系数递增。企业对就业和社会稳定影响力 $INF2$ 仅在转轨型政府中表现为显著负相关关系，而在干预型和强化市场主导型政府中表现为不显著正相关关系，但二者的行为动机却截然相反。干预型政府更多地表现为以"社会稳定"为首要目标的政治红线思想，而在强化市场型政府中却表现为政府对公众福利的追求。这种差异在政府和公众责任、股东责任、合作伙伴责任系数的巨大反差上得到进一步诠释。具体表现为：在干预型政府中政府和公众责任表现为显著正相关关系，相反在转轨型政府和强化市场型政府中表现为负相关关系；而地方政府对股东价值和市场合作伙伴的掠夺程度、对企业员工责任的要求也不断降低。事实上，企业对地方财政自给影响力 $INF3$ 是政府规制决策中首要的考虑因素。$INF3$ 对企业社会责任呈负相关关系，具体表现为：干预型政府中不显著负相关转变为转轨型和强化市场化政府中显著负相关，且影响系数递增；在企业社会责任具体维度影响上表现为政府和公众、员工、环境和社区责任的负相关。

第一节　理论基础与研究假设

一　企业经济影响力与企业社会责任研究

姚圣和梁昊天（2015）提出，地方政府对地方利益的追逐将改变企业经济影响力的方向。因此，企业经济影响力对政府社会责任规制的影响以及企业社会责任行为的作用不仅受到企业自身经营状况的影响，还会受到地方经济发展水平、政府财政自给能力以及地区就业等治理能力的影响，并呈现出门槛效应的特征。

韩玉军等（2008）、董直庆和焦翠红（2015）认为，经济增长对环境质量改变的影响中存在"门槛值"。地区经济增长是环境规制的一个先决条件，当地区经济水平较低时，发展经济成为地方政府的第一要务。地方支柱企业可以通过边界迁移迫使地方政府放松环境规制（Greaker，2003；Basak，2006）。随着经济的发展，地区经济发展对"政绩晋升"的边际效应递减（曾明等，2014）。相反，社会环境、民生工程成为下一个"晋升—政绩亮点"时，地方官员的注意力由经济增长转向民生和公共物品提供（豆晓利和王文剑，2011）。可以说，地方政府对企业规制的方式和规制的程度，随着外部社会环境与本身政治需求的变化而改变。因此，应该将经济发展水平作为企业经济影响力对企业社会责任行为影响的一个重要门槛变量。

对地区低失业率、经济增长率等考核指标以及宽松财政环境的追逐，迫使地方政府在阻止地方国有企业或大型企业破产清算（王红领，2001）、污染项目的引进和实施中，总是在遵循公共利益最大化的地方性规制与满足私人利益最大化的规制之间徘徊。地方经济发展水平和财力上的巨大差异也可能在企业社会责任行为规制供给数量和规制强度上被放大。张学刚和王玉婧（2010）研究揭示，环境的库兹涅茨曲线表现为政府环境规制强度变化的结果。因此，在对企业经济影响力与企业社会责任行为选择的门槛中，我们需要进一步考虑政府就业治理能力、财政自给能力等门槛变量对政府行为的影响。基于此，本章提出研究假说如下。

H4-1A：在地区生产总值为门槛变量情况下，当地区经济发展水平低于第1个门槛值时，企业地方经济影响力与社会责任负相关；当地区经济发展水平高于第1个门槛值时，企业地方经济影响力与企业社会责任正相关。

H4-1B：在地区治理为门槛变量情况下，当地区失业率与全省平均失业率之差低于第1个门槛值时，企业对地方就业影响力与社会责任正相关；当地区失业率与全省平均失业率之差高于第1个门槛值时，企业对地方就业影响力与社会责任负相关。

H4-1C：在地方财政自给率为门槛变量情况下，当地区财政自给率低于第1个门槛值时，企业地方财政影响力与企业社会责任负相关；当地区财政自给率高于第1个门槛值时，企业地方财政影响力与企业社会责任正相关。

二 政府类型与企业社会责任行为选择

伴随着分税制改革和多任务的干部考核体系的建立（TRS），地方政府官员面临着经济增长、财政、就业、教育、社会稳定性、环境等多项考核指标（Tusi 和 Wang，2004）。政府部门从中央到地方的高度复制性（Zhang，2006）和自上而下目标任务的层层分解，使得这种自上而下的任务导向的治理模式和有效地官员选拔机制得以在各级政府间建立（傅勇，2010）。在经济发展过程中，转轨型政府对经济的"扶持之手"模式曾得到学界的普遍认同（Mckinnon，1997；Qian 和 Roland，1998）。在这种多任务的目标考核体系下，地方政府需要在有限的财政预算中，不断地增加基础设施投资比例，教育和科技等项目投资，民生和福利支出等。

事实上，不同地区异质性的政府资源和同一地区不同发展阶段政府资源和能力的不同，使得政府行为表现不同。在奥尔森国家分类体系中，人均收入和人权保护是两个重要的分类标识。他从政治经济的角度，将欧美国家划分为干预型政府、转轨型政府和民主化政府。青木昌彦（2001）从比较制度角度认为，"政府和民众"的博弈模式，是划分国家类型的重要标识。但他认为，企业集团的俘获仅存在于"转轨型"政府中。陈抗等（2002）指出，转轨国家的地方政府根据自身的财政状况和经济状况更容易被利益群体俘获，更多地体现出中性的"转轨型政府"特征。因此，本书遵循我国经济和社会发展特点，根据财政自给率、失业率治理水平、人均地区生产总值的面板门槛值将政府划分为干预型、转轨型和强化市场型。具体来说：（1）强化市场型政府是指在 TRS 考核体系和财政分权约束条件下，地区经济期望产出水平较高，地方政府致力于通过契约保护个人的财产权利，而不是随意剥夺或侵犯个人的财产权利。（2）而转轨型政府则可能被地方精英和利益群体所俘获，通过与利益群体的博弈制定利于利益群体产业准入、发展政策，或者通过"援助之手"对企业或产业进行直接的帮扶，甚至通过"选择性政策"限制其他竞争性企业或行业的发展。（3）而干预型政府则意味着该地方政府组织松散，通过行政权来对经济主体进行管理，对管辖范围内的经济主体进行掠夺性管制。

Cai 和 Treisman（2005）认为，由于社会历史原因以及地区自然资源和环境约束，经济落后地区政府会放弃经济竞争。相反，长期以来中央政府对落后地区经济上进行帮扶，将官员到落后地区的任职经历和脱贫攻坚的经历作为官员的重要任职经历。因此，落后地区官员将计划生育、社会就业、脱贫成果和经济稳定视为重要的考核指标。这种考核指标的差异放大了地方政府对企业社会责任的规则行为。基于上述分析，本章进一步提出如下研究假设。

H4-2A：在干预型政府条件下，企业地区经济影响力、企业地区就业影响力、企业地区财政影响力对企业社会责任影响不显著。

H4-2B：在干预型政府条件下，企业就业影响力与政府、员工、消费者责任正相关，企业就业影响力与股东、环境、合作伙伴以及社区责任负相关（或不显著）；企业地区经济影响力、企业地区财政影响力与企业社会责任各个维度负相关（或不显著相关）。

在转轨型政府中，地方政府乐于在不出现重大安全事故的前提下，与政治联系企业和具有强大经济影响力的支柱企业形成短期均衡，以维护政府的各项利益；但是在出现重大安全事件时，地方政府可能会迫于上级政府的监督压力，加强对政治联系企业和地方支柱企业的规制力度。事实上，无论提高自身的清洁生产标准还是进行"政治资源投资"，均会增加企业的经营成本。因此企业在应对政府社会责任规制中，需要不断评估自身资源对地方政府利益的影响程度，核算企业的成本和收益，从而战略地履行社会责任。基于此，本章提出如下研究假设。

H4-3A：在转轨型政府中，企业地区经济影响力、企业地区就业影响力、企业地区财政影响力与企业社会责任显著负相关。

H4-3B：在转轨型政府中，企业地区经济影响力、企业地区就业影响力、企业地区财政影响力与企业社会责任各个维度负相关。

在强化市场型政府条件下，由于地方经济的高度发展，政府官员的提升不再依赖于对地方经济的提升，而是更加重视环境、社会福利、法制建设等公共物品的提供。因此地方政府能更好地约束自身的行为，较少通过政府之手干预企业的各项行为。企业行为更多地受到企业自身条件和市场力量所影响。进而提出研究假设如下：

H4-4A：在强化市场型政府中，企业对地区经济影响力、企业对地区财政影响力与企业社会责任不相关（或正相关）；企业对地区就业影响力与企业社会责任正相关。

H4-4B：在强化市场型政府中，企业对地区经济影响力、企业对就业影响力、企业对财政影响力与政府、环境、员工、消费者等社会责任维度正相关；企业地区经济影响力、企业地区就业影响力、企业地区财政影响力与股东、合作伙伴和社区责任不相关。

第二节 数据来源和研究设计

一 研究样本说明

本书主要选取2004—2014年在上海和深圳主板上市的公司财务

数据和上市公司注册所在地地方政府国民经济发展相关面板数据进行研究。为保证指标的可比性，地区经济发展水平、财政收入等指标均以地级市为统计口径，其中北京、天津、上海和重庆 4 个直辖市以及 14 个副省级城市以区为统计单位进行数据收集，数据来源于《中国城市发展年鉴》，数据缺失的部分通过中国统计信息网和各地区统计局网站公布的《国民经济和社会发展统计公报》以及《地区政府工作报告》进行补齐。《中国上市公司社会责任评价数据库（2004—2014）》，通过上海证券交易所和深圳证券交易所公布的上市公司年报、社会责任年度报告（可持续发展报告）手工整理，运用内容分析方法进行评价获得。上市公司 2004—2014 年的公司财务数据来源于国泰安数据库（CSMAR）。缺失数据通过新浪财经网站数据进行补齐。其中剔除：第一，银行、金融和保险类上市公司；第二，创业板、深圳 B 股和上海 B 股上市公司；第三，为保证 Hansen（1999）面板门槛模型计量要求，删除 2004 年后上市公司和存在缺漏值的公司。为了克服异常值的影响，我们对主要变量进行了 Winsorized 上下 1% 的缩尾处理。

二　企业社会责任面板门槛模型

如前所述，政府异质性资源对企业社会责任规制行为存在多重作用，而其效应并非简单的线性关系。因此，我们认定在不同的政府异质性条件下，政府规制对企业社会责任作用大小和方向都可能会发生显著变化；社会责任规制的门槛值并非唯一确定。考虑到中国各区域间存在资源禀赋差异，政府资源占有、政府对企业社会责任的规制行为会受多种因素的影响，面临着诸多"门槛"限制。为此，本书基于 Hansen（1999）的门槛面板思想，设定企业经济影响力与政府异质能力对企业社会责任行为影响的面板门槛模型。[①] 为避免变量间存

---

① 动态面板模型设定，GMM 估计以及检验可参见沈中华、林昌平《金融发展对经济成长的影响——动态追踪资料门槛模型》，《经济研究》（台湾）2009 年第 2 期，第 143—188 页。

在的内生性问题，本书借鉴沈中华和林昌平（2009）动态面板模型，采用企业经济影响力、企业特征、政府资源禀赋的滞后一期进行回归。

张川等（2014）认为企业社会责任的差异是企业根据自身经济影响力战略选择社会责任行为的结果。企业所有权性质是企业对政府影响力的重要影响因素。国有企业与政府的联系更加紧密（罗党论和杨玉萍，2013），因此资源控制能力的显著差异，将影响企业社会责任行为的选择。故本书将控制企业的所有者性质，并将企业性质划分为国有和非国有两类，设定门槛回归模型如式（4-1）。

$$CSR_{IT} = \begin{cases} \mu_i + \alpha_1^L INF_{jit-1} + \theta_1' h_{1it-1} + \theta_2' h_{2it} + \varepsilon_{it}, & if \quad q_{it-1} \leq \gamma_1 \\ \mu_i + \alpha_1^H INF_{jit-1} + \theta_1' h_{1it-1} + \theta_2' h_{2it} + \varepsilon_{it}, & if \quad q_{it-1} > \gamma_1 \end{cases}$$

式（4-1）

q_{it-1}，分别表示 $FCLG_{it-1}$，$COVER_{it-1}$，$PERGDP_{it-1}$

其中，CSR_{it} 表示公司的社会责任履行程度，$PERGDP_{it-1}$，$GOVER_{it-1}$，$FCLG_{it-1}$，分别表示企业所在地区上一期的经济发展程度、政府治理能力、财政自给率，为式（4-1）的3个门槛变量；INF_{jit-1} 表示第 i 家公司 $t-1$ 年第 j 个经济影响力，是模型中受到门槛变量影响的经济影响力变量。h_{1it-1} h_{2it} 为不受门槛影响的变量。其中 h_{1it-1} 为影响企业社会责任的滞后一期变量，$h_{1it-1} = (ANTI1_{it-1}, ANTI2_{it-1}, FCLG_{it-1}, GOVER_{it-1}, PERGDP_{it-1})$，$h_{2it}$ 为影响企业社会责任的控制变量，$h_{2it} = (SIZE, ROE, LEV, AUFITOR, UCT, PC)$ μ_i 反映个体效应，ε_{it} 为随机干扰项。

三 政府行为分类与企业社会责任行为选择模型

本章首先根据人均地区生产总值 $PERGDP$、政府财政自给能力 $FCLG$、政府治理能力 $GOVER$ 三个门槛变量依次运用式（4-1）进行门槛回归；其次，根据门槛回归的门槛值，将政府行为类型划分为强化市场型、转轨型和干预型；最后，在已知政府类型基础上，运用式（4-2）和式（4-3）探讨企业经济影响力与企业社会责任各个维度的影响关系。

$$CSR_{it} = \beta_0 + \beta_1 INF_{ijt-1} + \beta_2 control_{it} + \varepsilon_{it}, if\ gtype = 1,2,3$$
式(4-2)

$$CSR_{itj} = \beta_0 + \beta_1 INF_{ijt-1} + \beta_2 control_{it} + \varepsilon_{it}, if\ gtype = 1,2,3$$
式(4-3)

CSR_{it} 为第 i 家企业第 t 年的社会责任得分，CSR_{itj} 为第 i 家企业第 t 年第 j 个维度的社会责任得分，分别为 $GOVERR$，$EMPLR$，$SHARER$，$ENVIRR$，$CUSTR$，$PARTER$，$COMMR$。来源于上市公司2004—2014年年报、社会责任报告以及相关网站信息收集和整理后得到的评分；INF_{jit-1} 表示第 i 家公司 $t-1$ 年第 j 个经济影响力；control 一组为控制变量，具体包括企业规模（$SIZE$）、净资产收益率（ROE）、企业资产负债率（LEV）、企业是否聘请四大审计行（$AUDITOR$）、企业所有权性质（UCT）及是否建立政治联系（PC）。李子豪和刘辉煌（2013）认为，地区腐败水平可以通过降低环境规制制定的要求，或扭曲、改变环境规则执行的强度的方式，直接或间接影响地区环境污染水平。因此本书将地区腐败水平作为重要的控制变量。[①] 为保证数据的可获得性，本书以 Mauro（1998）和傅勇（2010）方法为基础计算地区腐败水平，分别表示为 $ANTI1$，$ANTI2$。$gtype = 1,2,3$ 分别表示干预型政府、转轨型政府和强化市场型政府类型。具体变量说明见表4-1。

[①] 在计量中，腐败水平主要采用主观测评和客观测评两种方式。目前透明国际公布的清廉指数是公认的较为客观准确的主观测评指数。但该指数仅公布各个国家的腐败水平，难以衡量各国地区间腐败的差异。因此学者们多采用地区腐败案件的发案数（李子豪和刘辉煌，2013）或每十万地区总人口中贪污贿赂和渎职侵权人数（阚大学和吕连菊，2015）、万人公职人员腐败立案数（Fisman 和 Gatti, 2002；晋盛武和吴娟，2014）。但上述三类指标均以官员腐败被查处为基础。张军等（2007）曾质疑上述指标的合理性，政治经济学家们认为，腐败最直接的体现为官员在公共支出结构上的扭曲。故本书采用 Mauro（1998）和傅勇（2010）的方法从公共支出结构的比例来替代腐败水平。本书的第五章和第六章均采用此方法计量地区腐败水平。

表 4-1　　　　　　　　　经济影响力变量名及变量说明

变量名	变量符号	变量定义
自变量		
经济影响力	INF1	地方经济影响力指数 = 营业收入/地区生产总值
	INF2	就业影响力指数 = 单位职工数/全市单位就业人数
	INF3	地方财政影响力指数 = 上缴税费/地方财政收入
因变量		
企业社会责任	CSR	企业社会责任履行程度，根据 2004—2014 年年报和社会责任报告，运用 Wiseman（1982）的方法计算。具体见第三章第二节内容
因变量		
	GOVERR	政府和公众责任
	EMPLR	员工责任
	SHARER	股东责任
	ENVIRR	环境责任
	CUSTR	消费者责任
	PARTER	合作伙伴责任
	COMMR	社区责任
控制变量		
企业规模	SIZE	ln（企业年末总资产）
净资产收益率	ROE	年末净资产收益率
资产负债率	LEV	年末资产负债率
审计监督	AUDITOR	是否为四大审计行，0 表示不是；1 表示是四大审计行
每股收益	EPS	
控制人类型	UCT	企业最终控制人类型，1 表示为国有企业，0 表示非国有
政治关联	PC	根据第三章解释，1 表示有政治关联；0 表示无政治关联
政府腐败水平1	ANTI1	地区基础设施支出/地区固定资产投资额，根据 Mauro（1998）和傅勇（2010）的方法计算
政府腐败水平2	ANTI2	预算内教育投资额/预算内财政支出，根据 Mauro（1998）和傅勇（2010）的方法计算
门槛变量		
政府治理能力	GOVER	政府就业治理能力 = 地区城镇登记失业率 - 全省城镇登记失业率
财政自给率	FCLG	预算内财政收入/预算内财政支出
经济发展水平	PERGDP	人均地区生产总值

第三节 企业经济影响力、政府异质性能力的门槛检验

一 描述性统计分析

由附表 5 变量的描述性统计可以看出,国有企业社会责任指数为 0.249,略高于非国有企业社会责任指数的均值 0.230;而国有企业的经济影响力 $INF1$、就业影响力 $INF2$、对地方政府的财政自给能力影响 $INF3$ 以及企业规模 $SIZE$ 均显著高于非国有企业。

由附表 6 变量的相关性分析表可以看出,企业从经济影响力 $INF1$、就业的影响力 $INF2$、对地方政府的财政自给能力影响 $INF3$ 与企业社会责任之间显著相关。变量间相关系数,仅 $INF1$、$INF2$、$INF3$ 之间的相关系数超过 0.5。在相关系数基础上,本书进一步扩展了 Newy 多重共线性估计。估计结果显示平均 VIF 值为 1.23,单个 VIF 值为 1.92,不存在变量间的多重共线性。

二 基于经济发展水平、财政自给与就业治理能力的门槛回归

(一)门槛估计值

为精确考察政府异质性能力对企业经济影响力的门槛效应,且避免出现门槛回归中的多重共线性,本章首先运用式(4-1),依次将人均 GDP($PERGDP_{it-1}$)、财政自给能力($FCLG_{it-1}$)和政府就业治理能力($GOVER_{it-1}$)作为门槛变量,拟合企业经济影响力($INF_{1,2,3}$)与企业社会责任(CSR)的内在关系。根据 Hansen(1999)模型思想,运用 stata13.0 计算工具,进行 Bootstrap 法反复抽样 300 次,对模型是否存在门槛、单一门槛、双重门槛以及三重门槛进行估计和检验,得到相应的 P 值和 F 统计量。相关的检验结果见表 4-2。

从表 4-2 中 LM 统计量值可以看出,地区经济发展水平 $PERGDP$ 和地区政府就业治理能力 $GOVER$ 在单一门槛、双重门槛、三重门槛模型下,P 值均通过了 10% 假设检验,说明地区经济发展水平和政府

表 4-2　　　　　　　　　　　门槛效应检验

门槛变量	门槛数	门槛值	F 值	P 值	BS 次数	临界值		
						1%	5%	10%
PERGDP	单一门槛	1.354	86.534***	0.003	300	74.769	48.427	36.769
	双重门槛	1.354, 3.293	29.424***	0.003	300	22.913	13.953	10.010
	三重门槛	1.354, 3.293, 3.187	0.000*	0.057	300	0.000	0.000	0.000
GOVER	单一门槛	1.300	24.925**	0.013	300	32.359	16.311	9.926
	双重门槛	-0.640, -0.350	25.065***	0.000	300	-3.234	-10.911	-16.558
	三重门槛	-0.640, -0.350, -0.090	-12.429	0.707	300	5.338	0.062	-1.660
FCLG	单一门槛	1.051	38.843***	0.000	300	16.917	9.419	7.063
	双重门槛	1.073, 1.167	30.899***	0.000	300	24.041	11.364	6.636
	三重门槛	1.073, 1.167, 1.145	0.000*	0.057	300	0.000	0.000	0.000

注：***、**、*分别表示通过显著水平为1%、5%和10%的检验。

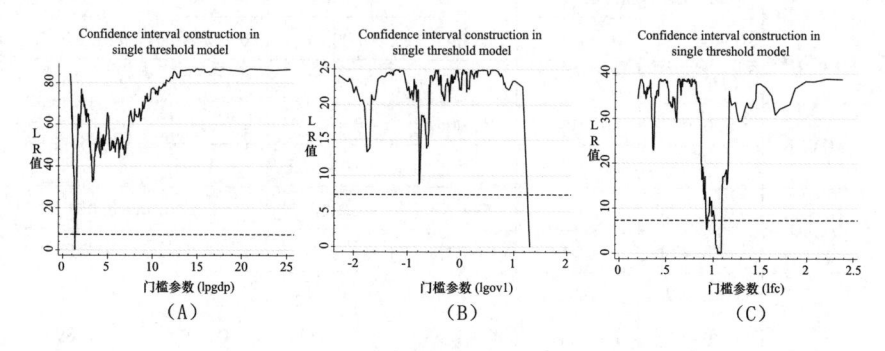

(A)　　　　　　　　　　(B)　　　　　　　　　　(C)

图 4-1　面板门槛回归门槛值图

注：从左往右，图（A）为地区经济发展水平作为门槛变量的门槛值搜索图，图（B）为治理能力门槛值搜索图，图（C）为财政自给率门槛值搜索图。

就业治理能力两方面具有三重门槛效应。财政自给能力 $FCLG$ 仅单一门槛和双重门槛 P 值在 1% 水平上显著，三重门槛效应并不显著。以上门槛效应检验的结果显示，地区经济发展水平、地区政府财政自给能力、地方政府就业的治理能力，使得企业经济影响力对企业社会责任行为的选择影响存在非线性门槛特征。

（二）门槛回归模型

为了进一步确定地区经济发展水平、财政自给能力、地方政府就业治理能力如何对企业经济影响力与企业社会责任行为的关系产生影响，本章运用单一门槛和双重门槛面板回归分析，结果见表4-3。

表4-3　　　　　企业经济影响力的面板门槛回归结果

	因变量：CSR					
	门槛变量：$PERGDP$		门槛变量：$GOVER$		门槛变量：$FCLG$	
	影响变量：$INF1$		影响变量：$INF2$		影响变量：$INF3$	
	单一门槛	双重门槛	单一门槛	双重门槛	单一门槛	双重门槛
$ANTI1$	-0.021***	-0.021**	-0.011	-0.012	-0.024***	-0.023***
	(-2.65)	(-2.65)	(-1.39)	(-1.57)	(-3.03)	(-2.90)
$ANTI2$	0.094***	0.095***	0.073***	0.073***	0.147***	0.145***
	(4.69)	(4.76)	(3.47)	(3.51)	(7.13)	(7.04)
$PERGDP$	0.005***	0.005***	0.006***	0.006***	0.007***	0.007***
	(16.56)	(15.38)	(19.36)	(19.17)	(19.70)	(19.74)
$GOVER$	-0.010***	-0.010***	-0.007***	-0.011***	-0.011***	-0.011***
	(-5.05)	(-5.11)	(-3.54)	(-4.92)	(-4.94)	(-5.07)
$FCLG$	-0.039***	-0.040***	-0.027***	-0.029***	-0.022***	-0.024***
	(-8.42)	(-8.68)	(-5.88)	(-6.16)	(-4.54)	(-4.98)
ROE	-0.009	-0.008	-0.014	-0.014	-0.018**	-0.017*
	(-0.98)	(-0.90)	(-1.59)	(-1.55)	(-1.97)	(-1.89)
$SIZE$	0.049***	0.048***	0.048***	0.048***	0.049***	0.049***
	(32.87)	(32.48)	(31.20)	(31.40)	(32.05)	(32.13)

续表

因变量：CSR						
	门槛变量：PERGDP		门槛变量：GOVER		门槛变量：FCLG	
	影响变量 INF1		影响变量 INF2		影响变量 INF3	
	单一门槛	双重门槛	单一门槛	双重门槛	单一门槛	双重门槛
LEV	-0.080***	-0.081***	-0.057***	-0.056***	-0.054***	-0.055***
	(-10.80)	(-10.89)	(-7.92)	(-7.78)	(-7.44)	(-7.49)
AUDITOR	-0.047***	-0.047***	-0.041***	-0.043***	-0.028***	-0.032***
	(-5.67)	(-5.77)	(-4.63)	(-4.86)	(-3.20)	(-3.66)
EPS	0.007*	0.007*	0.008**	0.008**	0.019***	0.019***
	(1.90)	(1.60)	(2.16)	(2.21)	(5.32)	(5.18)
UCT	0.005*	0.005	-0.010***	-0.009***	0.006*	0.006*
	(1.65)	(1.60)	(-2.95)	(-2.87)	(1.77)	(1.81)
PC	-0.006**	-0.005***	-0.008***	-0.008***	-0.008***	-0.007***
	(-2.33)	(-2.10)	(-3.21)	(-3.24)	(-2.97)	(-2.95)
INF-1	-0.254***	-0.275***	0.060	-0.234***	-0.233***	-0.239***
	(-5.56)	(-6.01)	(1.35)	(-3.02)	(-4.67)	(-4.79)
INF-2	0.037**	-0.046*	-3.926***	0.289***	-0.542****	-1.026***
	(2.00)	(-1.88)	(-3.96)	(4.63)	(-6.29)	(-8.23)
INF-3		0.088***		0.020		-0.252**
		(4.198)		(0.37)		(-2.49)
Constant	-0.795***	-0.781***	-0.791***	-0.795***	-0.826***	-0.829***
	(-25.72)	(-25.21)	(-24.63)	(-24.83)	(-26.56)	(-26.70)
r^2_w	0.278	0.281	0.271	0.274	0.284	0.287
r^2_b	0.129	0.129	0.140	0.143	0.136	0.132
r^2_o	0.208	0.210	0.195	0.198	0.20	0.201
N	7596	7596	7519	7519	7582	7582

注：1. 括号内为 t 值，***、**、* 分别表示通过显著水平为1%、5%和10%的检验。

2. INF-1，分别代表当 $q<=r1$ 第一门槛值时，经济影响力系数；INF-2 分别表示在单一门槛情况下 $q>r1$，或在双重门槛情况下，位于 $r1<q<=r2$ 第二门槛区间下，经济影响力系数；INF-3 分别表示在双重门槛下，当处于 $q>r2$ 门槛区间下经济影响力系数值。

表4-3第2列和第3列为企业对地方经济影响力1（$INF1$），在以地区经济发展水平为门槛变量下，单一门槛和双重门槛对企业社会责任的影响。当地方人均$GDP PERGDP_{it-1} \leq 1.354$时，$INF1$对企业社会责任的边际影响效应系数为-0.254，并在1%水平上显著，说明企业对地方经济的影响力越大，地方政府对地方企业保护的动机越强烈，企业的谈判能力越强，因此支柱企业越可能在社会责任规制上受到政府的保护，从而降低企业履行社会责任；然而当$PERGDP_{it-1} > 1.354$时，$INF1$对企业社会责任的边际影响效应系数为0.037并在5%水平上显著，说明当人均GDP超过1.354万元（达到13541元）时，地方政府对支柱企业的依赖降低，地区经济增长将不再是政府追求的唯一目标，地方政府官员政治晋升的重点转变为环境质量、民生等政绩工程。因此，地方政府可能存在对支柱企业进行"公益摊牌"（曹春方和傅超，2015），使得企业经济影响力越大，企业履行社会责任越好。我们从第一经济影响力的双重门槛来看，当人均GDP大于第二门槛值，即$PERGDP_{it-1} > 3.293$时，$INF1$对企业社会责任的边际影响效应系数提高到0.088，并在1%水平上显著。这说明地方经济的高度发展，地方政府对支柱企业的经济依赖进一步降低，企业经济影响力对企业社会责任的正向影响更加显著，这进一步支持了假设H4-1A。

表4-3第4列和第5列表示企业对地区就业的影响力（$INF2$）在地方政府治理能力为门槛下，单一门槛和双重门槛对企业社会责任的影响。当地区失业率与省失业率水平之差控制在1.3个百分点以内时，企业就业人口占地区单位就业人口比重越大，企业履行社会责任行为越好，但在统计上并不显著；当地区失业率高于省失业率水平1.3个百分点后，$INF2$对企业社会责任的边际影响系数为-3.926，并在1%水平上显著，说明企业就业人口对地区就业和社会稳定的影响力越大，企业与政府谈判能力越强，政府保护支柱企业的可能性就越大，地区就业的稳定性越倚重支柱企业，社会责任行为越差。双重门槛回归进一步验证了假设H4-2A，揭示了地方政府失业率控制水平与企业就业人口比重对企业社会责任的影响关系。

表4-3第5列和第6列表示企业对地方财政的影响力（$INF3$）在财政自给率为门槛变量下对企业社会责任行为的影响。遗憾的是，本书的门槛回归结果，仅部分支持假设H1C。具体表现为：无论是单一门槛还是双重门槛，$INF3$对企业社会责任的边际影响系数均为负数，且均在5%及以上水平上显著。说明企业上缴的税费对地区财政贡献越大，企业获得地方政府保护越大，企业社会责任履行越差。当然也需注意到，随着地方政府财政自给率的提高，企业财税影响力$INF3$对企业社会责任的影响存在边际效应递减。在系数上表现为，当$FCLG>1.167$时，$INF3$的系数由-1.026迅速减少为-0.252。这提示，在目前的经济发展水平下，财政自给率是政府考虑的重要因素，但随着财政能力的改善，$INF3$的边际效应在递减，在更长的时期趋势上，政府财政自给率门槛下，$INF3$对企业社会责任的影响可能呈现出正相关关系。

第四节　政府类型与企业社会责任选择

一　政府类型分类

高鹤（2006）、豆晓利和王文剑（2011）认为，地方经济发展水平和财政自给能力差异带来政府行为的改变。如表4-3所示，财政自给能力门槛变量的回归结果也印证了上述学者的研究，财政能力成为地方政府行为选择的首要考虑依据。因此，本书根据财政自给率、失业率治理水平、人均地区生产总值的单一门槛值将政府分为6种类型，如表4-4所示。当$PERGDP_{it-1}>1.354$，$FCLG_{it-1}>1.051$，$GOVER_{it-1}<=1.30$时，地方政府更多表现为强化市场型政府。当$PERGDP_{it-1}>1.354$，$FCLG_{it-1}<=1.051$，$GOVER_{it-1}<=1.30$时，地方政府更多表现为转轨型政府。当$PERGDP_{it-1}<=1.354$，$FCLG_{it-1}<=1.051$，$GOVER_{it-1}<=1.30$时，将这部分财政自给率低、失业率低、经济水平发展也较低的地区或时期的政府行为定义为干预型政府行为。由表4-4可以看出，转轨型政府类型中样本企业数为6963，正如陈抗（2002）所指出的政府根据自己的财政状况和

经济状况更多地体现出中性的"转轨型政府"特征。在这种政府行为类型下，地方政府主要通过产业政策、行业经营许可证等对行业进入和发展进行管制，甚至直接以"援助之手"对特定企业或产业进行扶持和控制；同时也通过"干预政策"抑制某些企业或产业的发展。因此，转轨型政府成为企业通过各种政治手段，如通过政治关联、企业捐款提供"社会资本献金"，企业经济影响力等进行合谋的主要对象；与转轨型政府的合谋，可以在考虑地方政府利益的条件下，形成互利的产业规制，带来更多的企业回报。

表 4-4　　　　　　　　　政府类型分类情况表

政府类型	分类标准	描述	样本数
未知类型	$FCLG \leq 1.051$；$GOVER > 1.3$；$PERGDP \leq 1.354$	低财政自给，高失业，低经济水平	16
干预型政府	$FCLG \leq 1.051$；$GOVER \leq 1.3$；$PERGDP \leq 1.354$	低财政自给，低失业，低经济水平	672
未知类型	$FCLG \leq 1.051$；$GOVER > 1.3$；$PERGDP > 1.354$	低财政自给，高失业，高经济水平	39
转轨型政府	$FCLG \leq 1.051$；$GOVER \leq 1.3$；$PERGDP > 1.354$	低财政自给，低失业，高经济水平	6963
未知类型	$FCLG > 1.051$；$GOVER > 1.3$；$PERGDP \leq 1.354$	高财政自给，高失业，低经济水平	0
强化市场型政府	$FCLG > 1.051$；$GOVER \leq 1.3$；$PERGDP > 1.354$	高财政自给，低失业，高经济水平	1281
未知类型	$FCLG > 1.051$；$GOVER > 1.3$；$PERGDP > 1.354$	高财政自给，高失业，高经济水平	6
未知类型	$FCLG > 1.051$；$GOVER \leq 1.3$；$PERGDP \leq 1.354$	高财政自给，低失业，低经济发展	21

二　政府类型与企业社会责任行为选择

已知政府类型情况下，企业总是在依据自身资源条件下进行相应的战略行为选择。本章根据式（4-2）和式（4-3），检验在已知政府类型下，企业经济影响力与企业社会责任各个维度的关系。

第四章　俘获方式一：经济影响力与企业社会责任

（一）干预型政府中经济影响力与企业社会责任选择

附表7Panel A为干预型政府中，企业经济影响力与企业社会责任各个维度选择的关系。在干预型政府类型下，$INF1$对企业社会责任的影响系数为-0.243，并且在10%水平上显著。也就是说，企业主营业务对地方经济影响越大，地方政府与支柱企业合谋，降低企业社会责任规制要求或降低监督频率、减轻处罚力度的可能性越大，因此企业履行社会责任越差。与研究假设不同的是，$INF1$仅与社区责任间呈现出不显著的正相关；而与社会责任的其他各维度间呈负相关关系，尤其是对政府与公众责任、消费者责任上呈显著负相关。而在干预型政府中，多数经济发展较低的地方财政依赖于中央拨款，缺乏有效的财政支出，地方政府对财政自给率的需求并不显著，因此表现为$INF3$与企业社会责任不显著的负相关关系。而企业对地区就业人口的经济影响力INF_2表现为与政府和公众、消费者责任维度上的显著正相关；而与股东和合作伙伴责任显著负相关。一个可能的解释在于社会稳定是当前政府追求的最重要的目标。在经济发展较差，财政自给和就业等社会治理能力较差的干预型政府中，地方政府官员可能会放弃经济竞争，流入"趋同俱乐部"，这部分官员政治追求的目标就是维持地区社会稳定，因此会强调对地区就业有重大影响企业的员工、消费者或者其他方面责任，缺乏对环境等责任的敏感程度。而在干预型政府中，政府可能更多地表现为对企业价值的掠夺，企业对地区就业和稳定影响越大，政府越要求企业承担更多的员工或政府派生的公共责任，进而会降低企业的价值，突出表现为$INF2$与股东和合作伙伴的显著负相关。

（二）转轨型政府中企业经济影响力与企业社会责任行为选择

附表7Panel B，为转轨型政府样本中，企业经济影响力与企业社会责任选择的关系。在转轨型政府中，官员既要追求经济目标又要维护社会稳定、公众利益，因此官员更多的是在经济利益和公众利益、地方长期利益和短期利益之间权衡，可能会出现以牺牲公众利益、降低企业社会责任要求而更多地追逐地方经济发展和宽松财政能力的现象，故表现企业经济影响力$INF1$、$INF2$和$INF3$均呈现出对企业社会责任的负相关关系。有趣的是,在转轨型政府中,INF2 对企业社会责任的边际影响为 -0.181,并且在 1% 水平上显著负相关;而在干预型政府和强化市场型政府中,INF2 的影响系数却表现为 0.273 和 0.163 的正向影响,但在统计上不显著。INF2 与企业社会责任以及政府和公众、消费者显著负相关,呈现出与干预型政府完全相反的关系。从企业社会责任各个维度的行为选择来看,企业主营业务收入对地区经济的影响使得地区政府在环境规制上的让步影响小于企业对地方财政的影响力。在相关系数上表现为,INF1 与环境责任的显著正相关,与研究假设相反;而 INF3 与环境责任的显著负相关。可以说,企业对地方财政的影响力才是政府规制让步的首要考虑因素。相反,政府可能会因为企业规模和社会影响力较大,要求企业承担更多的社会责任。这从另一个侧面说明政府对社会责任各项规制的让步是基于地方政府利益的理性博弈结果。

第五节 本章小结

本章首先运用面板门槛模型,在考虑财政自给率、政府自治能力、地区经济发展状况下,寻求政府行为选择的质变点,探讨企业经济影响力对企业社会责任行为的影响;其次,依据门槛回归的质变点将政府行为划分为强化市场型政府、转轨型政府和干预型政府。分析不同政府行为分类情况下,企业内在特质与政府规制对企业社会责任的影响关系;深层分析规制俘获——政府规制——企业社会责任的关联机制和传导效应。文章认为,无论在干预型政府、转轨型政府还是在强化市场型政府条件下,地方政府财政自给能力是政府规制决策中的重要影响因素,企业上缴的税费对地方财政收入的影响力显著地影响企业与政府利益的博弈。企业上缴税收影响越大,地方政府降低社会责任规制的可能性越高,企业履行社会责任越差。企业就业人口对地区就业和社会稳定的影响力在不同政府类型下影响不同;在转轨型政府中,企业就业影响力越大,企业履行社会责任越差;而在干预型政府和强化市场型政府中表现为不显著的正相关关系,但二者的行为动机存在显著差异。在干预型政府中，地方政府对就业影响较大企业的社会责任规制更多地表现为"社会稳定性"的政治追求以及对企业股东价值的掠夺；而在强化市场型政府中，就业影响力对社会责任的正向影响更多地表现为对社会公共福利的追求。从企业对地方经济增长的影响力来看，表现为：随着地方经济的发展，"经济增长—政治晋升"的效益降低，因此，企业地区经济发展影响力对企业社会责任的边际效应递减，由干预型政府中的显著负相关转变为转轨型政府中的不显著负相关、市场型政府中的不显著正相关。

第五章　俘获方式二：政治影响力与企业社会责任

政府与企业的关联可以通过多种途径交织在一起，并且对彼此的行为和利益产生重要影响，如支持政党竞选、游说、提供公共项目资金、政府采购（Huber 和 Kirchler，2013）、聘请官员担任顾问或到企业任职等。而对这些政治关系的研究，可以很好地解释那些在之前的研究中被忽视的不正常的业务或企业战略（Shen 和 Lin，2015）。虽然经过 40 多年的改革开放，中国逐步建立起以市场为主导的要素体系，但是和许多转轨国家一样，中国社会是一个以"关系"为基础形成的"社会网络"，企业则镶嵌在这个网络之中，政府选择性政策依然对企业产生重要影响。因此，本章将企业经济规模、企业产权性质等作为企业经济影响力的替代变量，在控制政府异质性特征、企业相关影响力替代变量的基础上，聚焦企业政治影响力类型与企业社会责任的关系；深入探讨在不同产权性质和产权层次下，不同政企关系类型、不当政治交往行为对企业社会责任的影响；这些不同的政治影响力类型组合给社会责任带来协同或冲突；彼此间是相互替代或互补效应。

以往研究重点关注企业的政治联系是绑架企业承担更多社会责任、降低企业价值，还是能为企业带来更多的利益，诸如缓冲政策冲击、获得财政补贴、低息贷款等（Zhang 等，2016；Lin 等，2015）。但政治联系与企业价值、政治联系与社会责任的关系之间并未取得一致的结论。近年来，学者们试图将政治联系、企业履行社会责任的行为均视为企业的政治行为（Chen 和 Cao，2016）。学者们普遍认为，企业捐赠可以作为与政府保持良好关系的社会资本献金，从而有效降低外部政策环境改变的风险（Lin 等，2015）；更有部分学者认为企业社会责任、企业捐赠作为一种俘获政府的合法路径，是一种可以作为与官员建立政治联系的替代（Bruch，2015）。然而，杨团和葛道顺（2009）、曹春芳和傅超（2015）认为，在转轨国家，企业的捐赠还存在"公益摊派"的可能。但无论基于何种捐赠动机，公益捐赠均能带来良好的社会声誉，维系良好的政企关系。由于企业政治影响力难以准确计量，因此学界重点关注了政治联系这一维度的研究（牛晓燕和陈艳，2015）。企业高管中是否存在政府任职经历成为衡量企业政治关联程度的重要途径。事实上，企业与政府官员的联系可以通过其他渠道，比如与官员同学、亲戚的交往，企业高管与官员的频繁交往，邀请官员到企业参观、演讲甚至通过安排官员或家人国外考察（旅游）等政治行为得以建立。而这种政治联系的建立是基于人情社会和社会关系网络形成。然而从政治寻租的角度，此类隐性政治联系与社会责任的关系一直没有得到广泛研究。因此，本章主要从政治寻租视角，探讨显性的政治关联与隐性政治交往之间对企业社会责任的影响。

本章试图回答以下几个问题：（1）政企联系是否能促进企业履行社会责任？（2）企业通过与官员交往、进行贿赂等不当政治交往行为能否切实影响企业的社会责任行为？（3）在不同企业产权约束下，企业会怎样选择政治影响力途径？是通过显性方式还是隐性方式？（4）随着国有企业产权层级的提高，能否促进企业更加积极地履行社会责任？

第一节　理论基础与研究假设

一　政治联系与企业社会责任关系

政治联系的意义在于：一方面可以应对不完备的制度的政策冲击（潘红波等，2008；Lin 等，2015），从而获得满足自身偏好的管制政策，另一方面表现为企业获得可以提高企业竞争能力的稀缺经济资源

（Faccio 等，2006）。田志龙等（2003）、Ma 和 Parish（2006）认为慈善捐赠是企业维护与地方政府良好关系的重要政治行为之一。基于互惠性交换原则，企业通过履行更多的社会责任来维系与政府的紧密关系，以获得财政补贴、低息贷款和良好社会声誉等。但是，因为不同产权性质企业与政府的关系存在本质差异（罗党论和杨玉萍，2013），政府规制行为中存在明显的选择性（薛爽等，2013），因此我们可以预见不同产权性质企业的政治影响力和企业履行社会责任关系有所差别（王成方等，2013）。

李四海（2015）认为，国有企业由于其产权属性理应承担更多的社会责任。其社会责任的内容应比民营企业更加丰富。不同产权性质的企业对政治影响力类型依赖程度不同，进而企业社会责任行为的选择也不同。Li（2015）研究发现，政治关联会增加企业社会责任的履行，但企业产权性质不同，政治联系对企业社会责任的影响也不同。对民营企业来说，政治联系显著增加了企业的社会责任，通过履行社会责任，民营企业可以获得政府青睐，加强政企联系（李维安等，2015）。姚圣（2015）提出，国有企业政治联系将促进企业积极履行社会责任，而民营企业则正好相反。存在这种争论的原因在于：企业社会责任是一个多维的变量，企业捐赠或环境责任仅是社会责任的某一个维度，难以描述企业社会责任的全貌，因此难以窥探企业政治联系与企业社会责任之间的真实关系。事实上，企业履行社会责任或其他非经营性行为均会增加企业的经营成本或费用。但若能为企业后续经营带来利润的社会责任或其他非经营性行为则可视为运营成本。因此，在政府推进企业履行社会责任进程中，企业需要不断估量自身成本和收益，从而战略地履行社会责任。存在这种争论的原因在于：企业社会责任是一个多维的变量，企业捐赠或环境责任难仅是企业社会责任，因此难以窥探企业政治联系与企业社会责任之间的真实关系。事实上，企业履行社会责任或其他非经营性行为均会增加企业的经营成本或费用。但若能为企业后续经营带来利润的社会责任或其他非经营性行为则可视为营运成本。因此在政府推进企业履行社会责任进程中，企业需要不断估量自身成本和收益,从而战略履行社会责任。

相较于地方支柱企业,民营企业由于经济规模相对较小,对地方经济的影响力较小,因而民营企业自身的话语权较小。民营企业更愿意通过政治关联增强与政府的联系,从而缓解民营企业面临的制度压力。如姚圣(2015)所述,民营企业更可能表现出随着政治关联的增强,出现抑制社会责任行为的现象。但当民营企业家自己当选为人大代表或政协委员时,其社会责任表现迥异。杜兴强等(2012)认为,当选人大代表或政协委员的民营企业家更乐于参与社会捐赠、社会公益等具有高度"媒体关注度""社会认同感"的项目。因为这些项目能获取社会声誉、增进与政府的关系。岳阳等(2013)认为,参与社会捐赠是这些民营企业家响应政府号召的重要表现。成为"受欢迎的、具有社会责任感的企业"是企业获得美誉度,维持良好政企关系的方式之一。Lin 等(2015)认为,增加社会捐赠,积极履行社会责任的行为在地方官员更替时表现更加明显。而管理者的从军经历将影响管理者性格、道德观和价值观,从而在企业社会责任上更有担当。同时,聘任具有从军经历的高管可以改善企业形象,成为另一种政治关联方式,其作用机制也不同于其他的联系方式(Luo, Xiang and Zhu, 2017)。基于以上分析,本章提出如下研究假设。

H5-1A:非国有企业的政府官员关联强度与企业社会责任负相关;随着地方政府官员关联强度的加深,企业社会责任履行恶化。

H5-1B:非国有企业的人大代表和政协委员政治关联强度与企业社会责任正相关。

H5-1C:非国有企业的军队官员关联强度与企业社会责任正相关。

国有企业产权层级的不同,企业控制外部资源的能力也存在显著差异。这种差异将影响国有企业履行社会责任的行为选择。由于地方国有企业上缴的各项税费以及企业利润是地方政府财政收入的主要来源之一①，地方国有企业更可能成为影响地方经济发展的支柱企业。因此，地方政府干预地方国有企业的目的更多地倾向于促进地区经济发展，减少地区失业率，而不会轻易改变地方国有企业的规制方向。地方国有企业不仅可以通过资源优势影响政府的决策，还可以通过国企高管的政府背景或者其他"关系"，使企业在社会责任行为中形成一个暂时的博弈均衡状态，实现最小的社会责任成本（姚圣，2011；姚圣和梁昊天，2015）。国有企业承担关系国民经济发展的重要责任，拥有进入特殊行业的许可证，因此需要社会责任赢得良好社会声誉反哺各种类型的利益相关者。因此，本章进而提出如下研究假设。

H5-2A：地方国有企业的政府关联强度与企业社会责任负相关；随着政府政治关联层次和政府社会责任关联强度的加深，企业履行社会责任行为进一步恶化。

H5-2B：地方国有企业的人大代表、政协委员关联强度与企业社会责任负相关。

H5-2C：地方国有企业的军队政治关联强度与企业社会责任负相关。

从行政治理链条来看，省级以上官员不仅受到上下级监督，还受到社会媒体和社会群众监督，其监督的层次和监督主体更多，监督主体参与性更强。因此，省级以上官员更能约束自身行为，约束社会责任的规制寻租行为。

事实上，随着官员多任务考核机制的完善，在一些执政能力较强，经济发达的省份，环境绩效、社会公共服务等社会效益对官员考核的影响越来越大（孙伟增等，2014），特别是在2015年，党的十八届五中全会通过《中共中央关于制定国民经济和社会发展第十三个五年规划的建议》，将绿色发展与创新、协调、开放、共享等发展理念，共同构成今后发展的五大发展理念。各级政府将推进社会责任，促进

---

① 1994年实行分税制改革后，地方政府财政收入构成包括：税收收入（增值税25%、企业所得税40%、个人所得税40%、营业税、城市维护建设税以及契税等）、中央转移支付、非税收入（行政事业性收费、排污费等专项收入、罚没收入、政府性基金以及地方国有企业上缴利润）、债务收入和其他收入。

经济和社会绿色协调发展作为内驱动力。因而，省级以上政府对企业社会责任的要求也相应提高。从企业层面来看，省级以上国有企业的实际控制人是中央部委或者省级以上政府。它们更愿意积极响应政府号召，将企业经济活动过程和结果"绿色化"，积极承担社会责任，促进企业在"承担社会责任的同时做得好"。因此，随着国有企业层级的提高，企业社会责任行为逐渐改善（陈佳贵等，2012；黄群慧等，2013）。基于以上分析，本章进一步提出如下假设。

H5-3A：省级国有企业的政府关联强度将促进社会责任履行；随着地方政治关联强度的增加，省级国有企业将转变为承担更多社会责任。

H5-3B：省级国有企业的人大代表、政协委员关联强度与企业社会责任正相关。

H5-3C：省级国有企业的军队政治关联强度与企业社会责任负相关。

央企多为关系国民经济的关键性产业，因此，中央企业领导多为政府部门领导下派担任，具有一定的行政级别[①]（陈仕华等，2014、2015）。杨瑞龙（2013）、陈仕华等（2014、2015）认为，对央企管理者来说，政治晋升是比薪酬激励更加行之有效的隐性激励措施。央企管理者对政治晋升的追求不仅符合央企高管个人的职业生涯规划，更加符合中央组织部门考核和选拔经济人才的需要（郑志刚等，2012、陈仕华等，2014、2015）。因此，央企及央企领导由于其特殊的责任更加需要响应政府号召，在不降低企业效率前提下，主动承担央企社会责任。[②] 2010年1月1日开始正式实施的《中央企业负责人经营业绩考核暂行办法》，明确提及中央企业负责人应根据行业特色

---

① 详细资料可以查阅国务院国有资产监督管理委员会网站（http://www.sasac.gov.cn/）。

② 2008年1月，国务院国有资产管理委员会（简称国资委）发布《关于中央企业履行社会责任的指导意见》。该意见要求央企积极履行社会责任。同时，国资委多次召开会议、组织论坛，指导央企履行社会责任。并且，国资委网站开设专栏报告央企在扶贫、就业、援建等方面履行社会责任的情况。详细资料可以查阅国资委网站。

承担并分解资源节约、环境保护、可持续发展等任务，并将具体社会责任指标写入年度考核责任书中。由此，企业社会责任成为央企管理者考核的指标之一。因此，中央企业领导者更愿意企业承担社会责任。如积极参与"对口支持""对外援建"项目（刘波和尉见文，2017）；或进行大量捐赠，促进社会公益项目发展，进而获得良好社会声誉（郑志刚等，2012）。相对而言，由于央企领导本身具有较高的政治身份和政治关联的层级，具有最强的资源控制力，央企本身并不依赖于人大代表和政协委员，也不需要由人大代表和政协委员来维系良好的社会声誉，因此二者关系并不显著。同时，我们注意到《中央企业负责人经营业绩考核暂行办法》中，也明确规定与军队联系的企业更多承担国家政策性责任，而非环境、可持续发展等责任。由此，本章提出以下研究假设。

H5-4A：央企政府关联显著促进企业社会责任；随着政府关联层级和关联强度增加，央企社会责任强度提高。

H5-4B：央企人大代表、政协委员关联强度与企业社会责任不相关。

H5-4C：央企军队政治关联强度与企业社会责任不相关。

陶然等（2010）认为，仅倚重 GDP 经济绩效的多任务考核更偏重于地市级政府官员；而对省级官员来说，从 2006 年开始的省级以上领导干部考核体系，更加看重"德、能、勤"等难以量化的社会指标。省级官员考核中对经济发展的依赖以及对地区经济发展的干预程度低于地市级和县级官员（杨瑞龙等，2013）。孙伟增等（2014）的研究也指出了省级官员考核中环境绩效不断地加码。因此官员考核体系的改变，改变了政企资源依赖的基础条件，促使辖区企业履行社会责任成为官员的重要工作内容。

从企业方面来看，在"差序格局"的社会关系中，政府的级别与权力呈正向关系，企业政治关联层级越高意味着政治关联所获得的影响力越大（潘越等，2009；贾明和张喆，2010）。由于企业产权以及国有企业产权层级的差异，使得政府对企业承担社会责任内容和范围的期许存在差异。国有企业较之于非国有企业，随着企业产权层级的提高，政府期许提高。政府号召国有企业承担更多的社会责任。与此同时，政府也会给予这些企业相应的政策扶持。随着国有企业产权层级提高，国有企业责任更加重大，因而需要承担更多的社会责任。进一步地，本章提出如下假设。

H5-5A：随着国有企业层次提高，企业对中央政府的政治关联强度将显著提高企业社会责任。

H5-5B：相较于非国有企业，随着国有企业所有权层次提高，地方政府政治关联强度对企业社会责任的影响程度逐步降低。

二 不当政治交往与企业社会责任

在非对称信息条件下，政府官员难以监督的"自由裁量权"，为企业通过不当政治交往等灰色渠道俘获政府官员提供了肥沃的土壤（李健和西宝，2012；李后建和马朔，2016b）。企业不当政治交往行为的背后难以掩饰企业权力寻租以及由此带来的行政腐败问题。与企业政治关联相比，企业不当政治交往行为更具有隐蔽性，其"灰色"甚至"黑色"的行为方式，更加期待获得直接的经济好处（张建君和张志学，2005）。李后健等（2016a，b）认为，企业还可以通过不当政治交往行为保持良好且隐秘的"政治关系"，从而获得各种政策性资源，甚至避免或降低政策惩罚力度或躲避政策监督效应。

对于视社会责任为"作秀"或"漂绿"的企业来说[①]，企业履行社会责任的外部压力源于政府的社会责任规制和监督。在社会责任规制制定中，政府和企业双方以"寻租"方式，形成"互惠互利"的社会责任规制；在社会责任规制执行中，当政府官员愿意受贿而放弃或降低社会责任规制强度时，企业将会乐意提供一份低于社会责任履行成本的"寻租成本"。即便在社会责任规制中，官员处于被动寻租地位，政府社会责任规制的执行力度也会随不当政治交往行为的增加而减弱。企业不当政治交往行为的价值在环保审核和生产的污染排放

---

① Dan（2009）将企业履行社会责任的动机划分为"漂绿型社会责任""战略型社会责任"和"完全利他型社会责任"。

许可证中表现尤为突出。企业不当政治交往行为可以为缩短审批时间扮演"速派金"角色（李后健等，2016a，b）；为环保不达标企业获得生产许可证，躲避环保惩罚扮演软化制度刚性的"柔顺剂"；为涉及 SA8000 争议的企业提供"润滑剂"。因此，企业不当的政治交往行为无疑为政府和企业提供了一场"双赢的博弈"（Akpalu 等，2009；李后健等，2016b）。部分地方政府也乐于在不出现重大安全事故前提下，与存在不当政治交往企业形成短期均衡，以维护政府的各项利益。因此，本章提出以下假设：

H5-6A：企业不当政治交往与企业社会责任呈负相关关系。

Jiang 和 Nie（2014）研究发现，国有企业资源控制能力、经济影响力、政治影响力更强，因此国有企业应对不完备制度的能力也较强。这一观念得到不少学者的认同（聂辉华等，2014；李后建等，2016a）。国有企业对不正当政治交往行为的依赖性低于非国有企业。由于国有企业隶属于不同层级的政府，意味着随着国有控股比例的提高，不当政治交往对企业社会责任的抑制效应会逐渐弱化。

H5-6B：随着企业产权层级的提高，政府干预增加，企业不当政治交往行为对企业社会责任的负向影响降低。

三 政治联系、不当政治行为与企业社会责任维度关系

不同的社会责任行为受到不同的企业行为动机的影响，并且根据行为动机的不同可以分为：完全利他主义的行为、利润最大化的战略选择、提高公司声誉的"漂绿"行为（Frankental，2001）。当公司将企业战略管理的方法融入到企业社会责任议题的选择中，那些与企业战略方向一致的公众议题，将为企业赢得社会收益的同时带来持续的利润增长（Porter 和 Kramer，2006；Falck 和 Heblich，2007）。正如 Carroll（1979）、Wood 和 Jones（1995）、Griffin 和 Mahon（1997）认为的，企业社会责任是企业应对利益相关者压力、权衡内外资源后的选择。每个行业企业社会责任根植于行业特殊的文化和外部利益相关者环境（Berman 等，2017）。Basu 和 Palazzo（2008）认为，企业履行社会责任的特征性是企业管理者思考、讨论与利益相关者的联系和

有效配置各项资源的结果。由此可以推断，企业高管政治关联来源不同，其企业社会责任关注重点将有所区别。由于代表委员的产生多遵循"公共选择机制"，因此需要得到公众的广泛支持，获得"公众认同感"（杜兴强等，2012）；而人大代表和政协委员多为现任关联，他们的言论和行为受到公众监督，且具有较强的"声誉效应"；加之，近年来"两会"代表的"社会关注度"持续增高（张川等，2014），因而作为人大代表或政协委员的企业高管，企业社会责任维度决策中将重点关注具有"高公众关注度"的项目，以获得公众认同，减少外部压力。而企业聘任前政府官员，多为曾任官员。退任"官员"在其媒体和社会关注度降低的同时，利用自身社会资源，加强政企关系（封思贤等，2012），受到监督的概率也相应降低。因此企业将在政治关联成本与企业社会责任成本之间相机决策，减少"高公众关注度"社会责任维度。正如娄祝坤和张川（2014）研究发现的那样，企业社会责任存在战略选择现象，政府官员类政治关联对企业社会责任各个维度影响不显著，而人大代表和政协委员关联将显著地促进企业履行慈善捐助、环境保护等公众关注责任。根据以上分析，本章提出以下研究假设：

H5-7：企业产权性质不同，企业政治影响力类型不同对企业社会责任维度的影响不同。

第二节 数据来源与研究设计

一 研究样本说明

本章在中国上市公司分行业企业社会责任数据库（2004—2014）和上市公司规制俘获数据库（2004—2014）的基础上，剔除上市公司注册地所在地区的财政预算收入、财政预算支出、固定资产投资以及公司资产负债率财务指标严重缺失的样本，最终得到样本观测值14694个。为保证指标的可比性，地区经济发展水平、财政收入等指标均以地级市为统计口径，其中北京、天津、上海和重庆4个直辖市以及15个副省级城市以区为统计单位进行数据收集，数据来源于

《中国城市发展年鉴》，数据缺失的部分通过中国统计信息网和各地区统计局网站公布的《国民经济和社会发展统计公报》以及地区政府工作报告进行补齐。其中，中国上市公司分行业社会责任数据库（2004—2014）通过上海证券交易所和深圳证券交易所公布的上市公司年报、社会责任年度报告（可持续发展报告）手工整理，运用内容分析方法进行评价获得。[①] 本书所构建的上市公司规制俘获数据库（2004—2014）[②] 中，企业高级管理人员特征来源于沪深两市网站上市公司 2004—2014 年年报的整理；上市公司 2004—2014 年公司财务数据来源于国泰安数据库（CSMAR），缺失数据用 CCER 数据库和企业年报财务数据进行补充。为了避免异常值对回归结果的影响，本书利用 Winsorized 方法对变量进行上下 1% 的缩尾处理。

二 研究设计

$$CSR_{it} = \beta_0 + \beta_1 PCIND_{it-1} + \beta_2 NPCC_{it-1} + \beta_3 ARMY_{it-1} + \beta_4 AEMA_{it-1} + \beta_5 control_{it-1} + \varepsilon_{it}, \quad \text{式 (5-1)}$$

$$CSR_{itj} = \beta_0 + \beta_1 PCIND_{it-1} + \beta_2 NPCC_{it-1} + \beta_3 ARMY_{it-1} + \beta_4 AEMA_{it-1} + \beta_5 control_{it-1} + \varepsilon_{it}, \quad \text{式 (5-2)}$$

本书利用式（5-1）和式（5-2）分别考察政治关联、不当政治交往行为与企业社会责任以及各个维度的关系。其中，CSR_{it} 为第 i 家企业第 t 年履行社会责任得分，CSR_{itj} 为第 i 家企业第 t 年第 j 个维度的社会责任得分，分别为 GOVERR、EMPLR、SHARER、ENVIRR、CUSTR、PARTER、COMMR。数据来源于上市公司 2004—2014 年年报、社会责任报告以及相关网站信息收集和整理后得到的评分；为避免变量的内生性问题，更好地解释政治影响力对企业社会责任影响时间上和逻辑上的因果关系，自变量采用滞后一期变量。$PCIND_{it-1}$ 表示第 i 家公司 $t-1$ 年政府政治关联指数；$NPCC_{it-1}$ 表示第 i 家公司 $t-1$ 年人大政协政治关联指数；$ARMY_{it-1}$ 表示第 i 家公司 $t-1$ 年军队关联

---

① 具体计算过程见本书第三章。
② 具体计算过程见本书第三章。

指数，$AEMA_{it-1}$ 表示第 i 家公司 $t-1$ 年政治交往成本，control 包含一组影响企业社会责任的滞后一期控制变量，具体包括企业规模（SIZE）、净资产收益率（ROE）、企业资产负债率（LEV）、企业是否聘请四大审计行（AUDITOR）、企业所有权性质（UCT）与是否建立政治联系（PC）。反映政府腐败程度的滞后一期变量 $ANTI1_{it-1}$，$ANTI2_{it-1}$，反映政府财政自给能力的变量 $FCLG_{it-1}$，反映政府社会治理能力变量 $GOVER_{it-1}$，以及反映地区经济发展水平变量 $PERGDP_{it-1}$。具体变量名和计算方式见表 5-1。

表 5-1　　　　　　　　变量名及变量说明

变量名	变量符号	变量定义
自变量		
政治影响力	PCIND	党政官员政治关联指数，按照表 3-1 计算
	NPCC	人大政协政治关联指数，按照表 3-1 计算
	ARMY	军队政治关联指数，按照表 3-2 计算
	PCINDC	中央党政官员政治关联指数，按照表 3-1 计算
	PCINDL	地方党政官员政治关联指数，按照表 3-1 计算
	AEMA	政治交往成本按照式 5-1、式 5-2 和式 5-3 计算
因变量		
企业社会责任	CSR	企业社会责任履行程度，根据 2004—2014 年年报和社会责任报告，运用 Wiseman（1982）的方法计算
	GOVERR	政府和公众责任
	EMPLR	员工责任
	SHARER	股东责任
	ENVIRR	环境责任
	CUSTR	消费者责任
	PARTER	合作伙伴责任
	COMMR	社区责任

续表

变量名	变量符号	变量定义
控制变量		
企业规模	SIZE	ln（企业年末总资产）
净资产收益率	ROE	年末净资产收益率
资产负债率	LEV	年末资产负债率
审计监督	AUDITOR	是否为四大审计行，0 表示不是，1 表示是四大审计行
每股收益	EPS	
控制人类型	UCT	企业最终控制人类型，1 表示为国有企业，0 表示非国有
控制变量		
	HIERARCHY	定序变量，国有企业控制人层级，3 表示央企，2 表示省级国有企业，1 表示地市级国有企业
政治关联	PC	企业是否聘请政府官员或者人大政协代表，0 表示无政治关联，1 表示有政治关联
政府治理能力	GOVER	政府就业治理能力＝地区城镇登记失业率－全省城镇登记失业率
政府腐败水平1	ANTI_1	地区基础设施支出/地区固定资产投资额，按照 Mauro（1998）和傅勇（2010）的方法计算
政府腐败水平2	ANTI_2	预算内教育投资额/预算内财政支出，按照 Mauro（1998）和傅勇（2010）的方法计算
财政自给率	FCLG	预算内财政收入/预算内财政支出，按照傅勇（2010）的方法计算
经济发展水平	PERGDP	人均地区生产总值

第三节 政治联系、政治交往成本与企业社会责任实证结果

一 描述性统计分析

如附表8 Panel A 所示，无政治关联企业履行社会责任 CSR 均值为 0.245，标准差为 0.115，低于有政治关联企业社会责任均值 0.256，并且从 Panel B t 检验结果来看，无政治关联组与有政治关联组 T 检验的 t 值为 -5.273，并且在 1% 水平上显著，初步说明政治关

联将促进企业履行社会责任。从企业政治交往变量可以发现,无政治联系组 AEMA 均值为 -0.253,显著低于有政治联系组 AEMA 均值 -0.128,其 t 值为 -5.893,在1%水平上显著,可以初步判断有政治关联组不当政治交往行为更多。

由附表9政治影响力相关系数表可以看出,政府政治关联 PCIND、人大政协关联 NPCC、军队关联 ARMY 以及政治交往 AEMA 均能与企业社会责任 CSR 在1%水平上显著相关。从自变量和控制变量相关系数来看,仅有 EPS 与 ROE 相关系数达到了0.609且在1%水平上显著相关。本章进一步利用 stata13.0 软件对式(5-1)进行多重共线性检验,检验结果发现:式(5-1)和式(5-2)控制变量 EPS 的方差膨胀,因此(VIF)值最大,为1.96;自变量平均方差膨胀因子 VIF 为1.32,因此各自变量之间不存在多重共线性。

为分析不同政治影响力与企业社会责任的关系,本章运用 stata13.0 软件对样本进行面板回归分析。式(5-1)和式(5-2)的 Hausman 检验值为1577.97,拒绝原假设,故采用固定效应模型。

二 政治影响力类型与企业社会责任关系初探

本章在控制企业规模(SIZE)、净资产收益率(ROE)等企业个体能力变量和上市公司注册地经济发展水平、地区腐败、政府财政自给能力等政府能力变量的滞后一期数据的基础上,利用式(5-1)检验了企业的政治影响力与企业社会责任的关系,回归结果见表5-2。在表5-2中,模型(1)—模型(4)分别为单独引入政府政治关联指数(PCIND)、人大政协政治关联指数(NPCC)、军队政治关联指数(ARMY)以及不当政治交往行为指数(AEMAO)的回归结果;模型(5)为添加所有政治影响力变量的回归结果。在控制相关因素前提下,模型(1)和模型(5)中,政府政治关联指数 PCIND 与企业社会责任 CSR 之间回归系数均为0.0003,在10%统计水平上显著。回归模型2中人大政协政治关联强度 NPCC 与企业社会责任 CSR 回归系数为 -0.0010,通过5%的显著性检验,说明人大政协类政治关联与企业社会责任之间呈负相关关系。但模型(5)中,NPCC 较模型(2)NPCC

系数显著性明显降低,进一步提示政治关联的类型对企业社会责任行为影响存在替代性。企业更希望建立与掌握实权的官员的政治联系,进而直接影响企业社会责任规制行为。模型(4)和模型(5)中政府政治交往指数 AEMAO 与企业社会责任 CSR 的相关系数均为 -0.0053,并且均在1%水平上显著,说明加强政府的交往,甚至说是政治寻租行为能显著降低政府对企业社会责任的规制强度,从而降低企业履行社会责任的程度。企业政治关联的类型与不当政治交往行为之间不存在替代关系。模型(3)和模型(5)回归结果说明,企业与军队的政治联系虽然能促进企业改善社会责任行为,但是在统计上并不显著。

表5-2 政治影响力变量逐步加入效应分析

	模型(1)	模型(2)	模型(3)	模型(4)	模型(5)
PCIND	0.0003 *				0.0003 *
	(1.687)				(1.7490)
NPCC		-0.0010 **			-0.0007
		(-2.1021)			(-1.4209)
ARMY			0.0011		0.0012
			(0.5118)		(0.5690)
AEMAO				-0.0053 ***	-0.0053 ***
				(-4.5568)	(-6.7068)
ANTI_1	-0.0167 ***	-0.0169 ***	-0.0167 ***	-0.0182	-0.0182 ***
	(-2.5896)	(-2.6220)	(-2.5904)	(-1.5137)	(-2.7391)
ANTI_2	0.0712 ***	0.0687 ***	0.0706 ***	0.0687 **	0.0673 ***
	(4.0602)	(3.9220)	(4.0278)	(2.1282)	(3.7500)
PERGDP	0.0121 ***	0.0121 ***	0.0121 ***	0.0117 ***	0.0117 ***
	(39.1771)	(39.2790)	(39.1263)	(15.6969)	(36.8419)
GOVER	0.0004	0.0005	0.0006	0.0003	0.0001
	(0.2245)	(0.2486)	(0.2950)	(0.1012)	(0.0764)
FCLG	-0.0252 ***	-0.0248 ***	-0.0248 ***	-0.0217 ***	-0.0219 ***
	(-5.1042)	(-5.0292)	(-5.0290)	(-2.5984)	(-4.3563)

续表

	模型（1）	模型（2）	模型（3）	模型（4）	模型（5）
ROE	-0.0012	-0.0008	-0.0012	-0.0025	-0.0023
	(-0.2391)	(-0.1578)	(-0.2231)	(-0.3941)	(-0.4308)
SIZE	0.0493***	0.0494***	0.0493***	0.0516***	0.0515***
	(36.0960)	(36.1351)	(36.1202)	(16.3700)	(35.3553)
LEV	-0.0231***	-0.0241***	-0.0235***	-0.0288**	-0.0288***
	(-3.8199)	(-4.0011)	(-3.8977)	(-2.5673)	(-4.6125)
AUDITOR	-0.0588***	-0.0583***	-0.0589***	-0.0587***	-0.0582***
	(-9.2850)	(-9.2109)	(-9.2971)	(-3.4787)	(-9.1018)
EPS	0.0037	0.0036	0.0037	0.0051	0.0051**
	(1.6408)	(1.5897)	(1.6261)	(1.2636)	(2.1319)
UCT	-0.0006	-0.0006	-0.0003	0.0020	0.0015
	(-0.1674)	(-0.1610)	(-0.0780)	(0.3234)	(0.3948)
PC	-0.0065***	-0.0037**	-0.0049***	-0.0042	-0.0053**
	(-3.1687)	(-1.9710)	(-2.7158)	(-1.4706)	(-2.3988)
_cons	-0.8640***	-0.8645***	-0.8646***	-0.9144***	-0.9119***
	(-30.2349)	(-30.2466)	(-30.2495)	(-13.6234)	(-29.9080)
N	11961	11954	11961	11245	11238
R-sq	0.396	0.397	0.396	0.399	0.399

注：1. 括号内为 t 值，***、**、* 分别表示通过显著水平为1%、5%和10%的检验。

2. 因本章研究变量划分层次较多，个别变量系数较小，为了更准确地表示各种变量分类的影响，本章数字保留小数点后4位。

三 不同产权下政治影响力与企业社会责任关系探讨

罗党论和杨玉萍（2013）认为不同产权性质企业的政治关联是有差异的。不同产权性质的企业在资源的控制能力、企业政治寻租行为选择、政治行为动机和经济后果上表现各异（黎文靖，2012）。因此，本书根据不同的企业所有者性质和是否具有政治关联进行分组回归，考察不同性质的企业，不同的政治影响力类型与企业履行社会责任的替代或者互补关系，回归结果见表5-3。

表 5-3，Panel A 部分为根据企业是否为国有企业、是否有政治关联进行的分组回归结果。从回归结果来看，非国有企业有政治关联的样本组，PCIND 系数为 -0.0009，并且在 1% 水平上显著，人大政协关系指数 NPCC（0.0016）和军队关联指数 ARMY（0.0141）均与社会责任间显著正相关；与之相反的是，国有企业具有高政治联系的样本组中①，政府政治关联指数 PCIND 系数却反转为 0.0006，并且在 1% 水平上显著正相关；而人大政协关系指数 NPCC（-0.0013）和军队关联指数 ARMY（-0.0010）。这一结果说明不同产权性质的企业政治关联与企业社会责任的关系间存在巨大差异，其背后可能隐藏了不同产权企业资源控制能力的差异以及建立政治联系，履行社会责任的不同行为动机。在非国有企业中，人大代表和政协委员通常是企业高管被选举产生，是企业的一种主动政治行为（杜兴强等，2010）。从部分当选代表的高管行为动机来看，一旦成为人大代表或政协委员将使企业进入一个新的政治环境，他们试图通过新的政治平台和关系，为企业谋求利益，而履行企业社会责任则成为维护代表声誉、维系政府关系的重要手段。因此这类代表关系更愿意履行"互惠型"社会责任。

为进一步探析国有企业强政治关联样本组在人大政协关系指数以及军队关联指数系数反转但在统计上不显著的原因，本书按照国有企业的层级对样本进一步进行细分，回归结果为表 5-3 Panel B。有趣的是，在地市级国有强政治关联样本组，政府部门的政治关联指数 PCIND 系数为 -0.006，并且在 5% 水平上显著，即地方国有企业通过强大的政府部门关联影响着社会责任规制的出台，从而有利于地方国有企业逃避企业社会责任；而地方政府为了政治升迁或者增加财政收入，乐于在不出现重大安全责任事故的基础上，使二者达到一个博

---

① 本书将具有政府、军队任职经历、担任人大代表或政协委员的企业经理、董事会、监事会认定为政治联系。由于国有企业具有天然政治联系，因此为与非国有企业的政治联系进行对比，本书将国有企业的经理人、董事会、监事会人员中具有政治背景的定义为国有企业强政治联系组；而将国有企业的经理人、董事会、监事会人员中均没有政治背景的定义为国有企业弱政治联系组。以下均采用此分类定义。

表5-3 产权性质与政治影响力对企业社会责任影响的分组回归

	Panel A				Panel B		
	非国有无政治联系	非国有政治联系	国有弱政治联系	国有强政治联系	市级国有强政治联系	省级国有强政治联系	央企强政治联系
PCIND	0.0000	-0.0009***	0.0000	0.0006***	-0.0006**	0.0009**	0.0016***
	(.)	(-2.6758)	(.)	(2.7173)	(-2.1160)	(2.2451)	(3.8069)
NPCC	0.0000	0.0017*	0.0000	-0.0013*	-0.0020**	0.0023	-0.0003
	(.)	(1.8848)	(.)	(-1.7486)	(-2.1293)	(1.5860)	(-0.1554)
ARMY	0.0000	0.0141***	0.0000	-0.0010	0.0010	-0.0118*	-0.0059
	(.)	(3.4547)	(.)	(-0.3538)	(0.2956)	(-1.8624)	(-0.6807)
AEMAO	-0.0050***	-0.0037**	-0.0055***	-0.0053*	-0.0080**	-0.0310*	0.0017
	(-4.7100)	(-2.4706)	(-2.6158)	(-1.8929)	(-2.1707)	(-1.7080)	(0.3766)
ANTI_1	0.0045	-0.0227	-0.0035	-0.0259**	-0.0263*	-0.0265	-0.0170
	(0.2909)	(-1.5209)	(-0.2405)	(-2.2984)	(-1.7491)	(-0.9967)	(-0.7553)
ANTI_2	-0.0356	0.0322	0.0325	0.0922***	0.0387	0.0707	0.2619***
	(-0.9070)	(0.7841)	(0.8689)	(2.7834)	(0.8570)	(1.0740)	(3.5860)
PERGDP	0.0099***	0.0112***	0.0126***	0.0109***	0.0103***	0.0065***	0.0129***
	(14.5512)	(14.4152)	(17.3726)	(19.0973)	(13.9821)	(3.8460)	(11.6825)
GOVER	0.0002	-0.0056	-0.0011	0.0017	-0.0023	-0.0010	0.0099
	(0.0474)	(-1.4343)	(-0.2467)	(0.5346)	(-0.5278)	(-0.1720)	(1.3251)

续表

	Panel A			Panel B		
	非国有无政治联系	非国有政治联系	国有弱政治联系	国有强政治联系	市级国有强政治联系	省级国有强政治联系	央企强政治联系
FCLG	0.0115	−0.0273**	−0.0152	−0.0391***	−0.0247*	−0.0543***	−0.0496***
	(1.1650)	(−2.4126)	(−1.4218)	(−4.1869)	(−1.9230)	(−2.6722)	(−2.7490)
ROE	−0.0131	0.0157	−0.0052	−0.0395***	−0.0460***	−0.0767***	−0.0171
	(−1.4484)	(1.3833)	(−0.3955)	(−3.8338)	(−2.6564)	(−3.9058)	(−0.9546)
SIZE	0.0474***	0.0397***	0.0510***	0.0672***	0.0540***	0.0806***	0.0677***
	(13.0054)	(13.5344)	(14.6068)	(22.9982)	(12.4590)	(14.1498)	(9.7898)
LEV	−0.0379***	−0.0474***	−0.0132	−0.0328***	−0.0426**	−0.0072	0.0209
	(−2.9470)	(−3.6771)	(−0.8871)	(−2.6648)	(−2.4368)	(−0.2877)	(0.7459)
AUDITOR	0.0416*	−0.0323*	−0.0956***	−0.0510***	−0.0601***	−0.0603***	−0.0499***
	(1.7759)	(−1.7110)	(−6.5750)	(−5.7421)	(−3.8961)	(−3.1431)	(−3.5430)
EPS	0.0037	−0.0154***	0.0019	0.0128***	0.0181**	0.0208**	0.0051
	(0.6983)	(−3.1251)	(0.3306)	(3.1508)	(2.9427)	(2.5556)	(0.6505)
_cons	−0.8273***	−0.6124***	−0.9192***	−1.2537***	−0.9584***	−1.5096***	−1.3524***
	(−10.9760)	(−10.1137)	(−12.6447)	(−20.4592)	(−10.6901)	(−12.4230)	(−9.2470)
N	2011	2453	2540	4234	1959	1088	1187
R−sq	0.355	0.341	0.395	0.423	0.410	0.438	0.443

注：1. 括号内为 t 值，***、**、* 分别表示通过显著水平为 1%、5% 和 10% 的检验。

2. 因本章研究变量划分层次较多，个别变量系数较小，为了更准确地表示各种变量分类的影响，本章数字保留小数点后 4 位。

弈均衡结果。换句话说，在地方国有企业样本组中，强政治关联强化了不履行社会责任的动机和躲避惩罚的能力，最终导致地方国有企业政治关联越强，企业履行社会责任越差。但是随着国有企业层级的提高，PCIND 转变为正相关。在省级以上国有企业组 PCIND 系数为 0.0009，在 5% 水平上显著；而在央企中 PCIND 系数提高到 0.0016，并且在 1% 水平上显著。同样有趣的是，AEMAO 对企业社会责任的负面影响同样伴随着国有企业层级的提高而逐渐降低，从地市级国有企业显著的负相关（-0.0080），反转到央企不显著的正相关（AEMAO 系数为 0.0017）。可以说，随着国有企业层级的提高，与政府政治关联强度强化了企业履行社会责任的行为。可以认为，由于非国有企业的资产规模显著低于地方国有企业和省级以上国有企业，此时非国有企业和地方国有企业并不能通过经济资源优势影响地方政府规制，从而获得地方政府保护；相反，他们倾向于通过与政府官员建立政治关联的方式，降低地方政府社会责任规制强度和监督频率，从而降低企业履行社会责任的程度。相对而言，政治关联强的省级国有企业与央企，政府政治关联强度与企业履行社会责任之间回归系数反转。支持了研究假设2。可能的解释是：第一，2008年1月和2011年11月，国务院国有资产监督管理委员会分别颁布了《关于中央企业履行社会责任的指导意见》和《中央企业"十二五"和谐发展战略实施纲要》强调中央企业责任意识。因此产权层级越高的企业，社会责任履行越好。第二，由于省级以上国有企业控制资源的能力更强，企业社会责任成为企业加强与政府关系的一种手段，以获取更高层次的经济利益，而不再依赖于地方保护降低地方性规制。第三，正如前文所述，自"绿色发展"理论提出后，各级政府将推进企业积极履行社会责任，促进经济和社会绿色、协调发展作为内驱动力。孙伟增等（2014）的研究已发现，随着地区经济发展，在一些经济发达、治理能力较强省份，率先将环境绩效、社会公共服务效益作为考核的关键。因此，省级以上政府对企业社会责任的要求也相应提高。只有积极履行社会责任的企业才能成为"受欢迎的企业"，培育良好的政企关系。

为进一步弄清不同产权性质与国有企业产权层级之间控制政治资源能力的差异与社会责任的关系，本书进一步将政府政治关联的层级划分为中央部门的政府关联指数 PCINDC 和地方政府部门的政治关联指数 PCINDL，回归结果见表 5-4。与国有企业样本组相比，非国有企业有政治关联样本组企业，无论是与中央部门还是与地方政府部门的政治联系均与企业社会责任存在负相关关系，相反聘请人大代表和政协委员却能促进企业履行社会责任。非国有企业建立政治联系的重要途径就是企业 CEO 或董事长当选人大代表或政协委员。因此这类民营企业或民营企业家更乐于成为明星企业或明星企业家，承担更多企业社会责任。通过高调的企业捐赠行为获得企业声誉和政治身份的认同。因此 NPCC 更多地解释为一种互惠型社会责任，存在利益的交换行为。同时本书也注意到无论是表 5-3 Panel B 央企与政府关联指数 PCIND，还是表 5-4 中央企与中央政府官员的政治联系 PCINDC，均表现为与企业社会责任 CSR 系数的显著正相关。验证了本书的假设 4 和假设 5，间接说明了央企领导的政治联系和履行社会责任的动机更多体现出对国家政策的积极响应，承担央企的社会责任。

表 5-4　　产权与政府联系层次差异对社会责任的影响

	非国有政治联系	国有高政治联系	市级国有高政治联系	省级国有高政治联系	央企高政治联系
PCINDC	-0.0021***	0.0018***	0.0001	0.0010	0.0026***
	(-3.4849)	(4.6640)	(0.1617)	(1.6164)	(3.9373)
PCINDL	-0.0003	0.0000	0.0011**	-0.0009***	0.0003
	(-0.8286)	(0.0152)	(2.5027)	(-2.6210)	(0.4640)
NPCC	0.0016*	-0.0013*	0.0024	-0.0020**	-0.0003
	(1.7720)	(-1.7711)	(1.6304)	(-2.1866)	(-0.1263)
ARMY	0.0144***	-0.0009	-0.0124*	0.0013	-0.0054
	(3.5333)	(-0.2935)	(-1.9376)	(0.3795)	(-0.6194)

续表

	非国有政治联系	国有高政治联系	市级国有高政治联系	省级国有高政治联系	央企高政治联系
AEMAO	-0.0037**	-0.0048*	-0.0311*	-0.0076**	0.0015
	(-2.4728)	(-1.7402)	(-1.7155)	(-2.0631)	(0.3308)
ANTI_1	-0.0224	-0.0262**	-0.0261	-0.0271*	-0.0159
	(-1.5006)	(-2.3316)	(-0.9806)	(-1.8082)	(-0.7087)
ANTI_2	0.0315	0.0899***	0.0695	0.0363	0.2690***
	(0.7691)	(2.7196)	(1.0560)	(0.8062)	(3.6828)
PERGDP	0.0113***	0.0109***	0.0066***	0.0105***	0.0129***
	(14.5739)	(19.1469)	(3.8684)	(14.2448)	(11.7163)
GOVER	-0.0056	0.0021	-0.0014	-0.0021	0.0116
	(-1.4384)	(0.6614)	(-0.2329)	(-0.4917)	(1.5490)
FCLG	-0.0277**	-0.0406***	-0.0540***	-0.0263**	-0.0501***
	(-2.4555)	(-4.3512)	(-2.6575)	(-2.0480)	(-2.7734)
ROE	0.0156	-0.0404***	-0.0761***	-0.0457***	-0.0160
	(1.3682)	(-3.9234)	(-3.8730)	(-2.6413)	(-0.8931)
SIZE	0.0398***	0.0674***	0.0803***	0.0534***	0.0680***
	(13.5738)	(23.1354)	(14.0252)	(12.3322)	(9.8296)
LEV	-0.0449***	-0.0330***	-0.0091	-0.0420**	0.0165
	(-3.4754)	(-2.6894)	(-0.3637)	(-2.4074)	(0.5892)
AUDITOR	-0.0330*	-0.0523***	-0.0591***	-0.0591***	-0.0509***
	(-1.7484)	(-5.8976)	(-3.0776)	(-3.8382)	(-3.6041)
EPS	-0.0147***	0.0130***	0.0204**	0.0187***	0.0044
	(-2.9778)	(3.2081)	(2.5025)	(3.0389)	(0.5626)
_cons	-0.6167***	-1.2577***	-1.5038***	-0.9473***	-1.3544***
	(-10.1925)	(-20.5594)	(-12.2730)	(-10.5675)	(-9.2590)
N	2453	4234	1088	1959	1187
R-sq	0.343	0.425	0.439	0.412	0.443

注：1. 括号内为 t 值，***、**、* 分别表示通过显著水平为 1%、5% 和 10% 的检验。

2. 因本章研究变量划分层次较多，个别变量系数较小，为了更准确地表示各种变量分类的影响，本章数字保留小数点后 4 位。

四 政治关联、政治寻租对企业社会责任各个维度影响

本书将社会责任按照社会责任的利益相关者细分为 7 个维度，以政治关联的企业为样本，利用式（5-2）分别探求政治影响力类型对企业社会责任各个维度的关系，其回归结果如附表 10 所示。正如张川（2014）所揭示的，企业对社会责任各个维度的关注存在战略选择的现象。在区分企业产权性质后发现，不同企业产权性质、不同的政府干预程度使得企业内部各种政治类型选择社会责任的动机存在巨大差异。对非国有企业来说，政府部门关联将降低企业主动承担政府和公众、员工、环境和合作伙伴的责任；人大和政协关联会显著增加企业与政府和公众的责任；与军队的政治关联将显著提高政府和公众、员工责任的履行程度；但是与政府部门的不当的政治交往指数将会降低政府与公众、股东责任。非国有企业表现出来在企业社会责任各个维度的选择，与企业政治资本投资的动机密切相关。我们可以理解为，对于人大代表、政协委员加强政府与公众责任是企业赢得公众关注、增强社会美誉度、维系政府关系的重要途径，委员的利益和动机与加强政府与公众责任具有内在一致性，因为该类政治联系可以增强政府与公众的社会责任；我们可以发现，政府会对企业遵纪守法、纳税、员工福利和安全生产、环境和消费者责任方面出台法律法规，通过法律和行政手段进行规制。而政府官员的政治联系公众关注度降低。企业通过政治寻租行为是可以改变规制行为的强度和影响规制政策的出台的，因此与政府官员的联系与企业不当政治行为更多地表现为对企业社会责任各个维度的负向影响。

相对而言，国有企业在政治影响力与企业社会责任的各个维度的选择上和行为动机上异于非国有企业。对国有企业来说，与政府官员的联系更多地表现为对政府与公众、环境和消费者责任的显著正相关关系；人大代表和政协委员却正好相反，表现为股东、环境和消费者责任的负相关关系；军队政治关联表现为企业社会责任各个维度的不相关。我们注意到，企业不当政治交往行为更多地表现为政府与公

众、员工、股东的负相关关系,但却表现为对合作伙伴的正相关关系。出现上述现象的原因可能在于:一是国有企业领导更乐意响应国家号召,主动承担国有企业社会责任,在政府关注度较高的社会责任维度上表现出较高的关注度;二是不当政治行为表现为避免事后惩罚的补救措施,因此无论是国有企业还是非国有企业更多地表现为社会责任各个维度的负相关关系;三是国有企业政府政治关联、人大政协关联、军队关联对股东责任没有显著的负相关关系;不当政治交往行为与股东责任显著负相关。与此同时,企业不当政治交往行为与合作伙伴责任的显著正相关关系。

第四节 本章小结

本章在区分显性政治联系和隐性政治联系的基础上,构建了中国上市公司政治影响力指数,进而从政治寻租角度探讨企业政治影响力与企业社会责任的关系。本章首先将企业对政府的政治影响力区分为通过聘任关系形成的显性政治联系和灰色行为形成的隐性不当政治交往行为。其次,本章用异常管理费用作为不当政治行为指数的替代指标。研究发现不当政治交往行为与企业社会责任呈显著负相关。再次,本章比较并分析了不同产权性质和产权层级,政治关联类型与企业社会责任的关系。研究发现:伴随着国有企业控制权层级的提高,不当政治交往行为和政府官员关联指数对企业社会责任的负向作用逐渐降低,甚至表现为央企与政府官员的联系和企业社会责任之间的显著正相关关系。然而对非国有企业来说,人大代表和政协委员能促进企业履行社会责任。因为担任人大代表或政协委员是非国有企业主动融入政治圈子的一种方式,这种社会责任的动机更多的是在于履行"互惠型"社会责任,以换取更多的政府资源;而对国有企业来说,却表现出截然相反的关系和行为动机。最后,本章将社会责任按照社会责任的利益相关者细分为7个维度,分别探讨政治影响力类型对企业社会责任各个维度的关系。研究发现:政府部门关联指数将促进企业主动承担政府和公众的责任;人大和政协关联会显著降低企业消费者责任的履行程度；但是在一定程度上促进企业履行政府公众责任和社区责任；与军队的联系并不能显著影响企业履行社会责任的行为，无论哪个维度。但我们注意到，不当政治交往行为将显著地降低企业在政府和公众、员工、股东、环境、消费者等5个方面的社会责任履行程度。

第六章　俘获方式三：行业影响力与企业社会责任

行业协会的游说，为敏锐的俘获者企业提供了俘获政府的可乘之机。企业通过行业协会的游说，影响公共政策的行为，为政府和企业利益的交换披上了组织合法化的外衣。近十年来，国内外学者从市场经济发展程度、制度环境、文化环境等影响行业协会产生、功能的关键因素进行论证（Greenwood 等，2002；Kshetri 和 Dholakia，2009）。他们的研究普遍将协会作为一种减少交易成本的市场经济治理结构（李雪楠，2014；梁昌勇等，2016），从国家和社会的关系重点关注行业协会产生的制度环境和内部治理结构（龙宁丽，2014）。近年来，政治竞争的加剧，促使政治家更加关注行业协会的呼声，对行业协会的需求做出更多的反应（Govorun 等，2016）。因此，企业将参与行业协会和游说的支出视为一项重要的战略支出（Delmas 等，2016），而且这种支出为企业绩效带来的正向回报大于其他任何形式的政治策略（Sukuiassy 和 Nugent，2011；Hill 等，2013）。由此，管理学界开始关注行业协会与企业绩效（Sukuiassy 和 Nugent，2011；Hill 等，2013；Yen 等，2014）；行业协会与企业信用、融资关系（Liu 等，2016）；行业协会游说功能与企业社会责任规制的关系（Schaefer 和 Kerrigan，2008；Fremeth 和 Richer，2011；Delmas 等，2016）。

伴随战略社会责任的兴起，越来越多的学者将企业社会责任视为一种应对行业内外利益相关者的压力、实现企业价值的有效政治策略（Frynas 和 Stephens，2014；Lin 等，2015；Lock 和 Seele，

2016）。企业参与行业协会是企业社会责任政治战略得以实现的重要中介变量。当经济精英们注意到，行业协会背后蕴藏着巨大的政治资源的时候，行业协会很快沦为利益群体寻租的工具（李雪楠，2014）。一方面，这部分拥有敏锐政治嗅觉的企业精英，可以利用行业协会有限的游说和影响力，通过多种方式使企业的意志得以组织合法化。如：企业通过行业协会以正式或非正式的方式为政府部门提供咨询报告（金太军和袁建军，2011）；通过参加行业协会，游说和影响行业规制制定（田志龙等，2003）；协助政府实施政策、法规（李健，2013）；或者通过公众媒体制造有利于企业和行业的舆论影响，以期对产业政策产生影响（Schaefer 和 Kerrigan，2008；李雪楠，2014）。另一方面，精英企业察觉到行业协会对政府机构、政府官员的依赖关系，以及由此表现出对国家职能的延伸性。企业积极参与行业协会，积极地响应行业社会责任的号召，期望透过协会打通与政府沟通和意志表达的通道，获得更多的政治和经济收益。此时，行业协会和社会责任更多地扮演着政治影响力和政治资源的角色。显然，不同的行业协会来源，使得企业参与行业协会与履行社会责任的动机迥异。

本章在对行业影响力赋值的基础上，将企业经济规模、是否政治关联、企业产权性质等分别作为企业经济影响力和政治影响力的替代变量加以控制，重点探讨企业参与行业协会、参与行业标准制定与企业社会责任的关系，探究企业社会责任行为是否隐匿着企业竞争的本质要求。研究发现：企业参与专业行业协会不在多而在精。具体为：企业是否参与专业行业协会与企业社会责任的表现显著正相关；但企业参与专业协会的指数与企业社会责任的表现不相关；企业制定的行业标准更可能是企业能以较低成本实现的标准，因而表现出参与行业标准与企业社会责任正相关关系。企业参与行业标准越多，企业履行社会责任越好，其背后隐藏着企业竞争的本质要求。相反，企业需要参与不同类型的普通协会以拓宽企业的关系网络，获得更多的竞争信息和社会责任规制信息。因此，随着普通行业协会指数的增加企业社会责任不断改善。其次，在考虑企业产权条件下，参与行业协会并且

第六章　俘获方式三：行业影响力与企业社会责任

参与行业标准制定，是非国有企业获得行业优势资源的重要途径。因此，非国有企业会积极履行社会责任。对国有企业来说，行业协会对国有企业社会责任的影响并不显著。随着国有企业层级的提高，企业资源控制能力增强，企业对行业协会、行业标准以及社会责任的依赖程度显著降低。这种差异在地方国有企业和央企样本组尤其显著。最后，研究发现企业参与协会与企业社会责任各个维度的影响同样存在战略选择现象。

第一节　理论基础和研究假设

Delmas 等（2016）研究发现，2006—2009 年，美国公司花费超过 10 亿美元用于游说政府出台更加宽松的环境规制政策。而这种游说的花费被视为一种合理的战略花费。他们进一步分析认为，企业和行业协会的游说对社会责任规制以及由此为企业带来的价值贡献大于其他形式的政治活动。Fremeth 和 Richter（2011）、Delmas 等（2016）研究发现重污染行业以及环境绩效表现较差的企业表现出对环境责任、社会议题极大的关注度，这些企业花费大量金钱游说政府出台宽松的环境政策；相反，环境绩效表现较好的企业热衷于游说政府出台更加严苛的环境规制（Cho 等，2006）。这些现象的背后隐匿着企业通过社会责任实现其竞争优势、提高企业价值的真实目的。因为任何一项新的社会责任政策都将会产生政策的获胜者和政策的失意者（Shaffer，1995）。一项新的社会责任政策可以预见新的竞争优势的产生。对于那些更加环保、更具社会责任感的公司来说，能够用更低的生产成本来达到新政策所要求的环境标准（Reinhardt，1999）、满足 SA8000 人道生产标准；在严苛的新规制中，公司有更大的适应能力来应对新的立法或监管，这可以使获胜者企业从公共政策的获益中形成公司新的竞争优势（Shaffer，1995）。相反，那些在严苛社会责任规制中失意的企业，将因无法达到社会责任要求而面临行政处罚或行业挤出市场的惩戒。政府的社会责任规制转变为行业的进入壁垒。此时，企业通过淋漓尽致地发挥行业协会的游说功能实现其挫败竞争对手的险恶目的。但是，Schaefer 和 Kerrigan（2008）发现行业协会在企业社会责任规制形成和企业社会责任行为监督中扮演的角色并不是一成不变的。当行业外部利益相关者压力过大，企业社会责任的竞争优势不能更好实现的时候，行业协会更多地从行业的角度呼吁和促进行业企业积极履行社会责任，以维护行业企业的社会声誉。此时，行业协会由一个利益集团的被俘获者、游说者转变为政府促进社会责任的倡导者、政府期待的促进者。

按照逻辑推理，当公司高管成功参与行业协会并掌握行业话语权后，会通过内、外因的共同作用影响企业社会责任行为选择。其一，正如前文所述，行业协会可能是部分行政职能的延续，掌握协会话语权的企业，为获得更多的政治和经济利益，不得不自觉提升企业自身的"觉悟和社会责任感"，更加积极地履行社会责任，成为受欢迎的企业。其二，由于近年来行业报告媒体的关注和曝光率的增加，行业协会的"社会关注度"也随之增加，这种来自公众关注的压力极有可能迫使行业协会更加积极地推动行业企业履行社会责任，以满足社会大众的"诉求"。其三，参与行业协会并掌握行业协会话语权的企业，其本身具有相当的经济实力和规模。企业自身在清洁生产水平、管理水平上较高，能够为政府提供自身企业能达到的行业规制或研究报告，所以行业影响力与企业社会责任间是正相关关系。基于此，本章提出研究假设为：

H6-1A：企业参与行业协会与企业社会责任正相关。

H6-1B：企业参与行业标准制定与企业社会责任正相关。

在我国，由于正式制度的不完备性，企业规模、企业性质的差异使得企业在资源获取和控制力上存在显著差异。国有企业并不依赖于行业协会对政策的游说作用（李学楠，2014）。随着国有企业所有权层级的提高，对行业协会的依赖逐渐降低。非国有企业经济规模较小，企业资源控制能力较弱，非国有企业与政府沟的通渠道较少，因而，更加依赖通过行业协会或其他渠道接触政府，来实现其影响政策的目的。陈倩倩（2014）认为，行业协会或商会要么成为商人主动维护企业产权和利益进行游说等集体行动的重要载体，要么成为企业政治参与、建立主动政治联系的基础和重要桥梁组织。从行业游说等集体行动来看，一方面，行业协会扮演了政府行政管理的衍生工具；另一方面，行业协会可能成为行业精英企业获取利益的工具。非国有企业广泛参与商会或行业协会，从而开辟出一条通过自下而上的集体行动影响政策的通道。这个通道沟通企业与政府的联系，将企业分散的、模糊不清的个人意志转化为明确的、一致的组织意志，通过行业游说和行业影响力，左右政府的政策制定和执行。从换取更加实用的政策资源角度，参与普通行业协会，将促进民营企业积极履行社会责任，以提高企业声誉，进而增进政企关系。正如本书第五章所述，非国有企业领导担任人大代表政协委员，需要公众选举的议程和社会声誉的维系。因此，非国有企业参与普通行业协会将积极履行社会责任。基于上述分析，本章进一步提出研究假设如下。

H6-2A：非国有企业参与行业协会与企业社会责任正相关。

H6-2B：非国有企业参与行业标准制定与企业社会责任正相关。

H6-2C：国有企业参与行业协会与企业社会责任显著性降低。

H6-2D：国有企业参与行业标准制定与企业社会责任显著性降低。

企业社会责任是根据内外利益相关者对企业的不同压力和利益相关者黏合性做出的战略反应，这种观念得到了诸如石军伟等（2009）、申富平和袁振兴（2011）等学者的支持。因此，社会责任各个维度的差异是企业战略选择的结果。

从政府和行业协会两个重要外部相关者的关系来看：一方面，由于我国行业协会对政府具有强烈的依赖性，使得行业协会作为企业利益的代表，为政府献言建议的同时，需不断平衡政府和企业的关系，扮演好社会中介组织的角色。因此，中国的行业协会有动力积极推进行业企业履行政府责任，以增强政府对行业协会的认可度。另一方面，深谙行业协会游说的企业，将在行业协会的推动下，积极地履行政府责任，其目的是维持与政府的良好关系，缓解和降低政府在其他社会责任维度上的规制强度。因此，企业积极履行政府社会责任将有效降低其他维度社会责任的惩罚风险和履行成本，是一种极具价值的社会责任维度。同时，Delmas 等（2016）发现，相对于支持竞选等政治活动，游说活动可以针对具体的社会责任规制，比如对清洁生产等环境政策带来明确的贡献。根据龙丽宁（2014）研究，我国行业协会根据各自的功能和行业特性，提供相应的咨询和政策建议报告。依据企业不同的社会责任敏感程度和不同的内外利益相关者的压力和诉求，企业将通过行业协会实现不同的社会责任行为选择。本章提出以下研究假设：

H6-3：行业协会对企业社会责任各维度影响不同。

第二节　数据来源与设计说明

一　研究样本说明

本章在中国上市公司分行业企业社会责任数据库（2004—2014）和上市公司规制俘获数据库（2004—2014）的基础上，剔除上市公司注册地所在地区、财政预算收入、财政预算支出、固定资产投资以及公司资产负债率等财务指标严重缺失的样本，得到样本观察值14694个。为保证指标的可比性，地区经济发展水平、财政收入等指标均以地级市为统计口径，其中北京、天津、上海和重庆4个直辖市以及15个副省级城市以区为统计单位进行数据收集，数据来源于《中国城市发展年鉴》，缺失数据通过中国统计信息网和各地区统计局网站公布的《国民经济和社会发展统计公报》以及地区政府工作报告进行补齐。中国上市公司社会责任数据库（2004—2014）通过上海证券交易所和深圳证券交易所公布的上市公司年报、社会责任年度报告（可持续发展报告）手工整理，运用内容分析方法进行评价获得。在上市公司规制俘获数据库（2004—2014）中，企业高管参与行业协会信息来源于沪深两市网站上市公司2004—2014年年报的整理；上市公司2004—2014年公司财务数据来源于CSMAR数据库，缺失数据用

CCER 数据库和企业年报进行补齐。为了避免离群值对拟合结果的偏误，本书利用 Winsorized 方法对变量进行了上下 1% 的缩尾处理。

二 研究模型设计

$$CSR_{it} = \beta_0 + \beta_1 \times PAI_{it-1} + \beta_2 NPAI_{it-1} + \beta_3 STA_{t-1} +$$
$$\beta_4 Dum\_PAI\#Dum\_STA + \beta_5 control_{it-1} + \varepsilon_{it} \quad 式（6-1）$$

$$CSR_{itj} = \beta_0 + \beta_1 \times PAI_{it-1} + \beta_2 NPAI_{it-1} + \beta_3 STA_{t-1}$$
$$+ \beta_4 Dum\_PAI\#Dum\_STA + \beta_5 control_{it-1} + \varepsilon_{it}$$
$$式（6-2）$$

CSR_{it} 为第 i 家企业第 t 年履行社会责任得分，CSR_{itj} 为第 i 家企业第 t 年第 j 个维度的社会责任得分，分别为 GOVERR、EMPLR、SHARER、ENVIRR、CUSTR、PARTER、COMMR。来源于上市公司 2004—2014 年年报、社会责任报告以及相关网站信息收集和整理后得到的评分；为避免模型变量的内生性问题，故本书采用自变量的滞后一期项。故，PAI_{it-1} 分别表示第 i 家公司 $t-1$ 年参与专业行业协会指数；$NPAI_{it-1}$ 表示分别表示第 i 家公司 $t-1$ 年参与非专业行业协会指数；STA_{t-1} 表示分别表示第 i 家公司 $t-1$ 年表示参与制定行业标准的指数；$Dum\_PAI\#Dum\_STA$ 表示第 i 家公司 $t-1$ 年参与专业行业协会与参与行业标准制定的交互效应，control 影响企业社会责任的滞后一期控制变量，具体包括企业规模（SIZE）、净资产收益率（ROE）、企业资产负债率（LEV）、企业是否聘请四大审计行（AUDITOR）、企业所有权性质（UCT）与是否建立政治联系（PC）。反映政府腐败程度的滞后一期变量 $ANTI1_{it-1}$，$ANTI2_{it-1}$；反映政府财政自给能力的变量 $FCLG_{it-1}$，反映政府社会治理能力变量 $GOVER_{it-1}$，以及反映地区经济发展水平变量 $PERGDP_{it-1}$。具体变量说明见表 6-1。

表 6-1　　　　　　　变量名及变量说明

变量名	变量符号	变量定义
自变量		
行业影响力	PAI	专业协会影响力指数，按照表3-6计算
	NPAI	普通协会影响力指数，按照表3-6计算
	STA	行业标准，按照表3-6计算
	Dum_PAI	是否参加专业协会，虚拟变量，0表示没有参加，1表示参加
	Dum_STA	是否参与行业标准制定，虚拟变量，0表示没有参与，1表示参与
因变量		
企业社会责任	CSR	企业社会责任履行程度，根据2004—2014年年报和社会责任报告，运用Wiseman（1982）的方法计算
	GOVERR	政府和公众责任
	EMPLR	员工责任
	SHARER	股东责任
	ENVIRR	环境责任
	CUSTR	消费者责任
	PARTER	合作伙伴责任
	COMMR	社区责任
控制变量		
企业规模	SIZE	ln（企业年末总资产）
净资产收益率	ROE	年末净资产收益率
资产负债率	LEV	年末资产负债率
审计监督	AUDITOR	是否为四大审计行，0表示不是，1表示是四大审计行
每股收益	EPS	
控制人类型	UCT	企业最终控制人类型，1表示国有企业，0表示非国有
	HIERARCHY	定序变量，国有企业控制人层级，3表示央企，2表示省级国有企业，1表示地市级国有企业

续表

变量名	变量符号	变量定义
控制变量		
政治关联	PC	企业是否聘请政府官员或者人大政协代表,0 表示无政治关联,1 表示有政治关联
政府治理能力	GOVER	政府就业治理能力＝地区城镇登记失业率－全省城镇登记失业率
政府腐败水平1	ANTI_1	地区基础设施支出/地区固定资产投资额,地区基础设施支出/地区固定资产投资额,按照 Mauro（1998）和傅勇（2010）的方法计算
政府腐败水平2	ANTI_2	预算内教育投资额/预算内财政支出,预算内教育投资额/预算内财政支出,按照 Mauro（1998）和傅勇（2010）的方法计算
财政自给率	FCLG	预算内财政收入/预算内财政支出,按照傅勇（2010）的方法计算
经济发展水平	PERGDP	人均地区生产总值

第三节 描述性统计分析

附表 11 Panel A 为按照企业性质分类的行业协会影响力描述性统计分析,Panel B 为根据企业性质和政治关联分组的变量 t 值检验结果。本书发现,非国有企业参与行业协会的指数（PAI）为 5.834,高于国有企业 PAI 均值 4.046,并且 t 值检验结果为 12.074,并在 1% 水平显著；非国有企业普通协会指数（$NPAI$）均值为 7.406,显著高于国有企业普通行业协会指数（$NPAI$）均值 6.993,t 值检验结果为 2.563,并在 5% 水平显著。初步说明,由于产权差异,非国有企业的资源控制能力和影响力低于国有企业,非国有企业更加重视参与行业协会,进而获得影响政府决策的能力。

附表 12 为行业协会影响力变量的相关系数表。可以看出,参与专业协会指数 PAI、参与非专业的普通协会 $NPAI$ 和行业标准制定 STA 均与社会责任 CSR 在 1% 水平上显著相关。从自变量和控制变量相关系数来看,仅有 EPS 与 ROE 相关系数达到了 0.608,且在 1% 水平上显著相关。因此,本书进一步利用 stata13.0 软件对式（6－

1) 进行多重共线性检验。式（6-1）自变量的方差膨胀因子均值为1.23，最大方差膨胀因子变量（VIF）为 EPS（1.96）。故模型不存在多重共线性。

第四节 行业影响力与企业社会责任关系分析

一 行业影响力变量逐步加入与企业社会责任回归分析

本书利用 stata13.0 软件对式（6-1）进行 Hasuman 检验，其结果为1224.04，提示使用固定效应模型。因此在固定效应基层上，本章依次加入行业影响力变量，分析专业行业协会、普通协会、参加行业标准制定以及参与专业行业协会与参与行业标准制定的交互效应对企业社会责任的影响，其回归结果如表6-2所示。正如模型（1）所示，专业行业协会指数 PAI 系数为0.0003，并且在5%水平上显著，但结合模型（5）加入专业行业协会与制定行业标准的交乘项后的回归结果来看，企业加入专业行业协会比不参与任何专业协会的社会责任履行程度更好；但参与行业协会并不意味着参加越多对企业社会责任的改善就越大。参与最权威的专业协会、参与行业标准制定与行业协会指数间存在替代关系。模型（2）、模型（4）和模型（5）中参与普通行业协会 NPAI 系数为显著正相关关系，说明随着参与普通行业协会指数的增加企业社会责任改善更多；模型（3）、模型（4）和模型（5）中参与行业标准制定的次数 STA 为显著正相关关系，意味着参与行业标准制定次数越多企业履行社会责任情况越好。为什么企业参与行业标准制定、参加行业专业协会和参与普通协会对企业社会责任的影响会有如此大的差异呢？本书认为，参与专业行业协会更多的是在一个行业企业圈子内部，并不能带来企业社会关系网络或者社会资本的改善，因而只要参与一个权威的专业协会即可。而参与行业标准的制定更多地体现为行业话语权，企业制定的行业标准是参与标准制定企业本身，能够达到的企业社会责任标准，如清洁生产的标准、环境标准、消费者质量管理体系等。这些标准不断修正的背后隐藏着企业竞争的本质要求。正如 Yen 等（2014）所述，企业参加不同类型的普通行业协会，意味着企业高管能够拓宽企业的社会关系网络，获得更多的竞争信息和社会责任规制信息，甚至更多预见行业发展的信息和关键竞争力。与此同时，企业需要满足不同商会的社会责任期待，因此随着普通行业协会指数的增加，企业社会责任不断改善。

表 6-2　　　　　行业影响力变量逐步加入回归分析表

	模型（1）	模型（2）	模型（3）	模型（4）	模型（5）
PAI	0.0003**			0.0003**	0.0001
	(2.3182)			(1.9753)	(0.5974)
NPAI		0.0003***		0.0002**	0.0002**
		(2.6920)		(2.3127)	(2.2231)
STA			0.0009***	0.0009***	0.0006*
			(2.6958)	(2.6746)	(1.8281)
Dum_PAI#Dum_STA					
0#1					0.0084***
					(3.6290)
1#0					0.0242***
					(3.0744)
1#1					0.0374***
					(4.2682)
ANTI_1		-0.0170***	-0.0172***	-0.0173***	-0.0174***
		(-2.6293)	(-2.6662)	(-2.6774)	(-2.7037)
ANTI_2		0.0713***	0.0703***	0.0700***	0.0690***
		(4.0669)	(4.0070)	(3.9932)	(3.9396)
PERGDP		0.0121***	0.0121***	0.0121***	0.0121***
		(39.1531)	(39.1845)	(39.1791)	(39.2054)
GOVER		-0.0006	-0.0005	-0.0005	-0.0004
		(-0.3240)	(-0.2666)	(-0.2738)	(-0.1970)
FCLG		-0.0250***	-0.0249***	-0.0251***	-0.0256***
		(-5.0720)	(-5.0427)	(-5.0772)	(-5.1983)

续表

	模型（1）	模型（2）	模型（3）	模型（4）	模型（5）
ROE		-0.0012	-0.0007	-0.0011	-0.0012
		(-0.2283)	(-0.1401)	(-0.2072)	(-0.2264)
SIZE		0.0490***	0.0490***	0.0487***	0.0484***
		(35.9358)	(35.9865)	(35.6647)	(35.4656)
LEV		-0.0227***	-0.0231***	-0.0224***	-0.0221***
		(-3.7760)	(-3.8344)	(-3.7243)	(-3.6791)
AUDITOR		-0.0584***	-0.0590***	-0.0579***	-0.0580***
		(-9.2146)	(-9.3207)	(-9.1371)	(-9.1635)
EPS		0.0037	0.0035	0.0036	0.0035
		(1.6318)	(1.5589)	(1.5955)	(1.5505)
UCT		-0.0002	-0.0004	-0.0002	-0.0002
		(-0.0628)	(-0.1105)	(-0.0649)	(-0.0403)
PC		-0.0054***	-0.0048***	-0.0055***	-0.0055***
		(-2.9801)	(-2.6717)	(-3.0289)	(-3.0492)
_cons		-0.8595***	-0.8587***	-0.8545***	-0.8497***
		(-30.1331)	(-30.0927)	(-29.9187)	(-29.7765)
N		11961	11960	11960	11960
R-sq		0.396	0.396	0.397	0.399

注：1. 括号内为 t 值，***、**、* 分别表示通过显著水平为 1%、5% 和 10% 的检验。

2. 因本章研究变量划分层次较多，个别变量系数较小，为了更准确地表示各种变量分类的影响，本章数字保留小数点后 4 位。

二 按照企业性质进行分组回归

本章在控制企业规模（SIZE）、净资产收益率（ROE）等企业个体特征变量，上市公司注册地经济发展水平、地区腐败、政府财政自给能力等政府能力变量的滞后一期数据基础上，按照企业性质和政治关联进行分组回归，检验了企业的行业影响力与企业社会责任的关系，回归结果见表 6-3。从 Panel A 分组回归结果来看，对非国有企业来说，企业参加行业标准制定与参与专业行业协会的交互效应均表现为显著正相关。可以说与什么都不参加的非国有企业相比，参与专业行业协会并且参与行业标准制定，是非国有企业获得行业优势资源的重要途径，因此非国有企业会积极履行社会责任。这验证了 H6-2A 和 H6-2B 的研究假设。本书注意到非国有企业有政治关联样本组、非国有企业参与普通行业协会与企业社会责任显著正相关。可能的解释在于：诸如全国工商联等行业协会是非公制经济组织的重要商业组织。企业积极参与普通行业协会一方面可以扩大企业的社会关系网络，另一方面，非国有企业经营者为打通主动参与政治的通道，维系良好的社会声誉会积极履行社会责任。在 Panel A 中，仅国有弱政治关联组中参与专业行业协会 PAI 系数为不显著的负相关关系；在国有政治关联组中，仅参加行业标准制定比不参加专业协会与行业标准制定的样本其社会责任有显著的改善（交互效应为 0.0089，并且在 5% 水平上显著相关）。这提示我们企业性质可能是影响企业参与行业协会行为的重要影响因素，这终将导致企业社会责任行为的选择差异；相反，国有企业政治关联强弱对企业参与行业协会与社会责任行为选择的作用不显著。因此本书仅在区分企业产权层级差异条件下探讨国有企业所有权差异带来的行业影响力与社会责任关系的改变，回归结果如表 6-3Panel B。对国有企业层级进行分组回归后，可以发现，对资源控制能力相对较弱的市级国有企业来说，参加专业行业协会、参与普通协会和参与行业标准制定均能促进企业更多地履行社会责任；央企仅表现为参加专业行业协会比不参加行业协会能显著改善企业社会责任的履行程度，但与参与专业行业协会和非专业协会的强度均为不显著的正相关。省级国有企业，其 PAI 和 $NPAI$ 系数均为显著的负相关。

表6-3 不同产权性质和政治关联下行业影响力与社会责任分组回归

	Panel A				Panel B		
	非国有无政治关联	非国有有政治关联	国有弱政治关联	国有强政治关联	市国企	省国企	央企
PAI	0.0004	0.0001	-0.0001	0.0002	0.0007**	-0.0010***	0.0005
	(1.3772)	(0.4557)	(-0.2724)	(0.7832)	(2.2944)	(-2.7929)	(1.2232)
NPAI	0.0002	0.0004*	0.0001	0.0001	0.0003*	-0.0005*	0.0002
	(0.8965)	(1.7472)	(0.2099)	(0.5224)	(1.6563)	(-1.7464)	(0.7817)
STA	0.0017***	0.0006	0.0015	0.0004	0.0006	0.0010	-0.0013
	(2.7926)	(1.0084)	(0.3874)	(0.7439)	(0.4531)	(1.6080)	(-0.9478)
Dum_PAI#Dum_STA							
0#1	0.0093*	-0.0005	0.0076	0.0089**	0.0082*	0.0271***	0.0043
	(1.8770)	(-0.1140)	(1.3430)	(2.2803)	(1.8971)	(4.3202)	(0.6710)
1#0	0.0420***	0.0053	0.0177	0.0026	-0.0058	0.0166	0.0652**
	(3.4089)	(0.3502)	(0.9249)	(0.1819)	(-0.4000)	(0.6873)	(2.5244)
1#1	0.0536***	0.0379**	0.0116	0.0214	0.0227	0.0582***	0.0159
	(2.6532)	(2.5745)	(0.3563)	(1.6093)	(1.2234)	(2.7337)	(0.6448)
ANTI_1	0.0021	-0.0178	-0.0055	-0.0283**	-0.0164	-0.0810***	-0.0007
	(0.1447)	(-1.2209)	(-0.3828)	(-2.5603)	(-1.4183)	(-3.9554)	(-0.0433)
ANTI_2	-0.0257	0.0825**	0.0405	0.0770**	0.0397	0.1006**	0.0915*
	(-0.6952)	(2.0617)	(1.0831)	(2.3598)	(1.2934)	(1.9668)	(1.7778)
PERGDP	0.0105***	0.0115***	0.0129***	0.0113***	0.0105***	0.0112***	0.0153***
	(16.7722)	(15.3242)	(17.7915)	(20.0376)	(19.8646)	(8.8377)	(18.4310)

第六章 俘获方式三：行业影响力与企业社会责任

续表

Panel A	非国有无政治关联	非国有有政治关联	国有弱政治关联	国有强政治关联	Panel B 市国企	省国企	央企
GOVER	-0.0032 (-0.9121)	-0.0021 (-0.5880)	-0.0018 (-0.4069)	0.0016 (0.5226)	-0.0026 (-0.7415)	-0.0071 (-1.5235)	0.0132** (2.4078)
FCLG	0.0072 (0.7614)	-0.0327*** (-2.9316)	-0.0198* (-1.8506)	-0.0392*** (-4.2464)	-0.0202** (-2.0783)	-0.0498*** (-3.8917)	-0.0139 (-1.0225)
ROE	-0.0071 (-0.8424)	0.0149 (1.3366)	-0.0061 (-0.5015)	-0.0331*** (-3.2611)	-0.0176 (-1.5906)	-0.0237 (-1.5633)	-0.0034 (-0.2329)
SIZE	0.0397*** (12.5549)	0.0406*** (14.6117)	0.0479*** (14.3550)	0.0657*** (23.0433)	0.0472*** (15.6955)	0.0676*** (16.1045)	0.0552*** (12.7342)
LEV	-0.0310** (-2.5699)	-0.0384*** (-3.0530)	-0.0137 (-0.9452)	-0.0304** (-2.5152)	-0.0031 (-0.2417)	-0.0129 (-0.6929)	-0.0044 (-0.2249)
AUDITOR	0.0405* (1.7807)	-0.0249 (-1.3109)	-0.0976*** (-6.6382)	-0.0516*** (-5.8789)	-0.0657*** (-5.5541)	-0.0668*** (-4.0674)	-0.0566*** (-4.8669)
EPS	-0.0026 (-0.5585)	-0.0168*** (-3.6824)	0.0011 (0.2174)	0.0109*** (2.7312)	0.0113** (2.5248)	0.0101* (1.6525)	0.0037 (0.6012)
_cons	-0.6736*** (-10.2992)	-0.6460*** (-11.2657)	-0.8505*** (-12.2332)	-1.2215*** (-20.4569)	-0.8509*** (-13.6286)	-1.2261*** (-13.6848)	-1.0481*** (-11.7165)
N	2205	2729	2620	4406	3231	1703	2092
R-sq	0.364	0.334	0.387	0.421	0.403	0.441	0.442

注：1. 括号内为 t 值，***、**、* 分别表示通过显著水平为 1%、5% 和 10% 的检验。
2. 因本章研究变量划分层次较多，个别变量分类各种变量分类的影响，本章数字保留小数点后 4 位。

三 行业影响力对企业社会责任各个维度的影响分析

从附表13行业协会与企业社会责任各个维度的分析来看,参加专业协会主要能促进企业履行公众、政府责任,也就是说参加行业协会也是企业参与政治的一种重要方式(陈贵梧等,2017),因此参与专业协会能促进企业更好地履行公众和政府责任;而参与行业专业协会与环境责任回归系数为0.0003,并且在10%水平上显著相关。正好印证了Cho等(2006)、Fremeth和Richter(2011)、Delmas等(2016)的研究,即环境规制的制定、更高的环境标准更多地表现为行业的进入壁垒,企业参与行业协会的目的就是为了将企业自身的清洁标准优势和企业私人的目的通过行业协会的方式转变为行业的声音,进而影响行业的竞争环境,因此参与PAI与环境责任表现为0.0003,并且在10%水平上显著相关。而企业参与非专业行业协会的目的可能更多的是扩展企业的社会关系网络,获得其他的竞争信息,因此NPAI更多地表现为与政府和公众、员工、环境、消费者以及合作伙伴的显著正相关关系。而企业能参与行业标准制定的范畴主要涉及员工生产、清洁生产等环境标准等,通过行业标准制定更多地体现企业在行业的话语权,将企业自身标准转变为行业标准,因此STA与员工责任、环境责任和合作伙伴责任显著正相关。

第五节　本章小结

本书认为,参与行业专业协会更多的是在一个行业圈子内部,并不能带来企业社会关系网络或者社会资本的改善,因而只要参与专业协会即可。而参与行业标准的制定更多的是体现行业话语权,企业制定的行业标准可能更多的是参与标准制定企业本身能够达到的企业社会责任标准,如清洁生产的标准、环境标准、消费者质量管理体系等。这些标准不断修正的背后隐藏着企业竞争的本质要求,然而参与普通商会则不同。参加不同类型的商会,不仅意味着企业高管能够拓宽企业的社会关系网络,获得更多的竞争信息和社会责任规制信息,甚至更多地预见行业发展的信息和竞争优势,而且意味着企业打开主动参与政治的通道。因此表现为:随着普通行业协会指数的增加企业社会责任不断改善。参与行业协会并且参与行业标准制定,是非国有企业获得行业优势资源的重要途径,因此非国有企业会积极履行社会责任。在国有强政治关联组中,仅参加行业标准制定比不参加专业协会与行业标准制定的样本组,其社会责任有显著的改善。可以认为,国有企业性质可能是影响企业参与行业协会行为的重要影响因素,其终将导致企业社会责任行为的选择差异;相反,国有企业的政治关联程度对企业参与行业协会与社会责任行为选择的作用不显著。因此本书进一步根据国有企业控制权层级分组回归发现:对资源控制能力相对较弱的市级国有企业来说,参加专业行业协会、参与普通协会和参与行业标准制定均能促进企业更多地履行社会责任;央企仅表现为参加专业行业协会比不参加行业协会能显著改善企业社会责任的履行程度,但企业社会责任与参加专业行业协会和非专业协会的强度均为不显著的正相关。从企业参加行业协会与企业社会责任各个维度的分析来看:企业参加专业行业协会,将显著提高企业履行政府责任和环境责任的水平;企业参加普通行业协会,将显著提高企业履行政府责任、员工责任、环境责任、消费者责任和合作伙伴责任的水平;企业参与行业标准的制定,将显著提高企业履行员工责任、环境责任和合作伙伴责任的水平。

第七章 "四位一体"嵌套治理框架

在对企业的经济影响力、政治影响力和行业影响力与企业社会责任关系分析之后，本书发现企业俘获政府、战略选择社会责任履行的程度、社会责任维度均在于寻求企业发展的关键资源。因此，本书认为从破除企业俘获政府的条件和途径入手，可以有效推进企业履行社会责任的进程。

第一节 "四位一体"嵌套治理框架

本书认为通过"自下而上"的方式，建立一个企业和地方政府普遍接受的社会责任执行标准（肖红军，2015），在国家层面上"自上而下"地推进企业社会责任的国家战略，逐步构建由政府、社会、行业协会与企业"四位一体"的治理体系（如图7-1）。图7-1中，企业社会责任战略的推进需要中央将其提高到国家推进的战略层面，由此形成相应的法律、法规、国家标准，构建起"多层次社会责任治理机制"和"统筹规划"的"超区域协同治理机制"。在区域内部形成以企业为核心的企业社会责任推进体系，针对企业的寻租和资源依赖问题，寻求企业社会责任寻租的破解策略；培育企业的社会责任自信息揭露机制和企业社会责任动力机制；引导企业将企业社会责任融入企业战略，推进企业由战略地履行社会责任到成为自觉的"企业公民"。提供金融中介服务、社会责任中介服务，将金融、财政补贴等与社会责任相结合可能是破解企业寻租的关键中观因素。防止群体性社会责任缺失、弥补政府监督缺乏的关键是引入多主体的社会责任监

第七章 "四位一体"嵌套治理框架

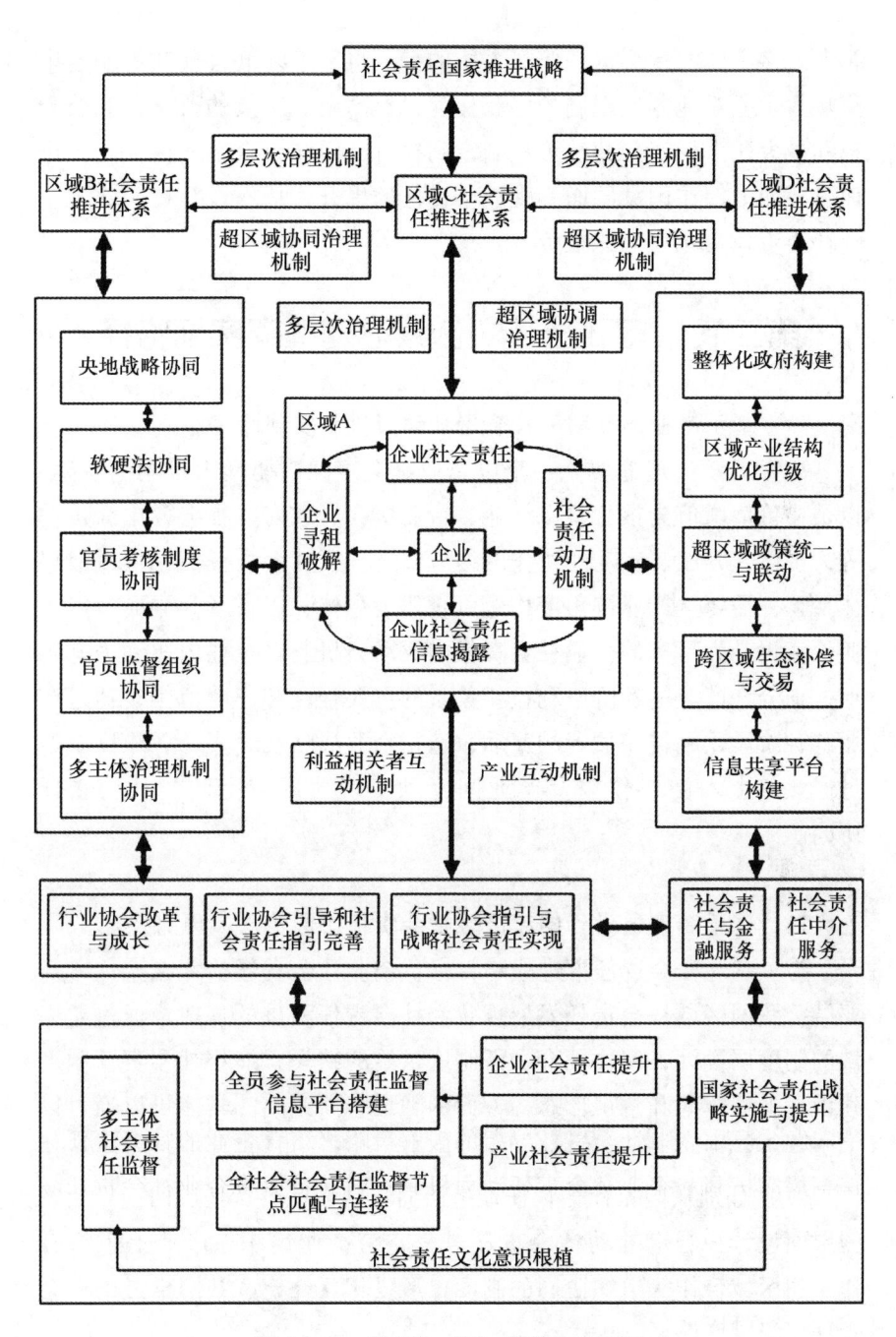

图 7-1 "四位一体"嵌套治理框架

督者。多主体的社会责任监督主体的引入将利于降低公共政策制定中影响力企业对地方性规制的俘获程度，提高政府决策的科学化和公众福利最大化水平。公共政策从制定到执行，回归公众福利最大化，进而自下而上地在国家层面实现社会责任的提升，从而在全社会实现企业社会责任文化意识的根植。

第二节 "四位一体"嵌套治理框架实施路径

一 基于产业链互动的社会责任动力机制实现路径

社会责任治理框架是一个以企业社会责任内驱动力机制为基础，以企业价值增值为核心，以企业、行业协会、政府、社会各中介机构等为主体，开放、互动的协作网络。因此，在社会责任国家推进战略体系下，需要从产业链角度构建以企业为主体，以市场为导向，以企业价值提升为目标的企业社会责任内驱动力机制。企业内驱动力基础上，细分全产业链各阶段利益相关者的重要程度和影响范围，通过产业链各阶段，利益相关者的互动，选择企业战略社会责任各维度。通过产业链上下游协作以及产业间互动实现超区域空间的社会责任协同。

二 基于制度层设计的超区域社会责任协同治理实现路径

为了实现社会责任推进战略目标，企业社会责任治理框架内，需要结合我国区域社会责任发展现状和社会责任演进的规律，通过超区域的制度层设计，解决社会责任制度供给的缺失，缩小社会责任制度建设在地理空间和意识形态等方面的隐形空间距离。具体可以通过以下策略来实现。

（1）分别从国家社会责任推进层面、区域社会责任层面、产业联盟层面设计和制定推动社会责任进程、跨产业组织、产业上下游合作、超区域合作等组织协同的制度，形成相互补充、共同推进的社会责任层级制度体系。

（2）构建具有预测功能和企业指引能力的社会责任测量和评估体

系，引导企业社会责任活动的目标和方向。通过评估结果指引，实现企业社会责任行为和企业资源的优化配置，提升企业战略社会责任效益，推动企业价值提升。通过声誉机制、消费者市场的正向引导、调动企业积极履行社会责任的积极性，避免市场"逆向选择"行为引发的群体性社会责任缺失行为。

三 基于社会责任文化根植的多层次治理机制实现路径

企业社会责任文化根植是国家推进社会责任战略得以实现的土壤。企业社会责任文化包括了国家层面的法律法规、超区域制度和组织的协同、产业链以及产业间社会责任协同的组织和制度，也包含了微观企业、社会公众等在内的文化建设等。从企业微观层次企业社会责任文化研究来看，Balch 和 Armstrong（2010）认为，不恰当的企业文化是铸就企业社会责任行为缺失的重要组织因素。良好的企业文化，可以通过共同的企业价值、行为规范等潜移默化地影响和促进企业做出符合社会规范的行为决策；在此氛围下，员工行为也表现得更加道德。反之，在一个道德缺失的企业文化下，即使较高道德标准的员工也可能会"近墨者黑"，接受或默认企业社会责任缺失行为（杨春方，2010）。因此在企业社会责任评价和指引中，引导企业将社会责任写入企业战略，并逐步建立和沉淀出良好的企业文化，是微观企业层社会责任的基本组织建设因素。从社会各层面来看，通过改善企业感知的产业外部社会责任认可度和社会责任道德标准认知度，进而通过产业文化环境影响企业社会责任价值取向。从多层次主体主动参与治理、主动监督的组织建设来看，可以通过全员参与社会责任监督信息平台搭建、全社会社会责任监督节点匹配与连接等组织的协同，减少多主体参与社会责任治理和监督的问题，增加参与途径，从而形成全员参与的氛围。最后，中国社会强调"和为贵"、强调"中庸"的文化思想，使得中国公众对企业社会责任缺失行为体现出更大的包容度（杨春方，2010）。因此对社会责任文化和主动监督行为的引导，积极维权的正面宣传和主张，是多主体、多层次治理机制现实的一个重要的文化促进因素。在此螺旋式上升的过程中，企业社会责任文化才能根植，进而更好地实现多层次社会责任治理的国家推进目标。

第三节 政府、社会、行业协会与企业社会责任"四位一体"嵌套框体系构建

一 多层次、多主体社会责任治理机制构建

多层次和多主体社会责任治理机制的引入，其目的在于：一方面，破解政府与企业合谋，降低社会责任规制的条件；另一方面，提高因政府监管缺位被发现的概率。具体来说包括：央地社会责任战略协同、软法与硬法协同、官员考核体系改革与协同、官员监督组织协同、多主体社会责任治理协同。

（一）央地社会责任战略协同

推进多主体、多层次的社会责任治理体系，需要在切实了解官员需求、改革官员考核制度基础上，确保中央和地方社会责任战略的一致性，做到战略协同，确保中央与地方社会责任目标的一致性，减少地方政府形成地方性保护的可能。本书认为，央地社会责任的战略协同，即围绕国家和区域未来发展战略目标形成中央和地方、企业和社会认可的社会责任治理目标。具体来说，中央和各省市，可借鉴区域经济一体化发展战略经验，按照"区域经济一体化、区域社会责任一体化、生态可持续发展与创新集聚"的思路，进行顶层设计。围绕已形成的经济圈和经济一体化区域，经过"自上而下"的沟通形成区域社会责任共同目标；在结合各地经济、政治治理水平的基础上，通过"自下而上"的推进方案形成，切实将社会责任共治、区域生态共治、共同责任融入到区域经济发展中，实现区域的社会责任与经济的同步发展。

（二）"软法"和"硬法"协同

从企业履行社会责任以及企业通过行业协会、参与行业标准制定的结果来看，"软法"虽不具有相应的法律效力，但是能成为约束企业的行为准则。因此，在推进企业履行社会责任的进程中，政府可强调"软法"的约束力，落实"软法"和"硬法"的协同。

汤道路（2007）认为，"软法"的第二特征是企业行为准则和行业指导标准。各个行业协会可根据行业特点提出符合行业特色的社会责任指导准则，作为行业"软法"的表征。如中国纺织工业协会起草实施的《中国纺织服装企业社会责任管理体系总则及细则（2008）CSC9000T》，由中国工业经济联合会、中国煤炭工业协会、中国机械工业联合会等11家行业协会联合发布的《中国工业企业及工业协会社会责任指南（第二版）GSRI – CHINA2.0》。只有加强行业社会责任评价的内容，进一步明确行业协会的功能和定位，才能更好地指导企业履行社会责任，限制行业协会自身的"自肥"行为。

（三）官员考核制度协同

本书认为：第一，在官员考核指标中要引入绿色生产总值指标（朱浩，2014），实现官员考核与传统GDP考核的"脱钩"；实现每万元地区生产总值/二氧化硫（二氧化碳）等污染指标；每万元地区生产总值/水、电、煤（能耗）指标的"挂钩"；核定地区增长与污染、能耗的增长指标和区间，从而弱化GDP在官员考核中的主导作用。第二，在运用统计指标的同时，引入气象指标、消协投诉、市长或省长热线投诉率等作为官员考核的关键变量，如年平均空气粉尘数、年度重度污染数、消协投诉处理率、市长热线投诉处理率、行风评价等。这样一方面增加社会公众的关注度，另一方面可以避免统计数据的失真。第三，为避免支柱企业通过边境迁徙等方式使地方政府做出环境规制的"竞低"措施，故考核体系中应引入周边地区气象、生态等考核指标，使得区域间实现社会责任政策协同。第四，官员考核中可引入财政社会责任补偿考核指标。由第三方审计机构给出获得社会责任补偿企业社会责任改善情况的合格率。

（四）官员监督组织协同

官员监督组织协同包括：跨区域社会责任体系中各个地方政府官员的监督，上下级官员、多主体、多层次监督主体等方面的匹配与协作。从组织结构设计层面来看，社会责任推进系统内部各级政府的结构设计需要与其他非政府组织、社会成员有效参与监督的有效节点匹配，共同搭建官员监督的平台；从组织管理流程来看，社会责任推进系统内部各个监督主体的管理流程需要与其他组织相匹配，以形成官员监督的开放式网络。从组织文化层面来看，开放的社会责任监督文化、积极的社会责任监督氛围、沟通顺畅的官员内外部关系能够实现整个社会责任推进系统资源的优化配置。

（五）多主体、多层次治理体制协同

机制协同是指社会责任治理系统内部各个组织在社会责任规制、政策和制度方面的匹配和统一，尤其是社会责任评价方法与体系方面的统一。通过组织间的制度协同能够以统一的标准来衡量不同组织的社会责任程度，对企业社会责任进行相对公平的评价。各级政府以及区域内主体间的政策与制度协同能够加快区域内组织间的合作速度、降低社会责任治理的交易成本、提升区域间各项经济和社会服务合作效率，使双方在合作过程中能更加顺利地接受对方的需求。

多主体社会责任治理机制协同强调政府与企业间，政府、企业与公众之间等多主体社会责任治理机制的协同。该机制的形成离不开政府通过顶层的社会责任推进制度设计，也离不开社会公众、中介组织的参与互动以及信息传递。本书认为，在政府、企业与社会的合作治理机制构建过程中，企业的自动力和社会责任信息推进是核心。推进企业社会责任的履行本身便是企业的自律性及政府和社会他律性的结合。正如前文所述，政府、行业协会因各自利益诉求的差异均存在背离公众利益的可能；企业依然存在自我规制缺失的可能，因而需要企业、中介组织、行业协会、社会公众等多个治理主体之间的有效联动（樊慧玲等，2011）。多主体治理体制的有效协同以制度健全和有效机制为基础，以降低各参与方的阻力、降低参与成本为保障。

多层次的社会责任治理强调中央与地方政府、地方政府与地方政府间、政府与非政府组织间的制度协同。多层次社会责任治理制度协同的基础在于理清各级政府的层级关系；发挥省级或跨区域整体政府"上下沟通，协同左右"的职能。在借鉴区域经济一体化发展思路和经验基础上，打破省级区域内各城市的诸侯条款，使得在地域或者经济地理上引力接近的地区率先实现经济和社会责任推进体系的地区间合作；通过解除贸易壁垒、扭转产业趋同、治理外部性污染、推动财政的生态补偿、打破要素流通障碍等措施实现区域经济与社会责任的协同发展与区域经济集聚。在一个省域内，各政府的协同主要问题是缺乏统一的规划、产业雷同、城市之间的横向联系不够等。因此需要加强城市间地方政府这一中观层面的联系。

二 社会中介组织的构建

社会责任不尽责的背后隐匿着企业对资源的获取和感知到的企业资源差异。金融、信息和社会责任评级机构等相关社会责任中介组织的有效建立，对社会责任推进系统的建立和完善起到积极的推动作用。通过组织协同与融合，实现社会责任推进系统内不同节点的有效连接和整个系统的优化和升级。

（一）社会责任金融服务支撑社会责任推进体系

遵循直接金融与间接金融相结合、支持大项目与中小微企业相结合、促发展与转变方式相结合、政策性金融与市场化操作相结合的原则，创新金融服务方式和金融产品，发展新型金融服务。

第一，银行业在国家层面的金融改革下深化社会责任风险管理。第二，信托业可通过创新社会责任信托产品，将社会责任评级纳入企业应用评级体系。第三，保险业应在制定长远发展战略的基础上，加强对社会责任高评级企业的支持。第四，完善社会责任金融业态，包括扶持社会责任投资、社会责任扶持金融等。第五，以社会责任评级为基础，强化社会责任金融政策支持和导向，优化各项具有社会责任信用评级的金融服务。

（二）建立健全社会责任中介服务体系

建立健全社会责任中介服务体系就要从体制和国家层面完善社会责任推进的组织体系和社会认证机制。同时构建完善的社会责任中介服务体系，需大力发展企业社会责任促进中心、社会责任指导服务中心、企业战略社会责任咨询机构、第三方社会责任评估机构等中介组织，实现跨区域社会责任服务中介机构组织网络化、功能社会化、服务产业化；需加强各类中介机构之间的联系与合作。同时，也要大力促进社会责任中介服务活动的社会化和产业化，制定社会责任中介服务行业标准，规范中介机构行为，避免中介组织被俘获的可能。

三 跨区域社会责任协同治理推进体系构建

企业社会责任的推进可借鉴污染和区域经济一体化跨区治理的经验，通过加强政府间合作和构建整体政府（张雪，2016），实现跨区域的社会责任协同治理推进体系。跨区域社会责任协同治理体系的构建，关键在于构建同级地方政府间、上下级地方政府间的共同利益基础，在经济、政治和社会利益上做到理性分割。跨区域社会责任治理机制的成功，要求以破除行政壁垒、消除地方保护为基础，培育竞争的市场环境，消除企业社会责任的政治效应。在经济和社会责任规制的跨区推进中，需要以政府间的民主协作为沟通原则，以改革跨区域的官员目标考核体系为制度保障，构建整体化的政府。在此，我们可借鉴京津冀雾霾共同治理方式和小东江流域生态协同治理的经验（张紧跟和唐玉良，2007），构建包括政府、环保联动、区域产业合作与升级、社会基础设施共享、区域生态财政补偿、交界区域联合监测在内的区域协同治理机制。

（一）区域产业合作与升级为经济基础

区域社会责任协同的一个核心问题在于经济发展与生态的协同。区域经济布局根植于地区自然生态环境和自然资源；区域产业的协同也依存于自然空间布局。因此，要想消除经济发展与污染的结构性问题，需要按照区域经济和产业集聚，打破行政区域壁垒，共同推动经济发展和环境协同治理，也就必须依托自然环境进行区域间产业的协作。具体内容包括：根据区域内河流（地面和地下）、风向等整体自然资源和环境情况，制定区域内经济发展和社会责任协同发展规划。一方面，可以避免区域内过度竞争、重复建设等问题，引导区域产业升级，逐步优化区域产业结构升级；另一方面，根据自然资源的优势，进行产业规划，避免或降低跨区污染；通过优化清洁生产物流路径，推进清洁生产的区域协作。在组织区域清洁生产时，要结合当地自然条件及环境，根据产业特点及物料的流向合理布局，充分考虑各行业在资源利用上的互补性；设计中可考虑将一种行业的废物用作另一种行业的原材料；充分考虑蒸汽、水等在不同行业间的梯级利用。因此，这些行业在空间布局上，可以相对集中，促使它们之间的废物利用和资源梯级利用在经济上可行。

（二）社会责任规制统一、联动治理为手段

首先，需要对区域内各自为政的社会责任相关规制进行清理，统一社会责任规制和执行标准。其次，建立社会责任联动治理体系。具体来说，社会责任联动治理包括：（1）通过水污染、空气污染等环保防治联席会议制度，构建生态共同治理的平台和沟通机制；（2）增设交界区域环境联合监测点，包括对交界水域、空气等监测数据，结合区域水域和风向等数据建立污染源走势区域污染防治数据库。（3）以环保监测数据为基础，构建生态保护和共同治理数据库，定期报告区域物种、污染等生态数据；形成环境分析与经济规划报告。

（三）污染付费和财政社会责任补偿为保障

第一层次以"谁污染谁付费"为基础，通过污染排放权拍卖和污染排放收费机制，限制污染企业负外部性；促进企业清洁生产方式的升级。第二层次通过生态双向补偿和财政横向补偿方式，通过区域财政生态补偿专项资金，专款专用，以交界区域环境监测数据为基础进行跨区域财政生态补偿（张紧跟和唐玉良，2007）。第三层次构建财政生态补偿的产业扶持政策。通过财政和税收分类管理，财政资金补偿，优先扶持清洁产业和社会责任优先评级产业等，改造、升级、优化现有区域产业结构，提升区域社会责任水平，实现经济与企业社会责任的协同发展。

（四）平台搭建为后盾

平台搭建包括区域社会责任项目、相关产业信息网络构建和社会责任监督平台两方面。一方面，通过社会责任产业和项目平台，构建区域社会责任项目、污染和环境保护政策、信息的互通机制。这将利于企业解读环境信息、区域社会责任规制、政策、最新执行标准和执行历程。另一方面，通过项目交互平台，可开展清洁生产项目交流协作、最新成果和项目展示、新技术应用、项目洽谈等；平台中积极引入中介和社会责任认证服务窗口，以带动区域内社会责任投融资、社会责任企业资质互认、环保技术应用等多层面的广泛协作。第二个平台是搭建社会责任监督体系平台，实现对社会责任企业资质认证、财政生态补偿、污染处罚、行业性标准制定、行业群体性社会责任缺失的监督，增强处罚的合理性、公允性。

四 推进行业协会改制与行业社会责任引导

（一）促进行业协会改制与行业协会成长

行业的官方性质、所具有的规制制定能力差异等使得行业协会在作为行业利益代表和影响力企业利益组织合法化代表间摇摆。因此，推进行业协会的改制与行业协会成长，是真正实现行业协会沟通和代表职能的关键。也就是，通过行业协会来促进企业与政府在企业社会责任政策条例、矛盾纠纷方面的沟通协调，实现企业与政府在企业社会责任问题上的有效沟通和相互协作。最后，行业协会应发挥监督职能，通过制定更加符合行业特点的监管条例和对行业内企业进行事先和细致的监管，实现对企业进行更加有效和具体的监督，弥补国家监督广泛性和盲目性的缺陷（占美红和叶兵，2012）。

（二）行业协会牵头制定分行业企业社会责任信息揭露指引

陈佳贵等主编并连续发布的《中国企业社会责任研究报告2009—2016》指出，我国公司对社会责任信息揭露积极性和揭露质量虽逐年提高，但在整体揭露质量上并不高。存在这种现象的可能原因：一是按照沪深两市社会责任信息揭露指引，上市企业对社会责任信息揭露为自愿揭露信息，因此各家公司并未引起足够重视；二是各上市公司并不清楚如何揭露，如何更好地编制社会责任报告，能更全面准确地反映企业履行社会责任的实际情况。因此，针对这种情况，本书认为可以根据各个行业的特殊社会责任和《上市公司社会责任信息披露指引》《中国社会科学院行业社会责任编制指南》编辑中国上市公司企业社会责任信息编制指引，从政府责任、员工责任、环境责任、股东责任、商业伙伴责任、消费者责任、社区责任等7个方面详细列明各行业企业需要揭露的条目、论述方式、揭露程度，特别是需要说明如何详细揭露行业特殊社会责任信息。针对行业特殊责任与商业伙伴责任公布比较薄弱的问题，行业协会更应该从行业全产业链角度，梳理企业上下游企业间的问题，撰写行业商业伙伴责任条目，规制行业企业商业伙伴责任，避免行业内大企业的恶意竞争和挤兑。

（三）行业协会和研究中心牵头企业社会责任年会

自2008年国际金融危机爆发后，中国经济逐步步入结构性调整时期，企业社会责任履行，企业内涵式发展为企业可持续发展注入新的动力。自2009年起，《南方周末》开始发起组织中国企业社会责任年会，并分别对国有、民营和跨国三大类公司的社会责任履行情况进行综合调研和评价。但从获奖项目来看，评选企业标准更多的是倾向于捐赠、扶贫、企业创新以及公益项目。而企业获奖后难以在资本市场上得到有效反馈，普通投资者和消费者也难以解读其信息，因此需要分行业召开企业社会责任年会，邀请科研院所以及研究人员参与年会，共同探讨行业企业社会责任的新项目、新动态、新趋势。通过大会宣讲，提高行业企业社会责任意识，更准确地把握企业社会责任的内容和动态，通过年会、社会责任评奖以增强企业社会责任的荣誉感和责任感，提高企业揭露社会责任信息的主动性。

（四）行业协会和专业研究机构引导企业战略履行社会责任

就中国上市企业履行社会责任的现状来看，绝大多数企业对社会责任认知仅停留在慈善和捐赠阶段；在企业积极捐助的同时，环境污染、质量安全、员工生产安全等不道德的行为频发。企业将社会责任简单等同慈善捐赠等经营费用。因此，通过专业机构和行业协会引导，理清企业竞争的本质和关键资源，探讨战略型社会责任观指导下，企业履行社会责任的边界，指导上市企业战略地选择社会责任项目，使得社会责任的维度和方式与企业战略保持一致，促使企业在做好事的同时也能做得好。换句话说，就是通过行业协会指引，企业战略履行社会责任，促进股东责任的实现。

（五）企业社会责任动力机制和社会责任自信息揭露机制培育

企业履行社会责任的自动力是企业社会责任嵌套框架得以有效实施的基础。企业是履行社会责任的主体。企业的主动嵌入与主动参与是整个机制有效运转的关键。然而，企业社会责任自动力机制需依靠社会责任自信息机制才能打通与利益相关者有效沟通的通道。事实上，企业自动力机制的推进和社会责任自信息的揭露过程，共同构成了企业与利益相关者的互动和社会参与的过程。企业越能自觉履行社会责任，企业与利益相关者互动的频率越强，那么企业与利益相关者的联系就越紧密。因此，企业社会责任动力机制和社会责任自信息揭露机制之间相辅相成。基于企业社会责任行为缺失的原因分析，本书认为企业社会责任的动力机制与自信息揭露需要以国家法律法规等硬法为保障，加重对不道德企业行为的处罚程度，提高政府和行业监管的力度，提高不道德行为发现的概率。通过一系列的法律法规和政策措施，将外部法律约束内化为企业履行社会责任的内部动力机制。

如前文所述，企业社会责任缺失，甚至行业性社会责任缺失的原因在于：企业感知到企业自身处于完全竞争市场，企业竞争的实质仍是低成本的竞争，而非以企业社会责任为基础的竞争。因此，与其说企业战略履行社会责任的原因在于获取企业发展的关键资源，获取竞争优势，不如说企业社会责任缺失的原因在于维持企业的生存。本书建议引导企业战略地履行社会责任，需要以合理界定企业与政府的利益、以保障企业的"成本和收益"为前提（叶静，2009）；在多主体监督和政策引导下，改善企业竞争的环境，通过财政生态补贴、社会责任等级认证使企业在履行社会责任的同时获得公正的回报；通过财政补贴等引导和培养消费者对高质量、高环保标准产品市场的需求，重塑消费者市场，降低消费者市场逆向选择行为；通过声誉机制将社会责任维度和具体内容融入企业经营项目，并将社会责任转变为与社会互惠和持续发展为基础的利润源泉。

研究结论、研究不足和研究展望

一 基本研究结论

目前，我国企业履行社会责任动机的根源在于企业和政府双方的资源依赖。首先，通过考虑行业特色的社会责任数据库（2004—2014）构建发现：我国上市公司社会责任呈现出逐年提高趋势，但行业间社会责任表现差距扩大。由于各行业利益相关者差异，我国各行业企业在社会责任各个维度上存在明显的社会责任战略选择现象。其次，本书量化并构建了包含企业经济影响力、政治关联信息、不当政治交往指数、行业协会指数在内的中国上市公司规制俘获数据库。通过该数据库可以发现：国有企业在经济影响力、政治影响力上显著高于非国有企业；企业社会资源的控制力将影响社会责任行为的选择，使得政府存在被企业俘获的可能。企业对政府掌握的关系企业发展的重要经济和政治资源的渴求，为企业俘获政府提供了动力。当企业面临社会责任规制改变时，企业可以通过企业经济影响力、政治影响力和行业影响力等途径来影响政策的制定、执行和监督。其结果就是，企业社会责任成为政府和企业双方相互博弈、合谋的结果。基于此，本书在考虑地方政府利益和政府异质性特征下，从规制俘获的视角探讨企业俘获政府的方式；遵循政府与企业双方资源依赖—相互博弈—规制俘获和规制合谋—企业社会责任的分析路径，从理论模型上解析企业社会责任规制形成和执行中政府被企业俘获的过程。通过客观的数据，分析企业俘获政府的各类影响力对企业社会责任的影响机制。本书对各个行业特殊社会责任的探讨，将企业社会责任评价向行业特色研究进行了推进；对企业俘获政府的条件和方式的探讨，将规制俘获的研究拓展到企业微观层面；形成规制俘获理论和企业社会责任研究的全新综合。具体研究发现和研究结论如下。

第一，本书第三章构建了考虑行业特殊社会责任议题的社会责任评价数据库、规制俘获与地方经济发展数据库。本书以独具特色的数据为基础，分析企业俘获政府的影响力与企业社会责任行为的关系。首先，通过考虑行业特色的社会责任数据库（2004—2014）构建发现我国上市公司社会责任呈现逐年提高趋势，但行业间社会责任表现差距扩大。由于各行业利益相关者差异，我国各行业企业在社会责任各维度上存在明显的社会责任战略选择现象。其次，本书量化并构建了包含企业经济影响力、政治关联信息、不当政治交往指数、行业协会指数在内的中国上市公司规制俘获数据库，发现国有企业在经济影响力、政治影响力上显著高于非国有企业。企业社会资源的控制力将影响社会责任行为的选择。

第二，本书第四章在考虑财政自给率，政府自治能力、地区经济发展状况下，依据门槛回归的质变点将政府行为划分为：强化市场型政府、转轨型政府和干预型政府，该结论为政府行为以及政府分类提供了新的客观依据。本章进一步对不同政府类型下，企业经济影响力与企业社会责任行为选择关系与社会责任各维度选择动机的研究，将研究的视角从企业角度，探讨企业产权性质、政治联系对企业社会责任的影响研究拓展到从政府和企业的双向互动角度，探讨企业经济影响力对企业社会责任行为的影响。这种研究思路有效地连接了政府和企业社会责任行为的研究，将企业社会责任行为差异和动机的探讨，根植于具体的政府行为和政策背景中，动态呈现不同政府行为下，经济影响力对企业社会责任行为的影响差异。研究发现：企业在地区经济发展中的影响力对企业社会责任的边际影响递减，在不同政府类型的分组回归系数中表现为由干预型政府中的显著负相关转变为转轨型政府中不显著负相关，进而在强化市场型政府中逆转为不显著的正相关。企业对就业和社会稳定影响力仅在转轨型政府中表现为显著负相关，而在干预型和完全市场型政府中表现为不显著正相关关系，但二者的行为动机却截然相反。事实上，企业对地方财政自给影响力是政府规制决策中首要的考虑因素。

第三，本书第五章从隐性和显性政治影响力两方面研究政治影响力与企业社会责任的关系。本书在第三章企业政治影响力分类计量基础上，进一步探索了不同产权性质和产权层次，不同产权性质和产权层次下，不当政治交往、政治关联类型、政治关联层次对企业社会责任的非对称性影响，并探求不同的行为动机。研究发现，企业不当政治交往行为与企业履行社会责任程度负相关。但在区分国有企业层级之后发现，伴随着国有企业控制权层级的提高，企业不当政治交往、政府官员关联对企业社会责任的抑制作用逐渐减低。相反，中央企业更愿意响应政府号召，积极履行社会责任，并且承担更多的社会责任。本书注意到，不当政治交往将显著地降低企业在政府和公众、员工、股东、环境、消费者等5个方面的社会责任履行程度。但是，人大代表和政协委员能促进非国有企业履行社会责任，以增加企业社会声誉度和美誉度。

第四，本书第六章将行业协会引入到企业社会责任研究中。本书在对企业的行业影响力进行刻画的基础上，探讨行业协会、行业话语权对企业战略履行社会责任的机制。这种思路扩展了规制俘获和社会责任理论研究的范畴。研究结论表明：参与行业标准的制定更多的是体现行业话语权，企业制定的行业标准可能更多的是参与标准制定企业本身能够达到的企业社会责任标准。若企业参与不同类型的普通协会，随着普通行业协会指数的增加，企业社会责任会不断改善。非国有企业，参与行业协会表现出较高的社会责任意愿。而从行业协会与企业社会责任各个维度的分析来看，企业参与行业协会和社会责任各维度存在战略选择现象。

二　研究中存在的不足

研究中存在的最大不足是手工收集原始资料的困难和事件估计不足，主要表现在：

（1）本书为保证分行业社会责任评价指标能真实体现行业的特色社会责任，故在前期研究中，比较深入地对我国上市公司各个行业产品特点、生产工艺流程特点进行了分析，但是这些分析耗费了笔者较多时间，致使本书完成周期较长。

（2）社会责任的计量方法一直是一个存在长期争议的话题，所以选用不同的计量方法将带来不同的评价结果，为了保证研究成果的稳健性，课题组花费大量时间进行了不同指标体系的构建和比较，这是前期研究所遇到的最大问题。

（3）社会责任评价资料收集是一个关键问题，课题组成员采用内容分析法对已有社会责任报告和沪深上市公司近11年的年报附注进行阅读整理。为保证评价结果的前后一致性，相似行业均由同一个人手工整理和分析，再由第二个研究人员进行复评，工作量大，时间周期较长。

（4）由于笔者数理和计算机编程能力相对薄弱，因此计量分析相对较为薄弱，使得论文的计量问题可能存在瑕疵。本书刚刚构思的时候，本想通过动态面板模型对政府自身资源能力、企业经济影响力与企业社会责任关系进行分析。但是在写作过程中，由于动态面板以及变量的内生性问题，导致这一问题的难度较大，所以最终只选择了静态面板门槛回归模型，对企业经济影响力与企业社会责任关系进行研究。

（5）本书中某些变量定义的内涵和外延可能存在偏颇，其替代指标也并非最优。例如，文中将企业政治影响力分成了显性的政治联系和隐性政治交往两类。而政治交往类联系国内文献缺乏准确的定义，因此用管理费用替代政治寻租指数，可能并不是完美的指标。

（6）本书以企业俘获政府的不同影响力作为企业俘获政府方式的代理变量，分别检验了不同俘获方式对企业社会责任履行的影响机制。相关分析和检验重点探讨了不同俘获方式对企业社会责任履行的独立影响作用，研究中通过对不同俘获方式下的各种其他潜在影响因素进行控制，保证了研究的科学性。但由于不同俘获方式的表现特征差异明显，而且涉及的控制变量非常多元、复杂，因此难以建立一个综合性的理论模型，将不同俘获方式对企业社会责任履行的共同影响作用进行刻画，也成为本研究的不足之一和未来研究的重点突破方向；此外，本书并未穷尽企业俘获政府的方式，例如企业可以通过专家影响力来影响政府规制，这也可成为作者未来的研究方向。

三 尚待进一步解决的问题

首先，本书在控制政府自身资源和能力基础上，分别从企业经济影响力、政治影响力、行业影响力等方面对企业俘获政府的途径以及企业社会责任行为差异进行了解释。但是行业规制的数量、强度差异是否带来企业社会责任的差异将是值得深入研究的问题。其次，笔者对政府多目标分解中，虽然提到了环境、社会等目标，但仍然以经济发展为政府发展的第一要务，但在2004年后，政府确立了和谐社会发展目标，因此分阶段对政府目标改变后的企业俘获方式的探讨以及对企业社会责任的影响效应仍需进一步地探讨。再次，本书虽区分了政治关联类型，但难以区分人大代表、政协委员的来源是高管主动获取还是聘请其成为高管，因此使得本书的研究可能会存在一些偏差。最后，本书虽然对行业协会按照层级进行了赋值，但未区分行业协会的性质，比如是国有企业还是完全的非营利性组织，行业协会是否具有制定行业标准的能力等，而这些问题的深入探讨可以进一步揭露企业参加行业协会的动机，通过行业标准制度、行业规则的议定是否隐匿了企业竞争的本质。

参考文献

陈佳贵、黄群慧、彭华岗等：《中国企业社会责任研究报告（2012）》，社会科学文献出版社2012年版。

傅勇：《中国式分权与地方政府行为：探索转变发展模式的制度性框架》，复旦大学出版社2010年版。

高宝玉、Dietmar R.、Edele A.：《中国地方政府推进企业社会责任政策概览》，经济管理出版社2012年版。

葛家澍、林志军：《现代西方会计理论》，厦门大学出版社2001年版。

黄群慧、彭华岗、钟宏武等：《企业社会责任蓝皮书：中国企业社会责任研究报告（2013版）》，社会科学文献出版社2013年版。

曼瑟尔·奥尔森（1965）：《集体行动的逻辑》，陈昕编、陈郁等译，上海三联出版社、格致出版社2001年版。

沈洪涛、沈艺峰：《公司社会责任思想：起源与演变》，上海人民出版社2007年版。

杨团、葛顺道：《中国慈善发展报告（2009）》，中国社会科学文献出版社2009年版。

钟宏武、张蒽、翟利峰：《中国企业社会责任报告（白皮书2011）》，经济管理出版社2011年版。

［法］让－雅克·拉丰：《激励与政治经济学》，刘冠群，杨小静译，中国人民大学出版社2013年版。

［法］让－雅克·拉丰、让·梯若尔：《政府采购与规制中的激励理论》，石磊、王永钦译，上海三联书店、上海人民出版社2004

年版。

［美］菲利普·科特勒、南希·李：《企业的社会责任》，姜文波译，机械工业出版社2011年版。

［日］青木昌彦：《比较制度分析》，周黎安译，上海远东出版社2001年版。

曹春方、傅超：《官员任期与地方国企捐赠：官员会追求"慈善"吗》，《财经研究》2015年第41期。

陈冬、范蕊、梁上坤：《谁动了上市公司的壳？——地方保护主义与上市公司壳交易》，《金融研究》2016年第7期。

陈贵梧、胡辉华、陈林：《行业协会提高了企业社会责任表现吗？——来自中国民营企业调查的微观证据，《公共管理学报》2017年第4期。

陈抗、Hillman A. L.、顾清扬：《财政集权与地方政府行为变化——从援助之手到攫取之手》，《经济学》（季刊）2002年第2期。

陈仕华、卢昌崇：《国有企业党组织的治理参与能够有效抑制并购中的"国有资产流失"吗?》，《管理世界》2014年第5期。

陈仕华、卢昌崇、姜广省等：《国企高管政治晋升对企业并购行为的影响》，《管理世界》2015年第9期。

陈维、吴世农、黄飘飘：《政治关联、政府扶持与公司业绩——基于中国上市公司的实证研究》，《经济学家》2015年第9期。

陈玉清、马丽丽：《我国上市公司社会责任会计信息市场反应实证分析》，《会计研究》2005年第11期。

戴亦一、潘越、冯舒：《中国企业的慈善捐赠是一种"政治献金"吗？——来自市委书记更替的证据》，《经济研究》2014年第2期。

董直庆、焦翠红：《环境规制能有效激励清洁技术创新吗？——源于非线性面板门槛模型的新解释》，《东南大学学报》（哲学社会科学版）2015年第2期。

杜兴强、陈辐慧、杜颖结：《寻租、政治联系与"真实"业绩——基于民营上市公司的经验证据》，《金融研究》2010年第10期。

杜兴强、周泽将、杜颖洁：《政府官员类政治联系、参政议政与盈余管理》,《会计与经济研究》2012 年第 1 期。

樊慧玲、何立胜、李军超:《试论社会性规制与 CSR 耦合的实现——制度框架、机制构建、路径及模式选择》,《经济经纬》2011 年第 3 期。

封思贤、蒋伏心、肖泽磊:《企业政治关联行为研究述评与展望》,《外国经济与管理》2012 年第 12 期。

甘思德、邓国胜:《行业协会的游说行为及其影响因素分析》,《经济社会体制比较》2012 年第 4 期。

高鹤:《财政分权、经济结构与地方政府行为:一个中国经济转型的理论框架》,《世界经济》2006 年 10 月。

高勇强、陈磊:《企业不当政治行为的类型、成因及治理》,《武汉理工大学学报》(社会科学版) 2009 年第 1 期。

高勇强、陈亚静、张云均:《"红领巾"还是"绿领巾":民营企业慈善捐赠动机研究》,《管理世界》2012 年第 8 期。

韩玉军、陆旸:《门槛效应、经济增长与环境质量》,《统计研究》2008 年第 9 期。

胡向婷、张璐:《地方保护主义对地区产业结构的影响——理论与实证分析》,《经济研究》2005 年第 2 期。

黄玖立、李坤望:《吃喝、腐败与企业订单》,《经济研究》2013 年第 6 期。

贾明、张喆:《高管的政治关联影响公司慈善行为吗?》,《管理世界》2010 年第 4 期。

姜玲、乔亚丽:《区域大气污染合作治理政府间责任分担机制研究——以京津冀地区为例》,《中国行政管理》2016 年第 6 期。

姜启军、苏勇:《基于社会责任的企业和社区互动机制分析》,《经济体制改革》2010 年第 3 期。

蒋硕亮:《转型期规制官员俘获问题及其防治策略》,《中国行政管理》2010 年第 11 期。

金太军、袁建军:《政府与企业的交换模式及其演变规律——观察腐败深层机制的微观视角》,《中国社会科学》2011 年第 1 期。

晋盛武、吴娟：《腐败、经济增长与环境污染的库兹涅茨效应：以二氧化硫排放数据为例》，《经济理论与经济管理》2014年第6期。

阚大学、吕连菊：《对外贸易、地区腐败与环境污染——基于省级动态面板数据的实证研究》，《世界经济研究》2015年第1期。

孔祥利、沙颖洁：《政府俘获行为的矫正与治理能力现代化》，《西北大学学报》（哲学社会科学版）2016年第3期。

黎文靖：《所有权类型、政治寻租与公司社会责任报告：一个分析性框架》，《会计研究》2012年第1期。

李后建、刘艳、臧敦刚：《腐败、贿赂与企业垂直整合》，《中国经济问题》2016年第2期。

李后建、马朔：《官员更替、政府管制与企业贿赂》，《公共行政评论》2016年第3期。

李健：《规制俘获理论评述》，《社会科学管理与评论》2012年第1期。

李健：《企业政治战略、政治性社会资本与政治资源获取——规制俘获微观机理的实证分析》，《公共行政评论》2013年第4期。

李健、陈传明：《企业家政治关联、所有制与企业债务期限结构——基于转型经济制度背景的实证研究》，《金融研究》2013年第3期。

李立清：《企业社会责任评价理论与实证研究：以湖南省为例》，《南方经济》2006年第1期。

李强、冯波：《环境规制、政治关联与环境信息披露质量——基于重污染上市公司经验证据》，《经济与管理》2015年第4期。

李姝、谢晓嫣：《民营企业的社会责任、政治关联与债务融资——来自中国资本市场的经验证据》，《南开管理评论》2014年第6期。

李四海、李晓龙、宋献中：《产权性质、市场竞争与企业社会责任行为——基于政治寻租视角的分析》，《中国人口·资源与环境》2015年第1期。

李四海、陆琪睿、宋献中：《亏损企业慷慨捐赠的背后》，《中国工业经济》2012年第8期。

李维安、王鹏程、徐业昆：《慈善捐赠、政治关联与债务融资——民营企业与政府的资源交换行为》,《南开管理评论》2015年第1期。

李香菊、刘浩:《区域差异视角下财政分权与地方环境污染治理的困境研究——基于污染物外溢性属性分析》,《财贸经济》2016年第2期。

李占乐:《中国公共政策制定中的规制俘获及其解决对策》,《廉政文化研究》2013年第5期。

李正、向锐:《中国企业社会责任信息的内容界定、计量方法和现状研究》,《会计研究》2007年第7期。

李子豪、刘辉煌:《腐败加剧了中国环境污染吗?——基于省级数据的检验》,《山西财经大学学报》2013年第7期。

连玉君、钟经樊:《中国上市公司资本结构动态调整机制研究》,《南方经济》2007年第1期。

梁昌勇、代钀、朱龙:《行业协会承接政府职能转移的作用类型及其实现机制:一项多案例研究》,《管理工程学报》2016年第1期。

梁莱歆、冯延超:《政治关联与企业过度投资——来自中国民营上市公司的经验证据》经济管理2010年第12期。

刘波、尉建文:《政治行为与社会公益:国有企业参与对口支援的机制分析(2006—2015)——以北京市49家国有企业为例》,《中国经济史研究》2017年第5期。

刘长翠、孔晓婷:《社会责任会计信息披露的实证研究——来自沪市2002—2004年度的经验数据》,《会计研究》2006年第110期。

刘颖斐、陈亮:《独董与其他高管的公司治理作用有差异吗?——基于政治关联与审计契约视角的检验》,《审计与经济研究》2015年第1期。

龙宁丽:《国家和社会的距离:寻求国家社会关系研究的新范式——基于对全国性行业协会商会的实证分析》《南京社会科学》2014年第6期。

卢代富:《国外企业社会责任界说述评》,《现代法学》2001年第3期。

卢正刚、赵定涛:《转轨国家政府俘获理论与中国公共管理变革》,

《北京行政学院学报》2005年第5期。

罗党论、应千伟：《政企关系、官员视察与企业绩效——来自中国制造业上市企业的经验证据》，《南开管理评论》2012年第5期。

罗党论、杨玉萍：《产权、政治关系与企业税负——来自中国上市公司的经验证据》，《世界经济文汇》2013年第4期。

聂辉华、张彧、江艇：《中国地区腐败对企业全要素生产率的影响》，《中国软科学》2014年第5期。

宁金成、张安毅：《社会责任、营利与公司本质——对公司社会责任观念的理性审视》，《中南民族大学学报》（人文社会科学版）2010年第3期。

牛晓燕、陈艳：《政治关联研究的述评与展望》，《理论学刊》2015年第3期。

潘红波、夏新平、余明桂：《政府干预、政治关联与地方国有企业并购》，《经济研究》2008年第4期。

乔坤元：《我国官员晋升锦标赛机制的再考察——来自省、市两级政府的证据》，《财经研究》2013年第4期。

申富平、袁振兴：《论企业社会责任的资源依赖性及其配置》，《河北经贸大学学报》2011年第3期。

申宇、傅立立、赵静梅：《市委书记更替对企业寻租影响的实证研究》，《中国工业经济》2015年第9期。

沈洪涛：《公司特征与公司社会责任信息披露——来自我国上市公司的经验证据》，《会计研究》2007年第3期。

沈洪涛、金婷婷：《我国上市公司社会责任披露的现状研究》，《审计与经济研究》2006年第3期。

沈洪涛、杨熠：《公司社会责任信息披露的价值相关性研究》，《当代财经》2008年第3期。

沈中华、林昌平：《金融发展对经济成长的影响——动态追踪资料门槛模型》，《经济研究（台湾）》2009年第2期。

石军伟、胡立君、付海艳：《企业社会责任、社会责任与组织竞争优势：一个战略互动视角——基于中国转型期经验的实证研究》，《中国工业经济》2009年11月。

宋献中、龚晓明：《社会责任信息的质量与决策价值评价——上市公司会计年报的内容分析》，《会计研究》2007年第2期。

孙伟增、罗党论、郑思齐、万广华：《环保考核、地方官员晋升与环境治理——基于2004—2009年中国86个重点城市的经验证据》，《清华大学学报》（哲学社会科学版）2014年第4期。

汤道路：《企业社会责任软法推进机制探析》，《学海》2007年第5期。

田志龙、高勇强、卫武：《中国企业政治策略与行为研究》，《管理世界》2003年第12期。

王成方、林慧、于富生：《政治关联、政府干预与社会责任信息披露》，《山西财经大学学报》2013年第2期。

王红领、李稻葵、雷鼎鸣：《政府为什么会放弃国有企业的产权》，《经济研究》2001年第8期。

王建琼、何静谊：《公司治理、企业经济绩效与企业社会责任》，《经济经纬》2009年第2期。

王贤彬、徐现祥：《地方官员晋升竞争与经济增长》，《经济科学》2010年第6期。

卫武：《中国环境下企业政治资源、政治策略和政治绩效及其关系研究》，《管理世界》2006年第2期。

魏杰、谭伟：《企业影响政府的轨道选择》，《经济理论与经济管理》2004年第12期。

魏志华、吴育辉、曾爱民：《寻租、财政补贴与公司成长性——来自新能源概念类上市公司的实证证据》，《经济管理》2015年第1期。

吴德军：《责任指数、公司性质与环境信息披露》，《中国财经政法大学学报》2011年第5期。

吴剑平：《道德逆向选择：国家创新战略实施中的规制俘获行为研究》，《科技进步与对策》2014年第18期。

吴炯、李保杰：《家族企业接班者的政治关联、人力资本与跨代创业行为》，《管理学报》2015年第11期。

肖红军：《"十三五"完善 CSR 推进机制的八大建议》，《WTO 经济导刊》2015 年第 11 期。

肖红军、张俊生、曾亚敏：《企业高管的政府背景与企业社会责任事件的溢出效应——基于"环保风暴"下金沙江水电项目紧急叫停案的研究》，《经济管理》2010 年第 9 期。

徐尚昆、杨汝岱：《企业社会责任概念范畴的归纳性分析》，《中国工业经济》2007 年第 5 期。

薛爽、洪昀、陈昕：《股权性质、政治关系与地方政府拉闸限电——来自有色金属行业的经验证据》，《金融研究》2013 年第 3 期。

杨德明、赵璨、曹伟：《寻租与企业绩效："绊脚石"还是"润滑剂"》，《财贸经济》2017 年第 1 期。

杨东进：《从政策扶持到政府蔽荫：过程、原因及其危害——基于中国轿车产业的探索性研究》，《产业经济研究》2013 年第 5 期。

杨瑞龙、王元、聂辉华：《"准官员"的晋升机制：来自中国央企的证据》，《管理世界》2013 年第 3 期。

姚圣：《政治关联、环境信息披露与环境业绩——基于中国上市公司的经验证据》，《财贸研究》2011 年第 4 期。

姚圣、程娜：《政治关联影响企业上交的排污费吗——基于重点环境监控企业的经验证据》，《经济与管理》2014 年第 1 期。

姚圣、梁昊天：《政治关联、地方利益、企业环境业绩——基于企业产权性质分类的研究》，《财贸研究》2015 年第 4 期。

叶静：《企业社会责任与政府规制问题研究》，《财经问题研究》2009 年第 8 期。

余汉、蒲勇健、宋增基：《民营企业家社会资源、政治关系与公司资源获得——基于中国上市公司的经验分析》，《山西财经大学学报》2017 年第 6 期。

曾明、华磊、彭小建：《财政自给、转移支付与经济增长间的门槛效应——基于省级面板门槛数据的分析》，《现代财经》（天津大学学报）2014 年第 6 期。

占美红、叶兵：《企业、政府、行业协会社会责任问题研究》，《安庆师范学院学报》(社会科学版) 2012 年第 3 期。

张川、娄祝坤、詹丹碧:《政治关联、财务绩效与企业社会责任——来自中国化工行业上市公司的证据》,《管理评论》2014 年 1 月。

张建君、张志学:《中国民营企业家的政治战略》,《管理世界》2005 年 7 月。

张金俊:《转型期"政府俘获"现象的一项社会学考察——以农村环境污染为例》,《长春理工大学学报》(社会科学版) 2013 年第 5 期。

张紧跟、唐玉良:《流域治理中的政府间环境协作机制研究——以小东江治理为例》,《公共管理学报》2007 年第 3 期。

张军:《中国经济发展:为增长而竞争》,《世界经济文汇》2005 年第 Z1 期。

张学刚、王玉婧:《环境库兹涅茨曲线——内生机制抑或规制结果?》,《财经论丛》2010 年第 4 期。

张雪:《跨行政区生态治理中地方政府合作动力机制探析》,《山东社会科学》2016 年第 8 期。

赵峰、马光明:《政治关联研究脉络述评与展望》,《经济评论》2011 年第 3 期。

郑志刚、李东旭、许荣等:《国企高管的政治晋升与形象工程——基于 N 省 A 公司的案例研究》,《管理世界》2012 年第 10 期。

陈倩倩:《制度环境、社会资本与家族企业——一个长历史时段的商人社会资本视角》,博士学位论文,浙江大学,2014 年。

靳小翠:《制度背景、企业社会责任与社会资本研究》,博士学位论文,华中科技大学,2014 年。

李学楠:《行业协会政治行动的逻辑与资源依赖结构——以上海市为例》,博士学位论文,复旦大学,2014 年。

刘长喜:《利益相关者、社会契约与企业社会责任》,博士学位论文,复旦大学,2005 年。

秦长江:《协作性公共管理:理念、结构与过程》,博士学位论文,上海交通大学,2012 年。

田培杰:《协同治理:理论研究框架与分析模型》,博士学位论文,上海交通大学,2013年。

朱浩:《财政分权、政府治理与中国经济增长》,博士学位论文,重庆大学,2014年。

Abbott Walter F. and Monsen, R. Joseph. "On the Measurement of Corporate Social Responsibility: Self-reported Disclosures as A Method of Measuring Corporate Social Involvement". *Academy of Management Journal*, Vol. 22, No. 3, 1979.

Akpalu Wisdom, Håkan Eggert and Vondolia Godwin K. "Enforcement of exogenous environmental regulation, social disapproval and bribery". *Journal of Behavioral and Experimental Economics (formerly The Journal of Socio-Economics)*, Vol. 38. No. 6, 2009.

Allouche Jos and Laroche Patrice "A Meta-Analytical Investigation of the Relationship between Corporate Social and Financial Performance". *Revue De Gestion Des Resources Humanies*, Vol. 57, No. 7, 2005.

Amalric Franck and Hauser Jason. "Economic Drivers of Corporate Responsibility Activities". *Journal of Corporate Citizenship*, Vol. 20, No. 12, 2005.

Backhaus Kristin B, Brett A. Stone and Heiner Karl "Exploring the Relationship Between Corporate Social Performance and Employer Attractiveness". *Business Society*, Vol. 41, No. 3, 2002.

Bae Sung C., Chang Kiyoung and Yi Ha-Chin. "Corporate social responsibility, credit rating, and private debt contracting: new evidence from syndicated loan market". Review of Quantitative Finance & Accounting, Vol. 50, No. 1, 2018.

Baker Andrew. "Restraining regulatory capture? Anglo-America, crisis politics and trajectories of change in global financial governance". *International Affairs*, Vol. 86, No. 3, 2010.

Balch R. Dennis and Robert W. Armstrong. "Ethical Marginality: The Icarus Syndrome and Banality of Wrong doing". *Journal of Business Ethics*,

Vol. 92, No. 2, 2010.

Bardhan Pranab and Mookherjee Dilip "Capture and Governance at Local and National Levels". *American Economic Review*, Vol. 90, No. 2, 2000.

BasakBayramoglu. "Boundary Pollution in the Black Sea: Comparison of Institutional Arrangements ". *Environmental and Resource Economics*, No. 5, 2006.

Basu Kunal and Guido Palazzo. "Corporate Social Responsibility: A Process Model of Sensemaking". *Academy of Management Review*, Vol. 33, No. 1, 2008.

Bauera Rob, Koedijkb, Kees and Ottenc Rogér. "International Evidence on Ethical Mutual Fund Performance and Investment Style". *Journal of Banking and Finance*, Vol. 29, No. 7, 2005.

Becchetti, Leonardo, Ciciretti, Rocco "Corporate social responsibility and stock market performance". *Applied Financial Economics*, Vol. 19, No. 16, 2009.

Bello Zakri Y. Socially "Responsible Investing and Portfolio Diversification". *Journal of Financial Research*, Vol. 28, No. 1, 2005.

Benson W. Bradley and Wallace N. Davidson III, Hongxia Wang, Worrell, D. L. "Deviations from expected stakeholder management, firm value, and corporate governance". *Financial Management*, Vol. 40, No. 1, 2011.

Berman L. Shawn, Phillips A. Robert and Wick C. Andrew. "Resource Dependence, Managerial Discretion and Stakeholder Performance". *Academy of Management Meeting*, 2017.

Bertrand Marianne, Kramarz Francis and Schoar Antoinette. "Politically Connected CEOs and Corporate Outcomes: Evidence from France". *working paper*, university of Chicago, No. 10, 2004.

Beschorner Thomas and Thomas Hajduk. "Responsible Practices are Culturally Embedded: Theoretical Considerations on Industry-Specific Corporate Social Responsibility". *Journal of Business Ethic*, Vol. 43, 2017.

Boléat Mark. Managing Trade Associations. London: Trade Association Forum, 2003.

Boubakri Narjess, Ghoul Sadok El and He Wang. et al. "Cross-listing and Corporate Social Responsibility". *Journal of Corporate Finance*, Vol. 41, 2016.

Bowman, H. Edward and Mason M. Haire. "A Strategic Posture Toward Corporate Social Responsibility". *California Management Review*, Vol. 18, No. 2, 1975.

Brammer Stephen and Millington Andrew "Firm size, organizational visibility and corporate philanthropy: an empirical analysis". Business Ethics: A European Review, Vol. 15, No. 1, 2006.

Bruch Heike, Walter Frank "The Keys to Rethinking Corporate Philanthropy". *MIT Sloan Management Review*, Vol. 47, No. 1, 2005.

Brummer James. "Corporate Responsibility an Legitimacy: An Interdisciplinary Analysis". *New York: Greenwood Press*, 1991.

Bures Oldrich. "Political Corporate Social Responsibility: Including High Politics?". *Journal of Business Ethic*, Vol. 129, 2015.

Cai Hongbin and Treisman Daniel. "Does Competition for Capital Discipline Governments? Decentralization, Globalization, and Public Policy". American Economic Review, Vol. 95, No. 3, 2005.

Cai Hongbin, Fang Hanming and Xu Lixin Colin. "Eat, Drink, Firms, Government: An Investigation of Corruption from the Entertainment and Travel Costs of Chinese Firms". Journal of Law and Economics, Vol. 54, No. 2, 2011.

Carroll B. Archie. "Business and Society: Ethics and Stakeholder Management". *Cincinnati: South-West*, 1993: 2.

Carroll B. Archie. "The Pyramid of Corporate Social Responsibility: Toward the Moral Management of Organizational Stakeholders". Journal of Business Horizons, No. (7−8), 1991.

CarrollB. Archie. "Three-Dimensional Conceptual Model of Corporate Social Performance". *Academy of Management Review*, No. 4, 1979.

Cespa, Giovanni and Cestone Giacinta. "Corporate Social Responsibility and Management Entrenchment". *Journal of Economics and Management Strategy*, Vol. 16, No. 3, 2007.

Chan Anita. A " 'Race to the Bottom' Globalization and China's Labour Standards". China Perspectives, Vol. 46, 2003.

Chang Yuan, Shen, Chung-Hua and Lee Chin-Chi "Employee Stock Options and Business Performance—Applying a Counterfactual Framework. (In Chinese. With English summary)". *Taiwan Economic Review*, Vol. 39, No. 3, 2011.

Chen Zongshi and Cao Yang. "Chinese Private Corporate Philanthropy: Social Responsibility, Legitimacy Strategy, and the Role of Political Capital". *Chinese Sociological Review*, Vol. 48, No. 2, 2016.

Chih Hsiang-Li, Chih Hsiang-Hsuan and Chen Tzu-Yin "On the Determinants of Corporate Social Responsibility: International Evidence on the Financial Industry". *Journal of Business Ethics*, Vol. 93, No. 1, 2010.

Cho H. Charles, Patten M. Dennis and Roberts W. Robin. "Corporate political strategy: An examination of the relation between political expenditures, environmental performance, and environmental disclosure". *Journal of Business Ethics*, Vol. 67, 2006.

Claessens Stijn, Feijen Erik and Laeven Luc "Political connections and preferential access to finance: The role of campaign contributions". *Journal of Financial Economics*, Vol. 88, No. 3, 2008.

Cochran, L. Philip and Wood, A. Robert. "Corporate Social Responsibility and Financial Performance". The Academy of Management Journal, Vol. 27, No. 1, 1984.

Conner R. Kathleen. "A Historical Comparison of Resource-Based Theory and Five Schools of Thought Within Industrial Organization Economics:

Do We Have A New Theory of The Firm?". *Journal of Management*, Vol. 17, No. 1, 1991.

Dam Lammertjan, Michael Koetter and Bert Scholtens, "Why Do Firms Do Good? Evidence from Managerial Efficiency?". *CORE Working Paper*, 2009.

Delmas Magali, Lim Jinghui and Nairn-Birch Nicholas. "Corporate Environmental Performance and Lobbying". Academy of Management Discoveries, Vol. 2, No. 2, 2016.

Deng Guosheng and Kennedy Scott. "Big Business and Industry Association Lobbying in China: The Paradox of Contrasting Styles". *The China Journal*, Vol. 63, No. 1, 2010.

Detomasi David Antony. "The Political Roots of Corporate Social Responsibility". Journal of Business Ethics, Vol. 82, 2008.

Erwin Eding and Bert Scholtens. "Corporate Social Responsibility and Shareholder Proposals". *Corporate Social Responsibility and Environmental Management*, Vol. 24, No. 6, 2017.

Faccio Mara and Parsley Davie. "Sudden Deaths: Taking Stock of Geographic Ties". *Journal of Financial and Quantitative Analysis*, Vol. 44, No. 3, 2009.

Faccio Mara, Masulis Ronald W. and McConnell, John J. "Political Connections and Corporate Bailouts". *Journal of Finance*, Vol. 61, 2006.

Falck Oliver and Heblich Stephan "Corporate Social Responsibility: Doing Well by Doing Good". *Business Horizons*, Vol. 50, 2007.

Fama, Eugene F. "Efficient Capital Markets: A Review of Theory and Empirical Work". *Journal of Finance*, Vol. 25, No. 2, 1970.

Fan, Joseph P. H, Wong, T. J, Zhang, Tianyu "Politically Connected CEOs, Corporate Governance, and the Post-IPO Performance of China's Partially Privatized Firms". *Journal of Applied Corporate Finance*, Vol. 26, No. 3, 2014.

Fathi Jouini, Aymen Ajina and Abdelkader Derbali, "Corporate governance and corporate social responsibility". *International Journal of Management & Enterprise Development*, Vol. 17, No. 2, 2018.

Fisman, Raymond, Gatti, Roberta "Decentralization and corruption: evidence across countries". *Journal of Public Economics*, Vol. 83, No. 3, 2002.

Fisman, Raymond. "Estimating the Value of Political Connections". *American Economic Review*, Vol. 91, 2001.

Fombrun J. Charles, Gardberg A. Naomi and Barnett L. Michael. "Opportunity Platforms and Safety Nets: Corporate Citizenship and Reputational Risk". *Business and Society Review*, Vol. 105, No. 1, 2000.

Foster W. Kenneth, "Embedded within State Agencies: Business Association in Yantai". *The China Journal*, Vol. 47, 2002.

Frankental Peter "Corporate Social Responsibility-a PR invention?". *Corporate Communications: An International Journal*, No. 6, 2001.

Fremeth Adam and Richter Brian Kelleher. "Profiting from Environmental Regulatory Uncertainty: Integrated Strategies for Competitive Advantage". *California Management Review*, Vol. 54, 2011.

Friedman F. Milton "The social Responsibility of Business is to Increase its Profits". *New York Times Magazine*, Vol. 9, No. 13, 1970.

Frooman Jeff "Stakeholders Influence Strategies". *Academy of Management Review*, Vol. 24, No. 2, 1999.

Frynas Jędrzej George and Stephens Siân. "Political Corporate Social Responsibility: Reviewing Theories and Setting New Agendas". *International Journal of Management Reviews*, Vol. 17, No. 4, 2015.

Galema Rients, Plantinga Auke and Scholtens Bert. "The stocks at stake: Return and risk in socially responsible investment". *Journal of Banking and Finance*, Vol. 32, No. 12, 2008.

Getz Kathleen A. "Research in Corporate Political Action-Integration and Assessment". *Business & Society*, Vol. 36, No. 1, 1997.

Goldman Eitan, Rochol Jörg and Jongi So "Do Politically Connected Boards

Affect Firm Value?". *The Review of Financial Studies*, Vol. 22, No. 6, 2009.

Goldman Eitan, Rochol Jörg and Jongil So. "Politically Connected Boards of Directors and The Allocation of Procurement Contracts". *Review of Finance*, Vol. 17, 2013.

Govorun Andrei, Marques II, Israel and Pyle William "The Political Roots of Intermediated Lobbying: Evidence from Russian Enterprises and Business Associations". *Business and Politics*, Vol. 18, 4, 2016.

Gray Rob, Kouhy Reza and Lavers Simon "Methodological Themes: Constructing a Research Database of Social and Environmental Reporting by UK Companies". *Accounting, Auditing and Accountability Journal*, Vol. 8, No. 2, 1995.

Greaker Mads. "Strategic Environmental Policy When the Governments are Threatened by Relocation". *Resource and Energy Economies*, Vol. 25, 2003.

Greenwood Royston, Suddaby Roy and Hinings, C. R. "Theorizing Change: The Role of Professional Associations in The Transformation of Institutionalized". *Academy of Management Journal*, Vol. 45, No. 1, 2002.

Griffin Jennifer Jeanne and Mahon John F. "The Corporate Social Performance and Corporate Financial Performance Debate-Twenty Five Years of Incomparable Research". *Journal of Business and Society*, Vol. 36, No. 1, 1997.

Hansen E. Bruce "Threshold Effects in Non-Dynamic Panels: Estimation, Testing, and Inference". *Journal of Econometrics*, Vol. 93, 1999.

Harjoto A. Maretno and Jo Hoje "Corporate Governance and CSR Nexus". *Journal of Business Ethics*, Vol. 100, No. 1, 2011.

Hellman, S. Joel, Geraint Jones and Kaufmann Daniel. "Seize the State, Seize the Day: State Capture and Influence in Transition Economies". *Policy Research Working Paper*, 2000, 2444 (Washington, DC: World

Bank).

Hill D. Matthew, Kelly G. Wayne, Lockhart G. Brandon and Van Ness A. Robert "Determinants and Effects of Corporate Lobbying". *Financial Management*, Vol. 42, No. 4, 2013.

Hillman Amy J. and Hitt Michael A. "Corporate Political Strategy Formation: a Model of Approach, Participation and Strategic Decision". *Academy of Management Review*, No. 12, 1999.

Hillman Amy J., Keim Gerald D. and Schuler Douglas "Corporate Political Activity: A Review and Research Agenda". *Journal of Management*, Vol. 30, No. 6, 2004.

Ho Po-Hsin, Lin Chih-Yung, Shen Chung-Hua and WangY. C. "Political Connection, Government Policy, and Investor Trading: Evidence from an Emerging Market". *International Review of Economics and Finance*, Vol. 42, 2016.

Hoffer George E., Pruitt Stephen W. and Reilly Robert J. "The Impact of Product Recalls on the Wealth of Sellers: A Reexamination". *The Journal of Political Economy*, Vol. 96, No. 3, 1988.

Huang Fang and Rice John "Firm Networking and Bribery in China: Assessing Some Potential Negative Consequences of Firm Openness". *Journal of Business Ethics*, Vol. 107, 2012.

Huber Juergen and Kirchler Michael. "Corporate Campaign Contributions and Abnormal Stock Returns after Presidential Elections". *Public Choice*, Vol. 156, No. 1 - 2, 2013.

Ingram Robert W. "An Investigation of the Information Content of (Certain) Social Responsibility Disclosures". *Journal of Accounting Research*, Vol. 16, No. 2, 1978.

Jamali Dima. "The Case for Strategic Corporate Social Responsibility in Developing Countries". *Business and Society Review*, Vol. 112, No. 1, 2007.

Jensen Michael C. "Value Maximization Stakeholder Theory and the Corporate Objective Function". *Business Ethics Quarterly*, Vol. 12, No. 2, 2002.

Jiang Ting and Nie Huihua "The Stained China Miracle: Regulation, Corruption and Firm Performance". *Economics Letters*, Vol. 123, 3, 2014.

Keim Gerald and Baysinger Barry "The Efficacy of Business Political Activity". *Journal of Management*, No. 14, 1988.

Khwaja Asim Ijaz and Mian Atif "A. Do Lenders Favor Politically Connected Firms? Rent Provision in an Emerging Financial Market". *The Quarterly Journal of Economics*, Vol. 120, No. 4, 2005.

Kim Kwang-Ho, Kim MinChung and Qian Cuili "Effects of Corporate Social Responsibility on Corporate Financial Performance: A Competitive-Action Perspective". *Journal of Management*, Vol. 44, No. 4, 2018.

Kshetri Nir and Dholakia Nikhilesh "Professional and Trade Associations in A Nascent and Formative Sector of a Developing Economy: A Case Study of the NASSCOM Effect on the Indian Offshoring Industry". *Journal of International Management*, Vol. 15, No. 2, 2009.

Laffont Jean-Jacques, Tirole Jean. "The Politics of Government Decision-Making: A Theory of Regulatory Capture". *The Quarterly Journal of Economics*, Vol. 106, No. 4, 1991.

Lantos Geoffrey P. "The Boundaries of Strategic Corporate Social Responsibilities". *Journal of Consumer Marketing*, Vol. 18, 2001.

Lau Chung Ming, Lu Yuan and Liang Qiang. "Corporate Social Responsibility in China: A Corporate Governance Approach". *Journal of Business Ethics*, Vol. 136, No. 1, 2016.

Lawton Thomas A, McGuire Steve and Rajwani Tazeeb "Corporate Political Activity: A Literature Review and Research Agenda". *International Journal of Management Reviews*, Vol. 15, No. 1, 2013.

Li Jingjing and Zhao Liming. "The Costs of Socializing with Government Officials: A New Measure of Corporate Political Connections". *China Journal of Accounting Research, No. 8, 2015.

Li Sihai, Song Xianzhong, Wu, Huiying. "Political Connection, Ownership Structure, and Corporate Philanthropy in China: A Strategic-Political Perspective". Journal of Business Ethics, Vol. 129, 2015.

Liang Hao and Luc Renneboog. "On the Foundations of Corporate Social Responsibility". The Journal of Finance, Vol. 72, No. 2, 2017.

Lin Karen Jingrong, Tan Jinsong, Zhao Liming and Karim, K., "In the Name of Charity: Political Connections and Strategic Corporate Social Responsibility in a Transition Economy". Journal of Corporate Finance, Vol. 32, 2015.

Lins Karl. V, Servaes Henri and Tamayo, Ane "Social Capital, Trust, and Firm Performance: The Value of Corporate Social Responsibility during the Financial Crisis". Journal of Finance, Vol. 72, No. 4, 2017.

Liu Qigui, Luo Jinbo and Tian Gary Gang. "Managerial Professional Connections Versus Political Connections: Evidence from Firms' Access to Informal Financing Resources". Journal of Corporate Finance, Vol. 41, 2016.

Lock Irina and Seele Peter. "Deliberative Lobbying? Toward a Noncontradiction of Corporate Political Activities and Corporate Social Responsibility?". Journal of Management Inquiry, Vol. 25, No. 4, 2016.

Logan David and Connor, Jo. Corporate Social Responsibility and Corporate Citizenship: Definitions, History, and Issues [C] //Grant, M., O'Connor, J. Corporate Social Responsibility and Alcohol: The Need and Potential for Partenship. New York: Routledge, 2005.

Logsdon Jeanne M. and Wood Donna J. "Global Business Citizenship: from domestic to global level of analysis". Business Ethic Quarterly, Vol. 12, No. 2, 2002.

Logsdon Jeanne M. "Global Business Citizenship: Application to Environmental Issues". Business and Society Review, Vol. 109, No. 1, 2004.

Luo Xueming, Bhattacharya. C. B. "The Debate over Doing Good: Corporate Social Performance, Strategic Marketing Levers, and Firm-idiosyncratic Risk". *Journal of Marketing*, Vol. 73, No. 6, 2009.

Ma Dali and Parish William L. "Tocquevillian Moments: Charitable Contributions by Chinese Private Entrepreneurs". *Social Forces*, Vol. 85, No. 2, 2006.

Manfred Elsig and Franck Amalric. "Business and Public-Private Partnerships for Sustainability: Beyond Corporate Social Responsibility?". *Global Society*, Vol. 22, No. 3, 2008.

Manne Henry G. "The 'Higher Criticism' of the Modern Corporation". *Columbia Law Review*, Vol. 62, No. 3, 1962.

Mauro Paolo "Corruption and the Composition of Government Expenditure". *Journal of Public Economics*, Vol. 69, 1998.

McGuire Jean B., Sundgren Alison and Schneeweis Thomas. "Corporate Social Responsibility and Firm Financial Performance". *The Academy of Management Journal*, Vol. 31, No. 4, 1988.

McKinnon Ronald I. Market-Preserving Fiscal Federalism in the American Monetary Union. In Mairo, B., Ter-Minassian (eds.), Macroeconomic Dimensions of Public Finance, Routledge, 1997.

McWilliams, Abagail and Siegel Donald "Corporate social responsibility and financial performance: correlation or misspecification". *Strategic Management Journal*, Vol. 21, No. 5, 2000.

Mihály Fazekas and István János Tóth. "From Corruption to State Capture". *Political Research Quarterly*, Vol. 69, No. 2, 2016.

Moon Jerem, Crane Andrew and Matten Dirk. "Can Corporations be Citizens? Corporate Citizenship as a Metaphor for Business Participation in Society". *Business Ethics Quarterly*, Vol. 15, No. 3, 2005.

Moser Petra and Voena Alessandra. "Compulsory Licensing: Evidence from the Trading with the Enemy Act". *The American Economic Review*, Vol. 102, No. 1, 2012.

Moskowitz Milton R. "Choosing Socially Responsible Stocks". *Business and*

Society Review, Vol. 1, No. 3, 1972.

Muttakin Mohammad Badrul, Dessalegn Getie Mihret and Arifur Khan "Corporate Political Connection and Corporate Social Responsibility Disclosures: A Neo-Pluralist Hypothesis and Empirical Evidence". Accounting Auditing & Accountability Journal, Vol. 31, No. 2, 2018.

Oates, Wallace "Reconsideration of Environmental Federalism". *Recent Advances in Environmental Economics*, Vol. 4, No. 2, 2002.

Panda Sitakanta "Political Connections and Elite Capture in a Poverty Alleviation Programme in India". *Journal of Development Studies*, Vol. 51, No. 1, 2015.

Pellegrini Lorenzo and Gerlagh Reyer. "Environmental Policy an Empirical Contribution to the Debate". *The Journal of Environment & Development*, Vol. 15, No. 3, 2006.

Petrovits Christine M. "Corporate-Sponsored Foundations and Earnings Management". *Journal of Accounting and Economics*, Vol. 41, 2006.

Pfeffer Jeffrey and Salancik Gerald R. "The External Control of Organizations: A Resource Dependence Perspective [M] New York, NY, Harper and Row, 1978.

Pfeffer Jeffrey "Merger as a Response to Organizational Interdependence". *Administrative. Science. Quarterly*, Vol. 17, 1972b.

Pfeffer Jeffrey. "Size and Composition of Corporate Boards of Directions. Administrative". *Science. Quarterly*, Vol. 17, 1972a.

Porter Michael E and Kramer Mark. R., "Strategy Society: The Link Between Competitive Advantage and Corporate Social responsibility". *Harvard Business Review*, Vol. 12, 2006.

Post James E., Waddock Sandra A. "Strategic Philanthropy and Partnerships for Economic Progress". A*merica R F. Philanthropy and economic development.* Westport, CT: Green-wood Press, 1995.

Preston Lee E., OBannon Douglas P. "The Corporate Social-financial Performance Relationship: A Typology and Analysis". *Business and Socie-*

ty, Vol. 36, 1997.

Pruitt Stephen W., Peterson David R. "Security Price Reactions Around Product Recall Announcements". *Journal of Financial Research*, Vol. 9, No. 2, 1986.

Qian, Yingyi, Roland, Gérard "Federalism and the Soft Budget Constraint". American Economic Review, Vol. 88 (5): 1998.

Rajwani Tazeeb, Lawton Thomas and Phillips Nelson. The "Voice of Industry": Why Management Researchers Should Pay More Attention to Trade Associations". *Strategic Organization*, Vol. 13 (3): 2015.

Ramanathan Kavasseri V. "Toward a Theory of Corporate Social Accounting". *The Accounting Review*, Vol. 51, No. 3, 1976.

Reed, L., Get, K., Collins, D., Oberman, W., Toy, R. "Theoretical Models and Empirical Results: A Review and Synthesis of JAI. 1990, Volumes 1 – 10. In Post (Ed), Corporation and Society Research: Studies In Theory and Measurement, Greeenwich: CT: JAI. 27 – 62.

Reinhardt Forest "Market Failure and The Environmental Policies of Firms: Economic Rationales for "Beyond Compliance" Behavior". *Journal of Industrial Ecology*, No. 3, 1999.

Revesz, R. "Rehabilitating Investor state Competition: Re-thinking the 'Race to the Bottom'". *New York University Law Review*, Vol. 67, 1992.

Roberts Brian A. "A Dead Senator Tells No Lies: Seniority and the Distribution of Federal Benefits". *American Journal of Political Science*, Vol. 34, 1990.

Rowley Tim and Berman Shawn "A Brand New Brand of Corporate Social Performance". *Business and Society*, Vol. 39, No. 4, 2000.

Rubinfeld Daniel L. Economics of The Local Public Sector [M]. Hankbook of Public Economic Ed. By Alan J. Auerbach and Martin Feldstein, New York, Elsevier, 1987.

Ruf Bernadette M, Muralidhar Krishnamurt, Brown Robert M., Janney, J. J, Paul, K. "An empirical investigation of the relationship between change in corporate social performance and financial performance: A stakeholder theory perspective". *Journal of Business Ethics*, Vol. 32, No. 2, 2001.

Schaefer Anja, Kerrigan Finola. "Trade Associations and Corporate Social Responsibility: Evidence from The UK Water and Film Industries". *Business Ethics: A European Review*, Vol. 17, No. 2, 2008.

Schuler Douglas A. "Corporate Political Strategy and Foreign Competition: The Case of the Steel Industry". *Academy of Management Journal*, Vol. 39, 1996.

Schuler Douglas A., Rehbein Kathleen "The Filtering Role of the Firm in Corporate Political Involvement". *Business and Society*, Vol. 36, No. 2, 1997.

Schwartz Mark S., Carroll Archie B. "Corporate Social Responsibility A Three-Domain Approach". *Business Ethics Quarterly*, Vol. 13, No. 4, 2003.

Seifert, Bruce; Morris, Sara A.; Bartkus, Barbara R. "Having, Giving, and Getting: Slack Resources, Corporate Philanthropy, and Firm Financial Performance". *Business Society*, Vol. 43, 2004.

Selznick Philip "TVA and the Grass Roots: A Study in the Sociology of Formal Organization". Berkeley and Los Angeles: University of California Press. 1949.

Shaffer Brian. "Firm-level Responses to Government Regulation: Theoretical and research approaches". *Journal of Management*, Vol. 21, 1995.

Shane Philip B. and Spicer Barry H. "Market Response to Environmental Information Produced outside the Firm". *The Accounting Review*, Vol. 58, No. 3, 1983.

Shen Chung-Hua and Chang Yuan "Ambition Versus Conscience, Does

Corporate Social Responsibility Pay off? The Application of Matching Methods". *Journal of Business Ethics*, Vol. 88, 2009.

Shen Chung-Hua and Lin Chih-Yung. "Betting on Presidential Elections: Should We Buy Stocks Connected with the Winning Party?." *The Quarterly Review of Economics and Finance*, Vol. 56, 2015.

Shen Chung-Hua and Lin Chih-Yung. "Political connections, financial constraints, and corporate investment". *Review of Quantitative Finance and Accounting*, Vol. 47, No. 2, 2016.

Sonja Opper, Nee Victor and Brehm Stefan. "Homophily in the career mobility of China's political elite". Social Science Research, Vol. 54, 2015.

Spencer Barbara A. and Stephen Aylor G. "A within and between analysis of the relationship between corporate social responsibility and financial performance". *Akron Business and Economic Review*, Vol. 18, No. 3, 1987.

Spicer Barry H. "Investors Corporate Social Performance and Information Disclosure: An Empirical Study". *Accounting Review*, Vol. 53, 1978.

Stigler George J. "The Theory of Economic Regulation". *The Bell Journal of Economics and Management Science*, Vol. 2, No. 1, 1971.

Stokes Geoffrey. "Democracy and Citizenship". In Democratic Theory Today, ed. Carter and Geoffrey Stokes [M]. Cambridge: Polity Press. 2002, 4.

Su Zhong-qin, Fung Hung-Gay, Huang Deng-shi and Shen Chung-Hua. Cash dividends, expropriation, and political connections: Evidence from China [J]. *International Review of Economics and Finance*, 2014, 29.

Su Zhong-qin, Fung Hung-Gay. "Political Connections and Firm Performance in Chinese Com-panies". *Pacific Economic Review*, Vol. 18, No. 3, 2013.

Sukiassyan Grigor and Nugent Jeffrey B. "Lobbying or Information Provision-Which Functions of Associations Matter for Member Performance?". *Eastern European Economics*, Vol. 49, No. 2, 2011.

Thomas Anisya S. and Simerly Roy L. "The Chief Executive Officer and corporate social performance: An interdisciplinary examination". *Journal of Business Ethics*, Vol. 13, No. 12, 1994.

Tsui Kai-yuen and Wang Youqiang. "Between Separate Stoves and a Single Menu: Fiscal Decentralization in China". *The China Quarterly*, Vol. 177, 2004.

Valor Carmen. "Corporate Social Responsibility and Corporate Citizenship: Towards Corporate Accountability". *Business and Society Review*, Vol. 110, No. 2, 2005.

Vance Stanley G. Are "Socially Responsible Corporations Good Investment Risks?". *Management Review*, Vol. 64, No. 8, 1975.

Vogel David J. "The Study of Business and Politics". *California Management Review*, Vol. 38, No. 3, 1996.

Waddock Sandra. "Parallel Universes: Companies, Academics, and the Progress of Corporate Citizenship". *Business and Society Review*, Vol. 109, No. 1, 2004.

Waldman A. David, Siegel Donald. "Defining the Socially Responsible Leader". *The Leadership Quarterly*, Vol. 19, No. 1, 2008.

Wang Zhihong, Hsieh Tien-Shih and Sarkis Joseph. "CSR Performance and the Readability of CSR Reports: Too Good to be True?". *Corporate Social Responsibility and Environmental Management*, Vol. 25, No. 1, 2018.

Wei Zelong, Shen Hao, Zhou Kevin Zheng. et al. "How Does Environmental Corporate Social Responsibility Matter in a Dysfunctional Institutional Environment? Evidence from China". *Journal of Business Ethic*, Vol. 140, No. 2, 2017.

Wickert Christopher. " 'Political' Corporate Social Responsibility in Small- and Medium-Sized Enterprises: A Conceptual Framework". *Business &*

Society, Vol. 55, No. 6, 2016.

WilsonD. John. "Capital Mobility and Environmental Standards: Is there a Theoretical Basis for a Race to the Bottom". *Economic Analysis*, No. XI, 1996.

Wiseman Joanne. "An Evaluation of Environmental Disclosures Made in Corporate Annual Reports". *Accounting, Organizations and Society*, Vol. 7, No. 1, 1982.

Wong Stan Hok-Wui. "Political Connections and Firm Performance: The Case of Hong Kong". *Journal of East Asian Studies*, No. 10, 2010.

Wood Donna J., Jones Raymond E. "Stakeholder Mismatching: A Theoretical Problem in Empirical Research on Corporate Social Performance". *International Journal of Organizational Analysis*, No. 3, 1995.

Wu Meng-Wen, Shen Chung-Hua. "Corporate Social Responsibility in the Banking Industry: Motives and Financial Performance". *Journal of Banking and Finance*, Vol. 37, No. 9, 2013.

Xu Haoping, Zhou Jian. "The Value of Political Connections: Chinese Evidence". http://dx.doi.org/10.2139/ssrn.1267472.

Yen Ju-Fang, Chen Yan-Shing, Shen Chung-Hua, Lin Chih-Yung. "Why do firms allow CEOs to Join Trade Association? An Embeddedness View". *International Review of Economics and Finance*, Vol. 32, 2014.

Yu Jianxing, Yashima Kenichiro, Shen Yongdong. "Autonomy or Privilege? Lobbying Intensity of Local Business Associations in China". *Journal of Chinese Political Science*, Vol. 19, 2014.

Zhang Jianjun, Marquis Christopher and Qiao Kunyuan. "Do Political Connections Buffer Firms from or Bind Firms to the Government? A Study of Corporate Charitable Donations of Chinese Firms". *Organization Science*, Vol. 27, No. 5, 2016.

Zucker G. Lynne. "The Role of Institutionalization in Cultural Persistence". *American Sociological Review*, Vol, 42, 1977.

附 录

附表 1 行业特殊社会责任议题

行业类别	特殊社会责任议题	行业类别	特殊社会责任议题
A01、A02、A03、A04、A05 农林牧渔业	水资源循环利用，化肥，农药，有毒物品使用和排放及风险评估，环境应急处理机制，生物多样性保护，绿色消费、负责任消费宣传，农林牧渔业机械化，相关农户的培训与订单生产的经济利益维护，禁止购买非法物品、通过相应认证体系，对当地农村、农业经济带动	B06、B08、B09、B11 煤炭开采与洗选业与一般采矿	员工健康，员工保险覆盖率，产品生产百万吨死亡率，矿井通风系统安全，甲烷（瓦斯）安全排放措施，井下工作人员安全生产管理制度，矿区回采率，清洁开采技术研发，有害物质减排及风险评估与治理，矿区保育，尾矿处置与生态保护，承包商，承租方安全监管
B07、C25 石油天然气开采加工和炼焦、核燃料制造行业	市场资源价格稳定能力，员工保险覆盖率，油气运输安全管理，原油气易燃气体防火防爆措施，硫化氢等易燃气体防火防爆措施，清洁开采技术研发，油气开采泄漏披露与风险评估与应急措施，油气污染治理与技术，有害物质减排与管理的措施与技术，油汽质量控制与治理，承租方安全监管	C13、C14、C15（除酒精和饮料酒生产企业）	原铺料单位能耗消耗、产品包装简化及回收利用，原料有机生产（合理的化肥、农药使用），原料的存储安全及无添加、产品质量管理体系及食品安全认证、产品防伪保真能力及打假活动，合规的信息披露，特殊人群食品关注，合理的产品标签及转基因食品标注、种植户培训与订单种植、农村经济带动

续表

行业类别	特殊社会责任议题	行业类别	特殊社会责任议题
C15 只包含酒精及饮料酒	守法及商业贿赂，原辅料单位消耗，产品包装简化及回收利用，原料有机生产（合理的化肥、农药使用），原料的存储安全及无添加，产品质量管理体系及食品安全认证，产品防伪保真能力及打限期活动，合规的信息披露，合理定价、理性宣传酒文化，种植户培训与订单种植	C17 纺织业	员工生产安全防护，孕妇、哺乳期妇女的职业健康和就业安排，甲醛等有毒化学物品使用和排放及风险评估，化学制剂减少和回收利用措施，生产资源的循环利用，产品质量安全和环保认证，化学残留控制与信息披露
C18 纺织服装、鞋帽生产	员工生活平衡，工作生活平衡（SA8000），员工生产安全防护，孕妇、哺乳期妇女的职业健康和就业安排，甲醛等有毒化学物品使用和排放及风险评估，服装边角材料的处理和循环使用，边角料的处理和循环利用，关注野生动物保护，多样化的产品设计，针对特殊人群的人性化设计，标签管理制度	C19 羽绒皮革制品	员工生活平衡，工作生活平衡（SA8000），员工生产安全防护，孕妇、哺乳期妇女的职业健康和就业安排，甲醛等有毒化学物品使用和排放及风险评估，羽绒材料的处理和循环使用，边角料的处理和循环利用，多样化的产品设计，针对特殊人群的人性化设计，野生动物保护与绿色消费宣传
C20、C21 木材加工、竹藤制品和家具生产	响应国家相应农林政策，员工生产安全防护，孕妇、哺乳期妇女的职业健康和就业安排，甲醛等有毒化学物品使用和排放及风险评估，原材料回收利用，废胶，黏合剂减量化和回收利用，多样化的产品设计，针对特殊人群的人性化设计，合规的广告宣传，禁止购买非法物品，通过相应森林认证体系	C22 造纸业和纸质制品	响应国家相应农林政策，员工生产安全防护，有毒化学品生产技术的研发和使用，黑液提取措施与技术，环保清洁生产技术的研发和使用，黑液提取措施与技术，废纸回收利用，污泥、白泥、绿液回收利用，碱回收利用，植树造林与林纸一体化发展，厂区生态环境与物种多样性保护，禁止购买非法途径木材等原材料
C23 印刷业	环保纸品，再生纸品，数码印刷技术与印刷比例，无水印刷技术与印刷比例，绿色胶片使用和使用比例，化学绿色油墨减少量，废水，废浆，废水减少和减少情况，固体废弃物处理和回收利用，废胶残留物回收利用，重金属回收利用率，公开披露有毒物品残留种类和数量及对人和环境风险评估，关注和支持可持续发展林纸业，客户信息与印刷品信息保护	C24 文教体育娱乐用品生产	员工生产安全防护，孕妇、哺乳期妇女的职业健康和就业安排，关注青少年、儿童身心健康的产品，化学残留控制与信息披露，多样化的产品设计，针对特殊人群的人性化设计，标签管理制度

续表

行业类别	特殊社会责任议题	行业类别	特殊社会责任议题
C26、C28 化学制品	守法及商业贿赂，危险化学药品管理，公开披露有毒物品排放情况及环境风险评估，化学药品的安全应急处理，处理后排放的安全运输管理，化学原材料、成品、半成品原料等泄漏的安全应急处理，产品包装简化及回收利用，特殊人群（老、弱、病、孕、儿童等）化学用品安全及风险评估，问题产品召回退还制度	C27 生物医药制造行业	守法及商业贿赂，生物制药废水、废气，废药渣排放量，危险化学药品管理，挥发性有机物减排量，处理后排放情况及环境风险评估，公开披露有过期药品回收和处理情况，环保清洁制药设备的研发和使用，野生动物保护和动植物福利关注，低价药品研发的信息披露和动物实验中成品厂告证，真实完整的药品说明和标签管理，问题药品召回处理制度，防伪以及重大药品或安全事故安全管理，药品保真、防伪以及打假活动，特殊人群（老、弱、病、孕、儿童等）用药安全及风险评估，严格的临床试验和药品安全测试，试验对象安全及合法权益保护
C29 橡胶和塑料制品	挥发性有毒有机物减排及环境风险评估，石油悬浮物处理和减排量，化学危险品管理，化学药品泄漏、可再生能源技术研发和管理，生态厂区和动植物保护	C30 非金属矿物制品	员工生产安全防护，可再生能源、余热、余电、余能回收利用情况，可再生能源技术研发，有害物质减排及风险评级风险评估与治理，厂区生态治理与植物种保护
C31、C32 有色金属和黑色金属冶炼及压延加工	妇女特殊时期保护，人炉焦化，高炉喷煤量，环保清洁生产设备研发与使用，金属回收利用率，有害物质减排及风险评估，余能余热回收利用与治理	C33 金属制品	妇女特殊时期保护，有害物质减排及风险评估与治理，清洁生产设备研发与使用，金属回收利用率，有害物质减排及风险评估，钢材综合利用率
C34、C35、C41通用、专用其他制造	环保机械设备研发与销售，余热、余电回收利用率，其他边角料等固体物质回收利用，金属污染、粉尘治理，公开披露金属排放种类、减排数量及应急管理，投资环境风险评估，产品设计中安全因素考虑	C36、C37 汽车制造，铁路、船舶制造	促进就业与就业，节能和新型环保交通设备研发和销售，环保生产制造管理和使用，可再生能源使用率，报废车辆或旧车回收政策与回收利用，粉尘治理、金属污染应急管理，公开披露环境风险评估，金属排放种类、减排数量及（或）新投资环境风险评估，问题产品召回制度，差异化设计中安全因素考虑，同题产品服务创新

续表

行业类别	特殊社会责任议题	行业类别	特殊社会责任议题
D44 电力生产和供应	加班时间，工作时间和生活平衡，妇女特殊时期工作照顾，电磁辐射评估和防护措施，环保电子产品研发与销售，有毒化学物品排放种类，减排数量及（或）新投资环境风险评估，公开披露重金属排放种类，减排数量及环境风险评估，产品多样性与通用性的设计，特殊人群需求关爱	C42 废弃资源回收，N77 生态治理	环保冶炼，清užbie生产设备研发与使用和处理管理，危险化学废品回收、运输、处理，放射性物质回收运、处理，医疗物品分类处理制度，金属物品回收处理制度，生活垃圾分类处理填埋制度，垃圾焚烧发电技术研发和使用，纺织空气、水等二次污染技术研发和管理
	偏远地区，农村电力用工程，农村及偏远地区电工、电力设施维护人员管理，余热、余能、余电回收利用，绿色电力政策和发电使用量，电网建设环境评估，电网线损情况和降低线损的措施，城镇供电和农村供电可靠性，电力抢险、安全事故应急处理、安全性管理，电力传输管理，电力信息管理，电力供应急能力，停电信息透明、高峰期电力供应保障，资费透明，合理定价，节约用电，节约电力知识宣传	D45 燃气生产与供应	偏远地区，农村燃气使用工程改造，节能，环保灶具推广，农村"生态燃气站"建立，安全管道质量管理和检测，燃气运输，管道安全保障，燃气事故应急处理，停气信息透明、高峰期燃气供应保障，资费透明，合理定价，安全用气，节约燃气知识宣传管理
D46 水生产和供应	偏远地区，农村饮用水工程改造，水资源循环利用，环保设备的应用，水质和水源检查系统，管道二次污染防治，水质健康管理和检测，供水管道管理，供水应急管理制度，停水信息透明，灾难保障系统，水资源储备与供水稳定性，节水、安全健康饮水知识宣传	E47、E48、E50 房屋土木工程建筑装饰业	农民工权益保护，建筑新水消耗量，建筑垃圾排放及减排、拆除建筑材料循环使用，绿色、环保建材的使用和推广率，绿色施工和新建项目的环境评估，建筑材料的真实性和可靠性，期交付能力，建筑材料、建筑垃圾按期交付情况，承包商选择、管理责任，承包商工程款按期交付情况
F51、F52 批发和零售业	环保产品的推广和销售情况，绿色、环保销售场所的建立情况，针对低收入者的产品服务，特殊人群营养关爱，绿色产品供应链	G53、G54、G55、G56、G58 交通运输服务业	员工加班时间，生活工作平衡情况，节能环保和新型交通设备的采购优化，单位里程油耗，退役交通运量，绿色环保输送量，通运输污染情况，确保交通运输服务的推时性管理，交通噪声污染情况，运输中安全因素考虑，老、残、病、弱、孕等特殊人群的照顾，健康绿色、安全出行文明宣传

续表

行业类别	特殊社会责任议题	行业类别	特殊社会责任议题
G57 管道运输	节能环保运输的采购使用，绿色管道计划优化，增强管道铺设项目的环境评估，管道抢修、运输抢险，管道、管道运输、管道安全管理	G59 仓储业	节能环保仓储设备采购和使用，绿色环保仓储计划优化，危险品存储安全与环境评估，确保存储产品收发货的准时性管理，降低货物损坏提高存储质量管理，货物分类存储管理与产品品质管理制度，服务网点覆盖和配送覆盖情况，客户响应能力
H61 酒店住宿业	防止员工被歧视骚扰的安全责任，绿色酒店，温室气体排放量，一次性用品减少量，顾客进行节能环保宣传，传染性疾病防止，老人、婴幼儿等特殊人群照顾，健康出行文化宣传	H62 餐饮企业	无烟区，电子菜谱推广，厨房垃圾等固体废弃物处理，禁止野生动物情况，一次性餐具减少量，泔水排放及管理，废弃食用油脂排放及回收利用使用，餐余垃圾处理，食品添加剂的合理使用，营养、理性消费宣传，绿色农产品供应链
I63、I64、I65 电信、广播、互联网、计算机软件服务	偏远地区、农村移动通信、信息网络工程、基站、网络通信设备、广播电视、广播电视线路等项目建设的环境评估，电磁电离辐射的健康评估及保护，基站、网络共享机制与通信网络覆盖度，互联网、电视网、电视网、电话网、广播网等传播质量，青少年、儿童身心健康保护，知识产权保护，不道德、不健康、不黄色、不实信息治理，诈骗、防治色情、网络沉迷，不真实信息传播，客户隐私和个人信息保护	M73、M74 商务服务、租赁、试验、专业技术服务	知识产权保护，绿色经营场所建设情况
K70 房地产业	推进保障性住房建设，农民工权益保护，建筑垃圾排放及减排，拆建筑材料循环使用，绿色建材的使用和推广率，绿色施工和新建项目的环境评估，建筑工程按期交付能力，建筑材料的真实性和可靠性，承包商选举，承包商工程按期交付责任，管理责任，公平交易，房地产开发与服务人员资质，历史文化保护和旧城改造，合理和合法的拆迁	N78 旅游企业	旅游地自然文化和动植物保护，景区生态综合治理，景区卫生管理，旅游应急救助服务与管理，合规的导游服务与管理，老人、婴幼儿等特殊人群照顾，适度消费宣传出行，适度消费宣传，消费透明

续表

行业类别	特殊社会责任议题
Q83 医疗卫生服务	对外医疗援助情况，农村和偏远地区提供义诊或免费治疗服务，接收进行医生和相关技术人员培训情况，承担或积极参与突发公共卫生和相关重大灾害事件救助，职业医生和相关技术人员进修、再教育和承担科研情况，员工职业健康和医疗暴露的高危保护，医患纠纷中医疗场所建立的员工保护机制，医疗垃圾分类整理与排放，绿色医疗所减免计划，合理的药品使用和医疗器械检查、使用规范，患者隐私保护，老、弱、病、残、孕等特殊人群就医的照顾，价格合理，医疗收费透明，提供义诊和健康知识宣讲
R87 文化娱乐企业社会，P82 教育业	员工防止被性骚扰的安全责任，孕妇、哺乳期妇女的职业健康和就业安排、经营场所噪声控制，绿色经营场所建设、优质、健康的文化娱乐和教育服务，特色人群的文化娱乐和教育服务，青少年和儿童身心健康、知识产权保护，传统文化，民族文化、艺术等内容宣传与保护

附表 2 润灵、中国社会科学院和本书 CSR 评分数据

股票简称	润灵评分							中国社会科学院评分						本书 CSR 评分					
	2009	2010	2011	2012	2013	2014		2009	2010	2011	2012	2013	2014	2009	2010	2011	2012	2013	2014
万科 A	—	71.06	71.87	76.07	77.14	76.99		—	53.00	51.00	52.00	55.40	57.00	—	0.54	0.56	0.58	0.58	0.58
中集集团	40.63	60.35	52.79	61.93	61.73	64.69		45.50	51.80	60.30	49.00	63.40	74.70	0.48	0.53	0.58	0.52	0.64	0.65
中兴通讯	—	42.45	70.46	64.76	63.78	66.16		—	48.30	57.80	55.50	61.80	77.00	—	0.30	0.58	0.57	0.60	0.67
鞍钢股份	38.64	36.21	40.19	35.01	—	44.61		57.50	62.30	67.80	68.70	—	63.60	0.42	0.48	0.54	0.56	—	0.49
冀中能源	—	—	—	68.02	—	54.74		—	—	—	—	41.50	47.90	—	—	—	—	0.67	0.56

续表

股票简称	润灵评分						中国社会科学院评分						本书CSR评分					
	2009	2010	2011	2012	2013	2014	2009	2010	2011	2012	2013	2014	2009	2010	2011	2012	2013	2014
苏宁云商	—	63.61	66.78	67.01	66.52	68.95	—	52.50	57.30	64.00	59.20	67.50	—	0.52	0.60	0.62	0.60	0.65
武钢股份	—	43.21	53.79	45.85	46.19	43.58	—	61.80	67.50	69.50	64.00	73.50	—	0.49	0.47	0.47	0.49	0.41
华能国际	24.01	31.48	30.64	27.26	31.23	27.59	73.00	63.00	69.80	74.50	80.10	84.30	0.25	0.27	0.32	0.35	0.33	0.33
宝钢股份	64.86	64.69	68.74	71.30	71.18	72.51	71.50	68.80	70.00	69.00	63.90	74.70	0.62	0.62	0.67	0.69	0.71	0.78
中国石化	54.09	60.94	75.45	72.92	66.60	64.40	60.30	67.50	74.30	78.00	86.60	84.30	0.47	0.50	0.58	0.52	0.58	0.53
三一重工	—	18.21	—	—	—	—	—	18.80	—	—	—	—	—	0.28	—	—	—	—
中国联通	27.10	44.33	56.15	—	66.42	69.21	33.50	35.50	33.00	—	70.50	76.50	0.39	0.49	0.61	—	0.66	0.71
中国医药	—	—	—	28.00	—	—	—	—	—	58.50	—	—	—	—	—	0.26	—	—
五矿发展	25.95	34.80	28.06	33.84	—	34.56	36.50	55.10	55.30	66.90	—	81.10	0.33	0.41	0.41	0.45	—	0.47
海信电器	33.96	—	—	—	—	—	55.00	—	—	—	—	—	0.48	—	—	—	—	—
上汽集团	40.18	—	—	67.08	66.29	69.15	32.50	—	—	36.50	61.20	69.30	0.37	—	—	0.69	0.69	0.69
上海建工	19.93	—	—	81.88	78.32	87.95	18.00	—	—	46.50	50.80	73.00	0.21	—	—	0.50	0.42	0.62
复星医药	—	76.14	78.44	—	—	—	—	56.00	58.50	—	—	—	—	0.48	0.50	—	—	—
南钢股份	—	38.45	—	—	—	—	—	28.30	—	—	—	—	—	0.46	—	—	—	—
华泰股份	—	23.49	—	—	—	—	—	34.80	—	—	—	—	—	0.34	—	—	—	—
江西铜业	19.75	29.41	—	—	—	—	11.50	18.00	—	—	—	—	0.22	0.29	—	—	—	—
中化国际	35.86	45.77	43.97	42.89	41.51	46.58	58.50	56.50	59.00	39.50	46.90	66.70	0.37	0.35	0.32	0.39	0.41	0.50

续表

股票简称	润灵评分						中国社会科学院评分						本书CSR评分					
	2009	2010	2011	2012	2013	2014	2009	2010	2011	2012	2013	2014	2009	2010	2011	2012	2013	2014
安阳钢铁	—	36.76	—	—	—	—	—	16.00	—	—	—	—	—	0.50	—	—	—	—
青岛海尔	42.48	—	—	49.45	55.00	—	43.00	—	—	40.30	43.70	—	0.39	—	—	0.43	0.42	—
马钢股份	24.23	24.57	23.11	26.36	—	27.87	0.00	53.30	18.30	66.00	—	62.20	0.23	0.27	0.27	0.48	—	0.47
亚泰集团	—	29.99	—	—	—	—	—	28.10	—	—	—	—	—	0.30	—	—	—	—
九州岛通	—	—	71.78	—	—	—	—	—	31.50	—	—	—	—	—	0.28	—	—	—
中国神华	—	—	—	—	—	85.50	—	—	—	—	—	79.10	—	—	—	—	—	0.61
中国铁建	—	52.17	55.31	48.52	49.89	52.02	—	51.30	42.80	40.00	39.10	59.80	—	0.51	0.53	0.46	0.46	0.46
中国中铁	—	49.18	60.94	55.01	55.09	—	—	43.30	38.80	34.50	49.00	—	—	0.48	0.51	0.53	0.57	—
中国铝业	24.39	24.73	30.74	61.55	67.38	70.94	29.00	37.60	58.40	72.00	78.80	78.90	0.27	0.34	0.48	0.53	0.54	0.67
中国中冶	27.03	60.43	63.55	59.93	58.24	56.94	17.50	50.50	48.20	49.10	35.60	46.20	0.30	0.43	0.44	0.44	0.46	0.46
中国建筑	—	—	75.22	74.95	82.44	82.65	—	—	55.80	67.70	76.70	83.00	—	—	0.41	0.41	0.32	0.32
上海电气	—	—	47.46	47.03	55.07	—	—	—	26.80	27.80	50.40	—	—	—	0.58	0.56	0.54	—
中国中车	—	24.79	25.90	30.72	—	—	—	31.80	26.50	33.80	—	—	—	0.40	0.40	0.37	—	—
中国石油	63.42	67.06	68.19	70.02	67.04	70.32	62.00	60.50	61.30	60.30	55.90	56.30	0.55	0.62	0.61	0.60	0.61	0.61
中国煤能源	—	—	65.80	66.46	65.62	69.18	—	—	38.80	47.50	54.90	72.30	—	—	0.52	0.44	0.46	0.66
中国远洋	33.38	30.85	77.59	78.50	79.89	81.29	84.50	84.80	82.00	86.30	80.40	79.00	0.40	0.32	0.52	0.54	0.66	0.70
大唐发电	—	55.69	62.24	—	—	—	—	70.80	67.80	—	—	—	—	0.50	0.50	—	—	—

附表3 中国上市公司分行业社会责任情况（2004—2014）

行业	统计量	社会责任指数	政府责任	员工责任	股东责任	环境责任	消费者责任	合作伙伴责任	社区责任
A	样本数	301	301	301	301	301	301	301	301
	均值	0.447	0.336	0.434	0.657	0.341	0.477	0.487	0.227
	中位数	0.446	0.267	0.429	0.667	0.333	0.533	0.467	0.2
	标准差	0.151	0.175	0.143	0.236	0.224	0.156	0.175	0.141
	最小值	0.089	0.067	0.048	0.222	0	0	0	0
	最大值	0.851	0.8	0.762	1	0.81	0.8	0.933	0.6
B	样本数	633	633	633	633	633	633	633	633
	均值	0.276	0.304	0.24	0.554	0.192	0.34	0.197	0.123
	中位数	0.23	0.222	0.212	0.556	0.111	0.222	0.222	0.111
	标准差	0.164	0.232	0.139	0.225	0.21	0.239	0.202	0.12
	最小值	0.044	0.056	0	0.111	0	0	0	0
	最大值	0.743	0.944	0.636	1	0.926	1	0.889	0.611
C	样本数	11247	11247	11247	11247	11247	11247	11247	11247
	均值	0.25	0.266	0.28	0.617	0.118	0.254	0.494	0.11
	中位数	0.225	0.2	0.259	0.667	0.074	0.222	0.5	0.083
	标准差	0.114	0.18	0.141	0.231	0.147	0.203	0.212	0.104
	最小值	0	0	0	0	0	0	0	0
	最大值	0.786	1	0.815	1	0.972	1	1	0.667

续表

行业	统计量	社会责任指数	政府责任	员工责任	股东责任	环境责任	消费者责任	合作伙伴责任	社区责任
D	样本数	879	879	879	879	879	879	879	879
	均值	0.244	0.301	0.318	0.587	0.217	0.102	0.222	0.109
	中位数	0.204	0.2	0.259	0.556	0.2	0.048	0.111	0.056
	标准差	0.127	0.217	0.154	0.22	0.165	0.117	0.251	0.12
	最小值	0.057	0.067	0.037	0.111	0	0	0	0
	最大值	0.676	0.933	0.75	1	0.733	0.778	1	0.6
E	样本数	454	454	454	454	454	454	454	454
	均值	0.237	0.301	0.318	0.548	0.059	0.105	0.365	0.135
	中位数	0.214	0.222	0.296	0.556	0	0.067	0.4	0.056
	标准差	0.097	0.138	0.121	0.182	0.12	0.136	0.101	0.142
	最小值	0.063	0.111	0.037	0.111	0	0	0	0
	最大值	0.571	0.667	0.778	0.889	0.583	0.6	0.533	0.611
F	样本数	1476	1476	1476	1476	1476	1476	1476	1476
	均值	0.252	0.227	0.316	0.509	0.046	0.102	0.458	0.128
	中位数	0.218	0.133	0.292	0.556	0	0.067	0.5	0.056
	标准差	0.108	0.175	0.129	0.215	0.105	0.083	0.095	0.151
	最小值	0.07	0	0.042	0	0	0	0.167	0
	最大值	0.802	0.867	0.833	1.444	0.722	0.533	1	0.944

续表

行业	统计量	社会责任指数	政府责任	员工责任	股东责任	环境责任	消费者责任	合作伙伴责任	社区责任
G	样本数	761	761	761	761	761	761	761	761
	均值	0.26	0.296	0.32	0.609	0.142	0.134	0.45	0.119
	中位数	0.225	0.2	0.333	0.667	0.095	0.067	0.444	0.111
	标准差	0.117	0.218	0.146	0.183	0.164	0.141	0.218	0.112
	最小值	0.054	0	0	0.111	0	0	0	0
	最大值	0.697	0.867	0.833	0.889	0.762	0.889	0.778	0.611
H	样本数	91	91	91	91	91	91	91	91
	均值	0.195	0.203	0.28	0.391	0.039	0.079	0.48	0.087
	中位数	0.196	0.133	0.292	0.444	0	0.042	0.5	0.048
	标准差	0.053	0.101	0.08	0.199	0.066	0.089	0.038	0.099
	最小值	0.089	0.133	0.125	0.111	0	0	0.333	0
	最大值	0.302	0.467	0.458	0.889	0.222	0.333	0.5	0.3
I	样本数	718	718	718	718	718	718	718	718
	均值	0.205	0.3	0.28	0.522	0.057	0.13	0.195	0.075
	中位数	0.175	0.267	0.25	0.556	0	0.125	0	0.067
	标准差	0.099	0.192	0.144	0.197	0.106	0.093	0.261	0.087
	最小值	0.053	0.067	0	0.023	0	0	0	0
	最大值	0.714	0.867	0.875	0.889	0.6	0.583	1	0.533

续表

行业	统计量	社会责任指数	政府责任	员工责任	股东责任	环境责任	消费者责任	合作伙伴责任	社区责任
K	样本数	1480	1480	1480	1480	1480	1480	1480	1480
	均值	0.169	0.251	0.274	0.559	0.044	0.019	0.284	0.076
	中位数	0.148	0.133	0.25	0.556	0	0	0.333	0.095
	标准差	0.081	0.184	0.148	0.222	0.096	0.056	0.114	0.065
	最小值	0.03	0	0	0	0	0	0	0
	最大值	0.584	0.933	0.708	1	0.667	0.889	0.6	0.481
M	样本数	44	44	44	44	44	44	44	44
	均值	0.31	0.336	0.332	0.639	0.117	0.22	0.586	0.142
	中位数	0.319	0.333	0.333	0.667	0.083	0.25	0.667	0.133
	标准差	0.087	0.108	1.16E−01	0.164	0.113	0.124	0.177	0.074
	最小值	0.143	0.133	0.074	0.111	0	0	0.111	0
	最大值	0.457	0.533	0.556	0.889	0.417	0.444	0.889	0.333
N	样本数	173	173	173	173	173	173	173	173
	均值	0.341	0.284	0.437	0.719	0.337	0.164	0.599	0.116
	中位数	0.34	0.2	0.429	0.778	0.333	0.125	0.556	0.067
	标准差	0.137	0.22	0.142	0.226	0.27	0.209	0.212	0.109
	最小值	0.123	0.067	0.095	0.222	0	0	0.111	0
	最大值	0.679	0.933	0.667	1	0.889	1	1	0.4

续表

行业	统计量	社会责任指数	政府责任	员工责任	股东责任	环境责任	消费者责任	合作伙伴责任	社区责任
Q	样本数	11	11	11	11	11	11	11	11
	均值	0.269	0.231	0.311	0.808	0.106	0.11	0.576	0.133
	中位数	0.287	0.125	0.333	1	0.167	0.167	0.667	0.067
	标准差	0.13	0.174	0.097	0.277	0.084	0.08	0.368	0.107
	最小值	0.074	0.083	0.167	0.222	0	0	0	0
	最大值	0.435	0.542	0.417	1	0.167	0.167	1	0.267
R	样本数	214	214	214	214	214	214	214	214
	均值	0.288	0.22	0.278	0.65	0.043	0.258	0.552	0.136
	中位数	0.259	0.2	0.267	0.667	0	0.208	0.556	0.067
	标准差	0.112	0.154	0.111	0.265	0.082	0.151	0.188	0.129
	最小值	0.111	0	0.067	0.111	0	0.042	0	0
	最大值	0.63	0.8	0.567	1	0.467	0.625	1	0.533
S	样本数	103	103	103	103	103	103	103	103
	均值	0.183	0.174	0.3	0.547	0.022	0.083	0.387	0.076
	中位数	0.17	0.133	0.278	0.556	0	0.042	0.417	0.048
	标准差	0.08	0.16	0.12	0.205	0.041	0.114	0.174	0.099
	最小值	0.059	0	0.083	0.111	0	0	0	0
	最大值	0.429	0.667	0.556	1	0.167	0.444	0.889	0.389

续表

行业		统计量	社会责任指数	政府责任	员工责任	股东责任	环境责任	消费者责任	合作伙伴责任	社区责任
合计		样本数	18585	18585	18585	18585	18585	18585	18585	18585
		均值	0.247	0.268	0.29	0.595	0.115	0.207	0.436	0.111
		中位数	0.217	0.2	0.273	0.556	0.056	0.167	0.444	0.083
		标准差	0.119	0.186	0.144	0.228	0.155	0.199	0.225	0.111
		最小值	0	0	0	0	0	0	0	0
		最大值	0.851	1	0.875	1.444	0.972	1	1	0.944

附表4 中国上市公司分年度社会责任情况（2004—2014）

Panel A 行业		统计量	社会责任指数	政府责任	员工责任	股东责任	环境责任	消费者责任	合作伙伴责任	社区责任
2004		样本数	1266	1266	1266	1266	1266	1266	1266	1266
		均值	0.147	0.134	0.144	0.562	0.024	0.093	0.363	0.056
		中位数	0.142	0.133	0.143	0.556	0	0.067	0.417	0.056
		标准差	0.048	0.054	0.075	0.217	0.056	0.113	0.186	0.066
		最小值	0.03	0	0	0	0	0	0	0
		最大值	0.613	0.667	0.619	1	0.889	0.667	0.889	0.667

续表

Panel A 行业

年份	统计量	社会责任指数	政府责任	员工责任	股东责任	环境责任	消费者责任	合作伙伴责任	社区责任
2005	样本数	1281	1281	1281	1281	1281	1281	1281	1281
	均值	0.151	0.143	0.156	0.514	0.03	0.11	0.362	0.06
	中位数	0.147	0.133	0.148	0.556	0	0.067	0.417	0.056
	标准差	0.053	0.061	0.074	0.228	0.061	0.126	0.192	0.069
	最小值	0.039	0	0	0	0	0	0	0
	最大值	0.642	0.8	0.667	1	0.889	0.778	0.889	0.667
2006	样本数	1361	1361	1361	1361	1361	1361	1361	1361
	均值	0.164	0.155	0.167	0.559	0.04	0.124	0.37	0.065
	中位数	0.158	0.133	0.167	0.556	0	0.083	0.417	0.056
	标准差	0.06	0.072	0.081	0.22	0.076	0.138	0.196	0.072
	最小值	0.039	0	0	0	0	0	0	0
	最大值	0.659	0.867	0.667	1	0.889	1	0.889	0.667
2007	样本数	1471	1471	1471	1471	1471	1471	1471	1471
	均值	0.195	0.171	0.225	0.63	0.065	0.153	0.383	0.073
	中位数	0.187	0.133	0.222	0.667	0.028	0.111	0.444	0.056
	标准差	0.068	0.081	0.09	0.216	0.1	0.155	0.199	0.073
	最小值	0.04	0	0	0.023	0	0	0	0
	最大值	0.659	0.867	0.714	1	0.889	0.833	0.889	0.5

续表

Panel A 行业		统计量	社会责任指数	政府责任	员工责任	股东责任	环境责任	消费者责任	合作伙伴责任	社区责任
2008		样本数	1532	1532	1532	1532	1532	1532	1532	1532
		均值	0.232	0.244	0.272	0.549	0.108	0.188	0.407	0.124
		中位数	0.208	0.2	0.25	0.556	0.056	0.133	0.444	0.111
		标准差	0.102	0.158	0.118	0.225	0.145	0.182	0.211	0.1
		最小值	0	0	0	0	0	0	0	0
		最大值	0.714	0.933	0.722	1	0.917	0.889	1	0.533
2009		样本数	1615	1615	1615	1615	1615	1615	1615	1615
		均值	0.243	0.263	0.296	0.573	0.119	0.205	0.418	0.1
		中位数	0.214	0.2	0.278	0.556	0.061	0.167	0.444	0.056
		标准差	0.109	0.178	0.129	0.233	0.15	0.192	0.214	0.102
		最小值	0.053	0	0	0	0	0	0	0
		最大值	0.754	0.933	0.714	1	0.917	1	1	0.611
2010		样本数	1839	1839	1839	1839	1839	1839	1839	1839
		均值	0.263	0.284	0.303	0.682	0.126	0.218	0.429	0.123
		中位数	0.231	0.2	0.286	0.667	0.074	0.167	0.444	0.111
		标准差	0.116	0.201	0.13	0.213	0.159	0.196	0.218	0.111
		最小值	0.067	0	0	0	0	0	0	0
		最大值	0.802	1	0.792	1	0.917	1	1	0.778

续表

Panel A 行业		统计量	社会责任指数	政府责任	员工责任	股东责任	环境责任	消费者责任	合作伙伴责任	社区责任
2011		样本数	1971	1971	1971	1971	1971	1971	1971	1971
		均值	0.271	0.294	0.318	0.644	0.134	0.235	0.446	0.123
		中位数	0.237	0.2	0.292	0.667	0.074	0.167	0.444	0.095
		标准差	0.12	0.204	0.13	0.216	0.166	0.203	0.219	0.118
		最小值	0	0	0	0	0	0	0	0
		最大值	0.782	1	0.792	1	0.944	1	1	0.944
2012		样本数	2044	2044	2044	2044	2044	2044	2044	2044
		均值	0.299	0.35	0.365	0.572	0.159	0.264	0.497	0.139
		中位数	0.267	0.278	0.364	0.556	0.111	0.208	0.5	0.111
		标准差	0.121	0.194	0.131	0.226	0.174	0.218	0.24	0.126
		最小值	0	0	0	0	0	0	0	0
		最大值	0.786	1	0.833	1	0.972	1	1	0.944
2013		样本数	2068	2068	2068	2068	2068	2068	2068	2068
		均值	0.313	0.368	0.38	0.611	0.172	0.274	0.507	0.146
		中位数	0.286	0.333	0.375	0.667	0.111	0.222	0.5	0.111
		标准差	0.123	0.195	0.132	0.231	0.179	0.221	0.242	0.126
		最小值	0	0	0.042	0	0	0	0	0
		最大值	0.786	1	0.875	1.444	0.972	1	1	0.944

续表

	统计量	社会责任指数	政府责任	员工责任	股东责任	环境责任	消费者责任	合作伙伴责任	社区责任
Panel A 行业 2014	样本数	2137	2137	2137	2137	2137	2137	2137	2137
	均值	0.316	0.372	0.39	0.597	0.176	0.279	0.51	0.145
	中位数	0.289	0.333	0.375	0.556	0.111	0.222	0.5	0.111
	标准差	0.125	0.196	0.131	0.233	0.18	0.221	0.243	0.13
	最小值	0	0	0	0	0	0	0	0
	最大值	0.851	1	0.833	1	0.972	1	1	0.833
合计	样本数	18585	18585	18585	18585	18585	18585	18585	18585
	均值	0.247	0.268	0.29	0.595	0.115	0.207	0.436	0.111
	中位数	0.217	0.2	0.273	0.556	0.056	0.167	0.444	0.083
	标准差	0.119	0.186	0.144	0.228	0.155	0.199	0.225	0.111
	最小值	0	0	0	0	0	0	0	0
	最大值	0.851	1	0.875	1.444	0.972	1	1	0.944
Panal B: t 检验 后 2008—2008 前		66.059***	59.618***	80.875***	10.246***	43.392***	38.835***	26.203***	38.16***

附表 5　经济影响力分析变量描述性统计分析

PanalA		统计量	CSR	INF_1	INF_2	INF_3	ANTI_1	ANTI_2	PERPGD	GOVER	FCLG	ROE	SIZE	LEV	AUDITOR	EPS	PC
非国有企业		样本数	2714	2692	2591	2679	2616	2596	2712	2714	2638	2714	2714	2714	2714	2714	2714
		均值	0.230	0.033	0.013	0.010	0.277	0.195	6.222	-0.326	0.792	0.065	21.553	0.499	0.011	0.309	0.541
		中位数	0.205	0.011	0.005	0.003	0.231	0.194	4.972	-0.200	0.785	0.076	21.455	0.500	0.000	0.218	1.000
		标准差	0.113	0.071	0.031	0.026	0.174	0.066	4.721	0.691	0.365	0.177	1.169	0.209	0.103	0.461	0.498
		最小值	0.052	0.000	0.000	0.000	0.023	0.040	0.680	-3.000	0.193	-0.943	18.964	0.056	0.000	-1.133	0.000
		最大值	0.733	0.558	0.268	0.249	0.801	0.433	28.554	2.800	2.382	0.480	25.549	1.143	1.000	2.186	1.000
国有企业		样本数	6284	6235	6000	6212	6038	5884	6283	6284	6081	6284	6284	6284	6284	6284	6284
		均值	0.249	0.059	0.018	0.018	0.263	0.185	6.625	-0.265	0.764	0.060	22.024	0.516	0.023	0.319	0.619
		中位数	0.215	0.019	0.006	0.004	0.212	0.180	5.148	-0.200	0.757	0.067	21.880	0.528	0.000	0.223	1.000
		标准差	0.122	0.103	0.040	0.042	0.183	0.066	5.243	0.612	0.335	0.149	1.226	0.191	0.151	0.493	0.486
		最小值	0.000	0.000	0.000	0.000	0.023	0.040	0.680	-2.910	0.193	-0.943	18.964	0.056	0.000	-1.133	0.000
		最大值	0.802	0.558	0.268	0.249	0.801	0.433	28.554	8.700	2.382	0.480	25.556	1.143	1.000	2.186	1.000
合计		样本数	8998	8927	8591	8891	8654	8480	8995	8998	8719	8998	8998	8998	8998	8998	8998
		均值	0.243	0.051	0.017	0.016	0.267	0.188	6.503	-0.283	0.773	0.062	21.882	0.511	0.020	0.316	0.595
		中位数	0.211	0.016	0.006	0.003	0.219	0.183	5.091	-0.200	0.770	0.070	21.766	0.519	0.000	0.221	1.000
		标准差	0.119	0.095	0.037	0.038	0.180	0.066	5.095	0.637	0.344	0.158	1.228	0.197	0.138	0.483	0.491
		最小值	0.000	0.000	0.000	0.000	0.023	0.040	0.680	-3.000	0.193	-0.943	18.964	0.056	0.000	-1.133	0.000
		最大值	0.802	0.558	0.268	0.249	0.801	0.433	28.554	8.700	2.382	0.480	25.557	1.143	1.000	2.187	1.000

附表6 经济影响力变量相关系数

	CSR	INF_1	INF_2	INF_3	ANTI_1	ANTI_2	PERGDP	GOVER	FCLG	ROE	SIZE	LEV	AUDITOR	EPS	UCT	PC
CSR	1															
INF_1	0.196***	1														
INF_2	0.177***	0.552***	1													
INF_3	0.107***	0.551***	0.491***	1												
ANTI_1	−0.031***	0.141***	0.086***	0.138***	1											
ANTI_2	0.004	0.046***	0.039***	0.094***	0.151***	1										
PERGDP	0.228***	0.021**	0.027**	0.012	0.133***	−0.046***	1									
GOVER	−0.029***	0.067***	−0.001	0.031***	−0.038***	−0.002	−0.052***	1								
FCLG	0.014	0.060***	0.053***	0.003	0.175***	0.052***	0.406***	−0.076***	1							
ROE	0.127***	0.104***	0.052***	0.193***	0.030***	−0.012	0.066***	0.009	0.051***	1						
SIZE	0.435***	0.487***	0.383***	0.407***	−0.018*	−0.010	0.272***	0.019*	0.096***	0.166***	1					
LEV	−0.005	0.175***	0.069***	−0.013	0.009	0.003	0.045***	−0.003	0.023**	−0.163***	0.248***	1				
AUDITOR	0.044***	0.235***	0.236***	0.281***	−0.028***	−0.023**	−0.018*	0.006	0.013	0.042***	0.207***	−0.021**	1			
EPS	0.238***	0.225***	0.137***	0.338***	0.027**	−0.011	0.111***	0.005	0.037***	0.653***	0.353***	−0.169***	0.094***	1		
UCT	0.071***	0.126***	0.063***	0.092***	−0.037***	−0.070***	0.036***	0.044***	−0.037***	−0.015	0.176***	0.040***	0.042***	0.0100	1	
PC	0.007	0.072***	0.075***	0.103***	0.003	0.012	−0.060***	−0.009	−0.050***	0.018*	0.110***	0.009	0.040***	0.047***	0.073***	1

注：***、**、* 分别表示通过显著水平为1%、5%和10%的检验。

附表7 不同政府类型下经济影响力与社会责任各维度关系

Panel A

	\multicolumn{6}{c}{干预型政府}					
	CSR	公众型政府	员工	股东	环境	消费者	合作伙伴	社区
INF_1	-0.243*	-0.979***	-0.254	-0.841	-0.115	-0.335*	-0.095	0.291
	(-1.661)	(-3.216)	(-1.043)	(-1.336)	(-0.586)	(-1.693)	(-0.637)	(1.565)
INF_2	0.273	4.237***	1.542	-5.399*	0.173	1.880**	-2.236***	-0.886
	(0.422)	(3.149)	(1.433)	(-1.942)	(0.201)	(2.150)	(-3.388)	(-1.080)
INF_3	-0.202	0.338	-0.406	0.158	-0.636**	-0.300	0.268	-0.185
	(-1.089)	(0.876)	(-1.316)	(0.198)	(-2.568)	(-1.199)	(1.416)	(-0.786)
ANTI_1	-0.039	-0.031	-0.119***	-0.099	-0.025	0.052	-0.019	0.038
	(-1.508)	(-0.572)	(-2.751)	(-0.891)	(-0.719)	(1.479)	(-0.709)	(1.170)
ANTI_2	-0.229**	-0.341*	-0.746***	0.578	-0.249**	-0.127	0.073	-0.242**
	(-2.524)	(-1.806)	(-4.939)	(1.481)	(-2.051)	(-1.038)	(0.792)	(-2.102)
PERGDP	0.008	0.019	0.022	-0.031	0.008	0.012	0.004	0.005
	(1.014)	(1.099)	(1.608)	(-0.870)	(0.692)	(1.113)	(0.425)	(0.470)
GOVER	-0.008	-0.017	-0.022	0.036	-0.008	0.021*	-0.010	-0.002
	(-0.864)	(-0.954)	(-1.539)	(0.954)	(-0.699)	(1.784)	(-1.081)	(-0.144)
FCLG	-0.129**	-0.261**	-0.211**	-0.208	-0.107	-0.101	-0.076	0.089
	(-2.357)	(-2.301)	(-2.325)	(-0.888)	(-1.466)	(-1.364)	(-1.362)	(1.290)

续表

Panel A	CSR	公众和政府	员工	干预型政府 股东	环境	消费者	合作伙伴	社区
ROE	-0.002 (-0.112)	-0.013 (-0.344)	0.009 (0.301)	0.034 (0.443)	0.005 (0.207)	0.001 (0.024)	-0.031* (-1.718)	0.021 (0.912)
SIZE	0.064*** (5.635)	0.126*** (5.301)	0.102*** (5.373)	0.032 (0.644)	0.060*** (3.950)	0.008 (0.490)	0.046*** (3.948)	0.064*** (4.414)
LEV	-0.013 (-0.377)	-0.026 (-0.355)	-0.050 (-0.861)	0.042 (0.282)	0.053 (1.142)	0.017 (0.368)	-0.042 (-1.180)	-0.048 (-1.073)
AUDITOR	0.010 (0.178)	0.012 (0.111)	0.051 (0.566)	-0.192 (-0.824)	0.061 (0.847)	0.039 (0.529)	-0.043 (-0.771)	-0.026 (-0.382)
EPS	0.004 (0.269)	0.043 (1.602)	0.001 (0.029)	-0.109* (-1.941)	0.008 (0.437)	0.011 (0.619)	0.023* (1.737)	-0.012 (-0.718)
UCT	0.012 (0.818)	-0.013 (-0.430)	0.043* (1.799)	-0.020 (-0.320)	0.003 (0.136)	0.021 (1.095)	0.018 (1.233)	-0.014 (-0.758)
PC	0.008 (0.962)	0.022 (1.201)	0.012 (0.812)	-0.020 (-0.529)	0.017 (1.454)	0.001 (0.066)	-0.004 (-0.408)	0.008 (0.747)
_cons	-1.061*** (-4.404)	-2.339*** (-4.666)	-1.719*** (-4.284)	0.106 (0.103)	-1.123*** (-3.487)	-0.019 (-0.058)	-0.524** (-2.131)	-1.229*** (-4.021)
N	450	450	450	450	450	450	450	450
R-sq	0.236	0.246	0.339	0.090	0.173	0.070	0.124	0.132

续表

Panel B 转轨型政府

Panel B	CSR	公众和政府	员工	股东	环境	消费者	合作伙伴	社区
INF_1	-0.017	-0.016	-0.080**	-0.251***	0.087**	0.036	-0.038	0.057*
	(-0.557)	(-0.274)	(-2.029)	(-2.642)	(2.158)	(0.813)	(-0.956)	(1.671)
INF_2	-0.181***	-0.301**	-0.128	-0.104	-0.120	-0.415***	-0.154*	-0.060
	(-2.648)	(-2.306)	(-1.415)	(-0.474)	(-1.289)	(-4.061)	(-1.667)	(-0.771)
INF_3	-0.118**	-0.387***	-0.154**	0.085	-0.284***	-0.108	0.068	-0.097
	(-2.060)	(-3.554)	(-2.035)	(0.463)	(-3.655)	(-1.264)	(0.884)	(-1.489)
ANTI_1	-0.004	0.030	-0.008	-0.044	0.001	-0.012	0.017	-0.005
	(-0.429)	(1.642)	(-0.638)	(-1.466)	(0.047)	(-0.831)	(1.356)	(-0.445)
ANTI_2	0.039	0.068	0.050	-0.108	0.106***	0.048	0.059*	-0.052*
	(1.535)	(1.411)	(1.507)	(-1.336)	(3.097)	(1.270)	(1.748)	(-1.793)
PERGDP	0.013***	0.021***	0.019***	0.004***	0.011***	0.012***	0.009***	0.006***
	(28.120)	(23.940)	(30.575)	(2.806)	(18.010)	(17.628)	(14.374)	(11.957)
GOVER	-0.000	0.001	0.000	0.005	0.003	-0.011***	0.003	-0.003
	(-0.090)	(0.109)	(0.105)	(0.592)	(0.764)	(-2.737)	(0.948)	(-0.882)
FCLG	-0.036***	-0.113***	-0.022	-0.070*	-0.022	-0.058***	0.021	-0.008
	(-3.120)	(-5.080)	(-1.450)	(-1.884)	(-1.359)	(-3.335)	(1.326)	(-0.618)
ROE	-0.007	-0.025*	0.002	-0.011	-0.006	0.002	0.004	0.001
	(-0.859)	(-1.710)	(0.161)	(-0.450)	(-0.608)	(0.214)	(0.382)	(0.166)

续表

Panel B	CSR	转轨型政府					
		公众和政府	员工	股东	环境	消费者	合作伙伴	社区
SIZE	0.052***	0.095***	0.066***	-0.018***	0.058***	0.044***	0.039***	0.032***
	(25.298)	(24.346)	(24.587)	(-2.767)	(21.056)	(14.349)	(14.152)	(13.571)
LEV	-0.024***	-0.063***	-0.014	0.098***	-0.026**	-0.032**	-0.039***	-0.014
	(-2.825)	(-3.952)	(-1.287)	(3.649)	(-2.247)	(-2.547)	(-3.399)	(-1.466)
AUDITOR	-0.045***	-0.059***	-0.038***	0.016	-0.041***	-0.074***	-0.054***	-0.017*
	(-5.502)	(-3.763)	(-3.528)	(0.611)	(-3.638)	(-6.005)	(-4.859)	(-1.814)
EPS	0.007**	0.013**	0.011**	-0.019*	0.012**	-0.001	0.003	0.008***
	(2.154)	(1.972)	(2.559)	(-1.770)	(2.562)	(-0.258)	(0.585)	(2.115)
UCT	-0.001	-0.000	-0.001	-0.026	0.006	-0.020**	-0.004	0.010
	(-0.167)	(-0.017)	(-0.081)	(-1.420)	(0.806)	(-2.426)	(-0.520)	(1.570)
PC	-0.008***	-0.015***	-0.007**	0.003	-0.014***	-0.011***	-0.007**	-0.003
	(-3.118)	(-3.234)	(-2.083)	(0.427)	(-4.102)	(-2.891)	(-2.098)	(-1.132)
_cons	-0.911***	-1.797***	-1.243***	1.038***	-1.200***	-0.742***	-0.479***	-0.600***
	(-21.070)	(-21.839)	(-21.713)	(7.506)	(-20.431)	(-11.500)	(-8.227)	(-12.135)
N	6204	6204	6204	6204	6204	6204	6204	6204
R-sq	0.424	0.372	0.441	0.012	0.295	0.212	0.178	0.151

续表

Panel C	CSR	市场化政府						
		公众和政府	员工	股东	环境	消费者	合作伙伴	社区
INF_1	0.046	0.016	0.027	-0.542***	0.113*	0.243***	0.047	-0.000
	(0.952)	(0.182)	(0.433)	(-3.605)	(1.764)	(4.219)	(0.725)	(-0.007)
INF_2	0.163	-0.006	0.078	-0.530	0.435**	0.122	-0.275	0.207
	(1.171)	(-0.022)	(0.434)	(-1.216)	(2.341)	(0.731)	(-1.474)	(1.277)
INF_3	-0.547***	-0.479**	-0.340**	-0.439	-0.624***	-0.313**	-0.223	-0.334***
	(-5.288)	(-2.561)	(-2.541)	(-1.355)	(-4.511)	(-2.521)	(-1.606)	(-2.777)
ANTI_1	0.010	0.018	-0.013	0.051	0.021	0.053*	0.015	0.004
	(0.416)	(0.393)	(-0.410)	(0.644)	(0.608)	(1.752)	(0.433)	(0.137)
ANTI_2	0.407***	0.423***	0.501***	0.872***	0.213**	0.187**	0.255***	0.236***
	(5.735)	(3.295)	(5.465)	(3.917)	(2.242)	(2.200)	(2.678)	(2.858)
PERGDP	0.009***	0.012***	0.013***	-0.003	0.008***	0.008***	0.007***	0.005***
	(9.062)	(7.046)	(10.576)	(-1.159)	(5.918)	(6.517)	(5.458)	(4.080)
GOVER	-0.003	0.020	-0.002	-0.033	0.011	-0.012	-0.014	-0.008
	(-0.404)	(1.635)	(-0.211)	(-1.545)	(1.184)	(-1.454)	(-1.500)	(-1.033)
FCLG	-0.037***	-0.066***	-0.034**	-0.024	-0.031**	-0.007	-0.024*	-0.034***
	(-3.526)	(-3.438)	(-2.501)	(-0.731)	(-2.197)	(-0.544)	(-1.695)	(-2.758)
ROE	-0.037	-0.036	-0.040	-0.080	-0.012	0.024	-0.044	0.022
	(-1.209)	(-0.644)	(-1.015)	(-0.834)	(-0.289)	(0.663)	(-1.067)	(0.630)

续表

Panel C	CSR	公众和政府	员工	股东	环境	消费者	合作伙伴	社区
					市场化政府			
SIZE	0.036***	0.090***	0.048***	-0.013	0.040***	0.024***	0.020**	0.026***
	(5.151)	(7.059)	(5.313)	(-0.593)	(4.232)	(2.801)	(2.117)	(3.179)
LEV	-0.052*	-0.102*	-0.012	0.162	-0.100**	-0.149***	-0.097**	0.003
	(-1.664)	(-1.797)	(-0.298)	(1.644)	(-2.378)	(-3.956)	(-2.307)	(0.080)
AUDITOR	-0.089***	-0.067	-0.087**	-0.035	-0.122***	-0.118***	-0.076**	-0.033
	(-3.415)	(-1.420)	(-2.570)	(-0.427)	(-3.496)	(-3.755)	(-2.160)	(-1.075)
EPS	0.028**	0.051**	0.034**	-0.026	0.026*	-0.008	0.019	0.018
	(2.467)	(2.432)	(2.290)	(-0.723)	(1.667)	(-0.596)	(1.197)	(1.343)
UCT	0.014	0.053**	-0.002	-0.020	0.041**	0.009	0.031	0.012
	(0.961)	(1.983)	(-0.090)	(-0.423)	(2.031)	(0.503)	(1.566)	(0.699)
PC	-0.014*	-0.017	-0.021**	-0.011	-0.024**	0.004	0.006	-0.014
	(-1.738)	(-1.148)	(-2.014)	(-0.431)	(-2.207)	(0.403)	(0.545)	(-1.527)
_cons	-0.625***	-1.761***	-0.911***	0.783*	-0.807***	-0.397**	-0.059	-0.504***
	(-4.438)	(-6.906)	(-5.006)	(1.773)	(-4.276)	(-2.348)	(-0.314)	(-3.072)
N	805	805	805	805	805	805	805	805
R-sq	0.451	0.396	0.474	0.072	0.297	0.261	0.188	0.194

附表 8 政治影响力变量描述性统计分析

Panel A

PC		CSR	PCIND	NPCC	ARMY	AEMAO	ANTI_1	ANTI_2	PERGDP	GOVER	FCLG	ROE	SIZE	LEV	AUDITOR	EPS	UCT
无 政 治 关 联	样本数	6066	6066	6066	6066	5746	5866	5778	6063	6063	5920	6066	6066	6066	6066	6066	6066
	平均值	0.245	0.000	0.000	0.000	-0.253	0.265	0.190	7.262	-0.269	0.800	0.056	21.597	0.483	0.011	0.291	0.537
	中位数	0.217	0.000	0.000	0.000	0.029	0.219	0.185	5.872	-0.190	0.790	0.067	21.496	0.481	0.000	0.216	1.000
	标准差	0.116	0.000	0.000	0.000	1.445	0.173	0.066	5.541	0.591	0.349	0.168	1.164	0.219	0.103	0.456	0.499
	最小值	0.000	0.000	0.000	0.000	-10.455	0.023	0.040	0.680	-2.201	0.193	-0.943	19.033	0.057	0.000	-1.134	0.000
	最大值	0.786	0.000	0.000	0.000	0.578	0.801	0.433	28.554	1.111	2.382	0.472	25.558	1.140	1.000	2.188	1.000
有 政 治 关 联	样本数	8628	8628	8621	8629	8140	8359	8176	8628	8628	8421	8628	8628	8628	8628	8628	8628
	平均值	0.256	8.773	1.684	0.098	-0.128	0.269	0.191	6.623	-0.304	0.778	0.065	21.910	0.492	0.025	0.351	0.612
	中位数	0.222	7.000	0.000	0.000	0.029	0.218	0.186	5.214	-0.200	0.771	0.075	21.746	0.500	0.000	0.266	1.000
	标准差	0.124	8.614	2.538	0.522	1.052	0.179	0.064	5.129	0.631	0.352	0.153	1.290	0.211	0.155	0.493	0.487
	最小值	0.040	0.000	0.000	0.000	-10.455	0.023	0.040	0.680	-2.201	0.193	-0.943	19.033	0.057	0.000	-1.134	0.000
	最大值	0.802	41.000	10.000	3.000	0.578	0.801	0.433	28.554	1.111	2.382	0.472	25.558	1.140	1.000	2.187	1.000
全 样 本	样本数	14694	14694	14687	14694	13886	14225	13954	14691	14691	14341	14694	14694	14694	14694	14694	14694
	平均值	0.251	5.151	0.988	0.057	-0.180	0.268	0.190	6.887	-0.290	0.787	0.062	21.781	0.488	0.019	0.326	0.581
	中位数	0.222	0.000	0.000	0.000	0.029	0.218	0.186	5.454	-0.200	0.779	0.072	21.641	0.493	0.000	0.246	1.000

续表

Panel A

PC		CSR	PCIND	NPCC	ARMY	AEMAO	ANTL_1	ANTL_2	PERGDP	GOVER	FCLG	ROE	SIZE	LEV	AUDITOR	EPS	UCT
	标准差	0.121	7.888	2.114	0.403	1.231	0.177	0.065	5.312	0.615	0.351	0.160	1.249	0.214	0.136	0.479	0.493
全样本	最小值	0.000	0.000	0.000	0.000	-10.455	0.023	0.040	0.680	-2.201	0.193	-0.943	19.033	0.057	0.000	-1.134	0.000
	最大值	0.802	41.000	10.000	3.000	0.578	0.801	0.433	28.554	1.111	2.382	0.472	25.558	1.140	1.000	2.187	1.000

Panel B t检 无关联-有关联

| | -5.273*** | | | | — | — | -5.893*** | -1.365 | -0.821 | 7.195*** | 3.395*** | 3.766*** | -3.469*** | -15.087*** | -2.571** | -6.128*** | -7.423*** | -9.319*** |

注：***、**、*分别表示通过显著水平为1%、5%和10%的检验。

附表9 政治影响力相关系数

	CSR	PCIND	NPCC	ARMY	AEMAO	ANTL_1	ANTL_2	PERGDP	GOVER	FCLG	ROE	SIZE	LEV	AUDITOR	EPS	UCT
CSR	1															
PCIND	0.067***	1														
NPCC	0.120***	0.113***	1													
ARMY	-0.020***	0.080***	0.035***	1												
AEMA	0.144***	0.037***	0.041***	-0.002	1											
ANTL_1	-0.028***	0.033***	-0.022***	0.012	-0.024***	1										

续表

	CSR	PCIND	NPCC	ARMY	AEMAO	ANTI_1	ANTI_2	PERGDP	GOVER	FCLG	ROE	SIZE	LEV	AUDITOR	EPS	UCT
ANTI_2	0.041***	−0.054***	0.018**	−0.029***	−0.058***	0.109***	1									
PERGDP	0.197***	−0.024***	−0.007	−0.015*	0.032***	0.178***	−0.043***	1								
GOVER	−0.061***	−0.022***	0.001	−0.011	−0.008	−0.033***	−0.009	−0.061***	1							
FCLG	0.026**	0.019**	−0.040***	−0.031***	0.059***	0.218***	0.049***	0.396***	−0.116***	1						
ROE	0.134***	0.0130	0.071***	−0.012	0.092***	0.032***	0.003	0.062***	0.002	0.053***	1					
SIZE	0.418***	0.208***	0.144***	0.031***	0.250***	0.006	−0.013	0.211***	−0.007	0.083***	0.149***	1				
LEV	−0.048***	0.068***	−0.021**	0.012	−0.107***	0.007	−0.006	−0.017**	0.008	0.017**	−0.152***	0.250***	1			
AUDITOR	0.080***	0.115***	0.100***	0.003	0.026***	0.008	−0.022**	0.007	−0.008	0.020**	0.032***	0.240***	0.022***	1		
EPS	0.242***	0.027***	0.115***	−0.010	0.141***	0.021**	0.011	0.098***	−0.013	0.049***	0.609***	0.312***	−0.221***	0.069***	1	
UCT	0.036***	0.197***	−0.084***	0.040***	0.095***	0.0110	−0.068***	−0.048***	0.051***	−0.040***	−0.034***	0.249***	0.172***	0.079***	−0.036***	1

注：***、**、*分别表示通过显著水平为1%、5%和10%的检验。

附表10 政治影响力与企业社会责任各维度关系

	政府和公众		员工责任		股东责任		环境责任		消费者责任		合作伙伴责任		社区责任	
	非国有企业	国有企业	非国有企业	国有企业	非国有企业	国有企业	非国有企业	国有企业	非国有企业	国有企业	非国有企业	国有企业	非国有企业	国有企业
PCIND	−0.002***	0.002***	−0.002***	0.000	−0.000	−0.001	−0.001*	0.001**	−0.000	0.000	−0.001**	−0.000	−0.000	0.000
	(−2.531)	(4.275)	(−3.536)	(1.616)	(−0.133)	(−1.158)	(−1.695)	(2.199)	(−0.167)	(2.860)	(−2.314)	(−1.018)	(−1.013)	(0.865)

续表

	政府和公众		员工责任		股东责任		环境责任		消费者责任		合作伙伴责任		社区责任	
	非国有企业	国有企业	非国有企业	国有企业	非国有企业	国有企业	非国有企业	国有企业	非国有企业	国有企业	非国有企业	国有企业	非国有企业	国有企业
NPCC	0.003** (1.998)	-0.000 (-0.207)	0.002 (1.298)	-0.001 (-0.832)	0.002 (0.489)	-0.004* (-1.648)	0.002 (1.431)	-0.003** (-2.457)	0.002 (1.468)	-0.003** (-2.558)	0.000 (0.162)	-0.001 (-1.540)	0.001 (1.216)	0.001 (0.841)
ARMY	0.023*** (3.130)	0.001 (0.190)	0.019*** (3.428)	-0.002 (-0.416)	0.021 (1.343)	-0.001 (-0.058)	0.016*** (2.765)	-0.003 (-0.652)	0.011* (1.828)	0.003 (0.741)	0.007 (1.283)	-0.003 (-0.850)	-0.002 (-0.304)	-0.003 (-0.754)
AEMAO	-0.007*** (-2.657)	-0.016*** (-3.205)	-0.003 (-1.632)	-0.009** (-2.532)	-0.023*** (-3.987)	-0.028*** (-3.168)	-0.002 (-1.101)	-0.004 (-0.995)	-0.001 (-0.485)	0.001 (0.254)	0.000 (0.095)	0.010*** (2.726)	0.001 (0.345)	0.000 (0.151)
ANTL_1	-0.046* (-1.661)	0.005 (0.256)	-0.009 (-0.427)	-0.048*** (-3.377)	-0.126** (-2.181)	-0.088** (-2.518)	0.002 (0.119)	-0.020 (-1.306)	-0.016 (-0.768)	-0.013 (-0.770)	0.001 (0.035)	-0.011 (-0.779)	-0.005 (-0.276)	-0.004 (-0.286)
ANTL_2	0.121 (1.594)	0.136** (2.251)	-0.027 (-0.484)	0.069 (1.630)	-0.059 (-0.371)	0.113 (1.090)	0.057 (1.001)	0.096** (2.075)	0.019 (0.327)	0.048 (0.972)	0.219*** (3.754)	0.125*** (2.976)	0.025 (0.487)	-0.019 (-0.495)
PERGDP	0.017*** (11.884)	0.015*** (14.698)	0.015*** (14.515)	0.015*** (20.516)	-0.001 (-0.460)	0.004*** (2.437)	0.010*** (9.588)	0.009*** (11.683)	0.009*** (8.392)	0.009*** (10.284)	0.013*** (11.738)	0.008*** (10.547)	0.005*** (5.078)	0.006*** (9.176)
GOVER	-0.010 (-1.452)	0.010* (1.684)	-0.010* (-1.864)	-0.002 (-0.451)	0.017 (1.134)	0.006 (0.642)	-0.000 (-0.050)	0.004 (0.975)	-0.006 (-1.022)	0.002 (0.321)	-0.008 (-1.447)	0.004 (1.090)	-0.006 (-1.192)	-0.002 (-0.682)
FCLG	-0.086*** (-4.130)	-0.073*** (-4.257)	-0.022 (-1.422)	-0.015 (-1.294)	-0.006 (-0.137)	-0.057* (-1.937)	-0.038** (-2.401)	-0.041*** (-3.117)	-0.012 (-0.746)	-0.045*** (-3.229)	-0.037** (-2.314)	0.003 (0.260)	-0.009 (-0.615)	-0.032*** (-3.030)

续表

	政府和公众		员工责任		股东责任		环境责任		消费者责任		合作伙伴责任		社区责任	
	非国有企业	国有企业	非国有企业	国有企业	非国有企业	国有企业	非国有企业	国有企业	非国有企业	国有企业	非国有企业	国有企业	非国有企业	国有企业
ROE	0.024	-0.046**	0.030*	-0.024*	0.004	-0.042	0.020	-0.046***	0.005	-0.041***	0.003	-0.013	0.007	-0.025**
	(1.133)	(-2.464)	(1.944)	(-1.818)	(0.096)	(-1.306)	(1.267)	(-3.188)	(0.330)	(-2.692)	(0.212)	(-0.991)	(0.501)	(-2.101)
SIZE	0.079***	0.129***	0.051***	0.086***	-0.005	-0.029***	0.043***	0.078***	0.032***	0.064***	0.027***	0.043***	0.030***	0.042***
	(14.651)	(24.062)	(12.702)	(22.972)	(-0.441)	(-3.184)	(10.554)	(19.231)	(7.510)	(14.747)	(6.400)	(11.494)	(8.116)	(12.509)
LEV	-0.096***	-0.068***	-0.060***	-0.005	0.098**	0.054	-0.056***	-0.027	-0.042**	-0.060***	-0.063***	-0.071***	-0.025	-0.033***
	(-4.027)	(-3.002)	(-3.391)	(-0.302)	(1.963)	(1.415)	(-3.158)	(-1.584)	(-2.285)	(-3.281)	(-3.418)	(-4.551)	(-1.527)	(-2.343)
AUDITOR	-0.070**	-0.047***	-0.017	-0.029**	0.081	-0.024	-0.042	-0.069***	-0.123***	-0.065***	0.022	-0.045***	-0.048**	-0.013
	(-2.011)	(-2.913)	(-0.646)	(-2.534)	(1.108)	(-0.864)	(-1.618)	(-5.578)	(-4.561)	(-4.954)	(0.821)	(-3.954)	(-2.034)	(-1.298)
EPS	-0.013	0.016**	-0.016**	0.014***	-0.080***	-0.021	-0.012*	0.015***	-0.014**	0.003	-0.002	0.007	-0.002	0.019***
	(-1.411)	(2.173)	(-2.435)	(2.702)	(-4.205)	(-1.638)	(-1.761)	(2.651)	(-2.022)	(0.550)	(-0.308)	(1.341)	(-0.344)	(4.028)
_cons	-1.412***	-2.591***	-0.823***	-1.668***	0.746***	1.255***	-0.822***	-1.609***	-0.477***	-1.195***	-0.181**	-0.559***	-0.534***	-0.798***
	(-12.648)	(-23.104)	(-9.944)	(-21.327)	(3.186)	(6.555)	(-9.786)	(-18.855)	(-5.499)	(-13.144)	(-2.102)	(-7.169)	(-7.031)	(-11.423)
N	2453	4234	2453	4234	2453	4234	2453	4234	2453	4234	2453	4234	2453	4234
R-sq	0.327	0.382	0.330	0.439	0.033	0.017	0.214	0.294	0.152	0.202	0.185	0.168	0.110	0.169

注：***、**、*分别表示通过显著水平为1%、5%和10%的检验。

附表 11 行业影响力变量描述性统计分析

Panel A

UCT		CSR	PAI	NPAI	STA	ANTI_1	ANTI_2	PERGDP	GOVER	FCLG	ROE	SIZE	LEV	AUDITOR	EPS
非国有企业		6152	6152	6152	6152	6005	5949	6045	6150	6149	6152	6152	6152	6152	6152
		0.246	5.834	7.406	0.170	0.265	0.195	0.804	7.153	-0.328	0.068	21.414	0.445	0.006	0.346
		0.222	0.000	5.000	0.000	0.218	0.194	0.795	5.776	-0.200	0.076	21.330	0.439	0.000	0.284
		0.113	9.650	9.523	2.240	0.166	0.061	0.355	5.393	0.670	0.159	1.079	0.227	0.078	0.454
		0.000	0.000	0.000	0.000	0.023	0.040	0.193	0.680	-3.260	-0.943	18.964	0.056	0.000	-1.133
		0.733	43.000	45.000	74.000	0.801	0.433	2.382	28.554	2.990	0.480	25.549	1.143	1.000	2.186
国有企业		8542	8542	8542	8541	8220	8005	8296	8541	8542	8542	8542	8542	8542	8542
		0.255	4.046	6.993	0.134	0.269	0.187	0.775	6.695	-0.260	0.057	22.044	0.519	0.028	0.311
		0.218	0.000	3.000	0.000	0.219	0.182	0.765	5.198	-0.200	0.068	21.873	0.528	0.000	0.225
		0.126	8.239	9.691	1.879	0.184	0.067	0.347	5.245	0.618	0.161	1.299	0.199	0.165	0.495
		0.000	0.000	0.000	0.000	0.023	0.040	0.193	0.680	-2.910	-0.943	18.964	0.056	0.000	-1.133
		0.802	43.000	45.000	91.000	0.801	0.433	2.382	28.554	8.700	0.480	25.556	1.143	1.000	2.186
合计		14694	14694	14694	14693	14225	13954	14341	14691	14691	14694	14694	14694	14694	14694
		0.251	4.795	7.166	0.149	0.268	0.190	0.787	6.887	-0.288	0.062	21.780	0.488	0.019	0.326
		0.222	0.000	3.000	0.000	0.218	0.186	0.779	5.454	-0.200	0.072	21.641	0.493	0.000	0.246

续表

Panel A

UCT	CSR	PAI	NPAI	STA	ANTI_1	ANTI_2	PERGDP	GOVER	FCLG	ROE	SIZE	LEV	AUDITOR	EPS
	0.121	8.901	9.623	2.038	0.177	0.065	0.351	5.312	0.641	0.160	1.251	0.214	0.136	0.479
	0.000	0.000	0.000	0.000	0.023	0.040	0.193	0.680	-3.260	-0.943	18.964	0.056	0.000	-1.133
合计	0.802	43.000	45.000	91.000	0.801	0.433	2.382	28.554	8.700	0.480	25.556	1.143	1.000	2.186

Panel B: 值检验

	CSR	PAI	NPAI	STA	ANTI_1	ANTI_2	PERGDP	GOVER	FCLG	ROE	SIZE	LEV	AUDITOR	EPS
非国有—国有	-4.386 ***	12.074 ***	2.563 **	1.036	-1.318	8.065 ***	4.816 ***	5.157 ***	-6.431 ***	4.149 ***	-31.101 ***	-21.130 ***	-9.651 ***	4.36 ***
无政治联系—有政治联系	-5.273 ***	-19.746 ***	-30.3792 ***	-1.9061 *	-1.3653	-0.8213	7.195 ***	3.2233 ***	3.7661 ***	-3.4554 ***	-15.085 ***	-2.5634 **	-6.1278 ***	-7.423 ***

附表 12 行业影响力相关系数

	CSR	PAI	NPAI	STA	ANTI_1	ANTI_2	PERGDP	GOVER	FCLG	ROE	SIZE	LEV	AUDITOR	EPS	UCT	PC
CSR	1															
PAI	0.128 ***	1														
NPAI	0.112 ***	0.292 ***	1													

续表

	CSR	PAI	NPAI	STA	ANTI_1	ANTI_2	PERGDP	GOVER	FCLG	ROE	SIZE	LEV	AUDITOR	EPS	UCT	PC
STA	0.066 ***	0.042 ***	0.021 **	1												
ANTI_1	-0.028 ***	-0.024 ***	0.041 ***	0.012	1											
ANTI_2	0.041 ***	0.013	-0.003	-0.006	0.109 ***	1										
PERGDP	0.197 ***	0.034 ***	0.061 ***	0.033 ***	0.178 ***	-0.043 ***	1									
GOVER	-0.061 ***	-0.008	-0.009	-0.019 **	-0.025 ***	-0.014	-0.062 ***	1								
FCLG	0.026 ***	0.016 *	0.011	0.016 *	0.218 ***	0.049 ***	0.396 ***	-0.115 ***	1							
ROE	0.134 ***	0.061 ***	0.065 ***	0.021 **	0.032 ***	0.003	0.062 ***	0.003	0.052 ***	1						
SIZE	0.419 ***	0.081 ***	0.138 ***	0.027 ***	0.006	-0.013	0.211 ***	-0.005	0.083 ***	0.148 ***	1					
LEV	-0.048 ***	-0.083 ***	0.021 **	-0.015 *	0.007	-0.006	-0.017 **	0.009	0.017 **	-0.150 ***	0.249 ***	1				
AUDITOR	0.080 ***	0.048 ***	0.087 ***	0.007	0.008	-0.022 **	0.007	-0.008	0.020 **	0.031 ***	0.240 ***	0.022 ***	1			
EPS	0.242 ***	0.133 ***	0.096 ***	0.061 ***	0.021 **	0.011	0.098 ***	-0.012	0.049 ***	0.608 ***	0.313 ***	-0.221 ***	0.069 ***	1		
UCT	0.036 ***	-0.099 ***	-0.021 **	-0.009	0.011	-0.068 ***	-0.043 ***	0.053 ***	-0.040 ***	-0.034 ***	0.249 ***	0.172 ***	0.079 ***	-0.036 ***	1	
PC	0.043 ***	0.161 ***	0.243 ***	0.016 *	0.011	0.007	-0.059 ***	-0.027 ***	-0.031 ***	0.028 ***	0.123 ***	0.021 **	0.050 ***	0.061 ***	0.075 ***	1

注：***、**、*分别表示通过显著水平为1%、5%和10%的检验。

附表 13　行业影响力与企业社会责任维度关系

	公众和政府	员工	股东	社会责任各维度影响 环境	消费者	合作伙伴	社区
PAI	0.0005**	-0.0002	-0.0002	0.0003*	-0.0000	-0.0002	0.0002
	(2.0971)	(-0.9788)	(-0.4774)	(1.8668)	(-0.2141)	(-1.2302)	(1.1842)
NPAI	0.0003*	0.0003**	0.0000	0.0005***	0.0003**	0.0003**	-0.0000
	(1.7401)	(2.4785)	(0.0140)	(3.2597)	(2.3107)	(2.1067)	(-0.4127)
STA	0.0002	0.0009*	0.0003	0.0012***	0.0005	0.0009*	0.0002
	(0.2534)	(1.8503)	(0.2604)	(2.6377)	(0.9252)	(1.7992)	(0.4683)
Dum_PAI#Dum_STA							
0#1	0.0115***	0.0147***	0.0148*	0.0056*	0.0121***	0.0051	0.0036
	(2.6538)	(4.7465)	(1.9386)	(1.7898)	(3.5843)	(1.5881)	(1.3678)
1#0	0.0072	0.0277***	0.0422	0.0111	0.0453***	0.0387***	-0.0070
	(0.4913)	(2.6367)	(1.6267)	(1.0422)	(3.9395)	(3.5575)	(-0.7794)
1#1	0.0359**	0.0390***	0.0398	0.0402***	0.0371***	0.0335***	0.0416***
	(2.1861)	(3.3370)	(1.3787)	(3.4010)	(2.9052)	(2.7672)	(4.1347)

续表

	公众和政府	社会责任各维度影响					
		员工	股东	环境	消费者	合作伙伴	社区
ANTI_1	-0.0031	-0.0302***	-0.0628***	-0.0082	-0.0084	-0.0009	0.0054
	(-0.2601)	(-3.5049)	(-2.9538)	(-0.9479)	(-0.8936)	(-0.1038)	(0.7240)
ANTI_2	0.1281***	0.0756***	0.0626	0.0819***	0.0202	0.0575**	-0.0067
	(3.9069)	(3.2345)	(1.0851)	(3.4712)	(0.7922)	(2.3792)	(-0.3325)
PERGDP	0.0179***	0.0174***	0.0042***	0.0103***	0.0106***	0.0101***	0.0055***
	(31.0909)	(42.4851)	(4.1749)	(24.8583)	(23.5920)	(23.6860)	(15.5665)
GOVER	0.0003	-0.0048**	0.0035	0.0037	-0.0034	0.0038	-0.0030
	(0.0977)	(-2.0089)	(0.5843)	(1.5046)	(-1.2720)	(1.5166)	(-1.4431)
FCLG	-0.0689***	-0.0234***	-0.0087	-0.0216***	-0.0262***	0.0078	-0.0093*
	(-7.4597)	(-3.5620)	(-0.5331)	(-3.2573)	(-3.6449)	(1.1526)	(-1.6518)
ROE	-0.0044	0.0157***	-0.0009	-0.0040	0.0000	0.0065	0.0007
	(-0.4601)	(2.2793)	(-0.0521)	(-0.5688)	(0.0018)	(0.9056)	(0.1113)
SIZE	0.0916***	0.0632***	-0.0151***	0.0529***	0.0416***	0.0348***	0.0330***
	(35.8286)	(34.6625)	(-3.3545)	(28.7579)	(20.8861)	(18.4473)	(21.0560)
LEV	-0.0334***	-0.0148*	0.0404**	-0.0208**	-0.0329***	-0.0463***	-0.0206***
	(-2.9632)	(-1.8466)	(2.0390)	(-2.5601)	(-3.7513)	(-5.5666)	(-2.9907)

续表

	社会责任各维度影响					
	公众和政府	员工	股东	环境	消费者	合作伙伴	社区
AUDITOR	-0.0793***	-0.0444***	-0.0238	-0.0687***	-0.0734***	-0.0480***	-0.0277***
	(-6.6901)	(-5.2483)	(-1.1415)	(-8.0450)	(-7.9503)	(-5.4854)	(-3.8126)
EPS	0.0046	0.0058*	-0.0315***	0.0079***	-0.0029	0.0020	0.0103***
	(1.1023)	(1.9163)	(-4.2403)	(2.5980)	(-0.8936)	(0.6409)	(3.9677)
UCT	-0.0088	0.0024	-0.0254**	0.0118**	-0.0099*	0.0007	0.0022
	(-1.2332)	(0.4720)	(-2.0253)	(2.3031)	(-1.7714)	(0.1328)	(0.5021)
PC	-0.0104***	-0.0049**	0.0025	-0.0113***	-0.0046*	-0.0048*	-0.0044**
	(-3.0778)	(-2.0419)	(0.4284)	(-4.6292)	(-1.7501)	(-1.9309)	(-2.1430)
_cons	-1.7663***	-1.1698***	0.9165***	-1.0818***	-0.7149***	-0.3713***	-0.6210***
	(-33.0597)	(-30.7110)	(9.7482)	(-28.1234)	(-17.1773)	(-9.4230)	(-18.9741)
N	11960	11960	11960	11960	11960	11960	11960
R-sq	0.346	0.414	0.008	0.263	0.192	0.177	0.145

注：括号内为 t 值，***、**、* 分别表示通过显著水平为1%、5%和10%的检验。

致　　谢

　　时光荏苒，岁月如梭。在本书即将付梓之际，回首在自贡、成都和南京穿梭的几年时光，不禁五味杂陈，感慨良多。在这8年里，我跨越了而立之年，经历了工作的忙碌，累积了教学和科研的经验，收获了知识和方法；同时，上天相继为我送来了两个可爱的宝宝，使我有幸体会到作为母亲的艰辛与快乐。几年来。我既需要承担哺育两名婴幼儿的责任，也要履行教学和科研的本职工作，更重要的是，我作为一名在读博士研究生，还有繁重的博士课程的学习和研究压力，同时兼具三种职责，扮演三种角色，不免在工作和学习上跌跌撞撞，步履维艰。一路走来，梅花香自苦寒来，相比古人的"十年磨一剑"，本书经过8年的酝酿、磨砺，从混沌到有序，终于破茧而出。在此，我需要感谢的人太多。

　　首先，要感谢的是我的恩师沈中华教授。有幸踏入师门，聆听老师的谆谆教导是我的荣幸。与恩师相识9年，老师以自己丰厚的学术沉淀、刻苦的钻研精神为我们树立了榜样。经济管理研究对我来说，最大的问题是实证方法和相关软件的学习。在导师的指导下，我开始系统学习伍德里奇的《计量经济学导论》《横截面与面板数据的经济计量分析》，学习到了在金融实证研究中的计量技巧和方法运用。在进入计量方法学习的殿堂后，我进入到"见山不是山，见水不是水"的混沌期——这个时期是最痛苦、最漫长的，也是"痛并快乐着"的一个学习阶段。此时，我得到了老师及时的点拨。他时常将我从痛苦的漩涡中及时拉扯出来，走上新的台阶。

致 谢

"不要轻易说不会，只能说不熟"，是每每在我遇到新的问题，表现出退缩时老师的鼓励和教诲。在老师的潜移默化中，这句话逐渐成为我面对新事物和新问题时的做事准则。直到有一天，当我5岁的儿子在玩乐高机器人遇到困难时突然说出"不是不会，只是不熟，多练习就会"的话时，我惊喜，老师做事的风格和态度已经在我的生活中得到传承。

其次，本书源于博士学位论文。因此我要感谢博士论文指导老师黄登仕教授、朱宏泉教授的悉心指导。两位老师多次对论文研究的主题、研究范围的筛选、研究假设的表述、研究结论和研究亮点的提炼等都进行了悉心的指导。尤其因得益于两位老师的反复指点，我在论文开题报告基础上，获得了国家社会科学基金项目的支持。

最后，盱多年的浸淫和学识的滋养，我从西南交通大学诸多教授的授课和讲座中获益良多。其中需要特别感谢王建琼老师和贾志永老师教授的《管理系统多变量分析》和《经济学前沿和方法论》课程。通过课程学习，我了解到管理学研究的基本方法和思路，理解到管理研究的范式，打开了自己的研究思路，拓展了研究的视野，规范了自己的科学研究方法，并且逐渐将这些科学、规范的研究方法融入到自己的日常研究工作中。感谢胡培教授、谭德庆教授在开题答辩中，帮我进一步捋清了思路，重新梳理了"规制俘获、企业社会责任"的关系，缩小了研究的范围，让我清楚地看到了自己学术研究中的瑕疵。他们的提问和建议更使得我有机会接受到一次学术的洗礼。

攻读博士学位，从学生到学者的蜕变，是一段一个人的孤寂旅行。每一个博士就读者都是自我修行路上的苦行僧。路途中即便是偶然的帮扶，也将为这场旅行点亮一盏指路的明灯。我的师兄苏忠秦，面对我论文结构的混沌、语言的拖沓、学术规范的欠妥，总是能及时提出意见，督促我改进。我的同门罗付岩总是在我对实证方法百思不得其解或者程序出现问题时及时给予我指点，一次次指出我论文中存在的计量问题。在此需要特别感谢的是，我的同学兼同事周杰。在论文数据跑完之时，面对大量来之不易的数据信息，我难以割舍，周杰及时帮助我对变量和数据信息进行了解读和甄别，使得我及时调整了写作的思路和重点，让我险入岔路的论文构思回归正途。当然，论文的完成还要感谢我的学生们。他们在我论文数据库的建立、数据资料的收集和整理中付出了自己的劳动，特别是我的硕士研究生王慧慧、韩斌同学，我的师妹金燕超同学，在数据的筛查、检查、补充和完善中付出了大量的心血。面对枯燥的数据检查、整理和大量的后期工作任劳任怨。

  博士取经的修行，是一场收获知识和风景，但须坚持不懈，长期付出时间、精力和金钱的过程。在此，我要感谢我曾经工作的四川轻化工的领导和同事。有了他们的支持才使得我有稳定的经济收入来维系家庭和学习的经济开支；感谢管理学院的同事，他们在课程教学安排和学院事务性工作中总是给予我诸多的照拂，使得我有更多的时间呆在成都完成我的学业。同时也要感谢支持和帮助我申请川酒发展研究中心课题的团队成员。我们从酒类企业社会责任入手，逐步培育出了四川省"十二五"规划课题和国家社会科学基金课题，并在诸多课题的支持下完成我的博士学位论文。

  在这段布满荆棘的攀登之旅中，大概只有我和我的家人才能深切感知我的坚持以及艰辛。曾经很长一段时间，只能在陪伴两个宝宝入睡后，才能起身让一盏孤灯陪伴我度过无数个寂静的夜晚；曾经一边给孩子哺乳一边看书，一边坐月子一边修改论文；为了完成论文的选题和开题，曾经有一年时间将儿子送回了老家，交给亲戚帮忙看护。这使得儿子与我疏远了很长一段时间，因为我没有太多时间和精力陪伴他玩耍。"再不陪我，我就长大了"是我几年来听到的最伤感的话语，个中滋味只有为人母后才能体会。论文的完成还应感谢我的家人给予了太多的支持和理解。在此，特别要感谢我的先生王亚军。7年共同的求学经历，15年的风雨相随，先生陪我笑对人生的喜悦，也陪我站在船头，共同面对求学和人生中的风浪。他总是在完成自己的工作之余，牺牲自己的时间和事业升迁机会，承担着繁忙的家务，陪伴和教育两个孩子；在我遇到问题烦躁不安时给予我及时的纾解；在母亲突然中风入院期间，衣不解带地照顾我的母亲。当然更需感谢将我带到人世的母亲。这些年来，母亲一直为我操持家务，将我从家务中解放出来，使我有更多的时间完成我的论文。最后要感谢公婆以及亲戚们对我工作和学习的理解，包容我科研和论文创作遇到瓶颈时的各种坏脾气，在我无暇顾及家务和照顾孩子时，及时伸出援助之手。在论文开题后，我们的女儿苒苒出生，使我在繁忙和艰辛的论文撰写中得到了无穷的欢乐。

郭　岚

2021 年 1 月

后　记

　　历时三年多的时间，本书在笔者博士论文基础上，不停地更新数据和文献，进行理论分析，实证结果分析，对策研究……书稿终于完成。创作是一个艰辛的过程，也是不断学习和提高的过程。犹记得2006年还在读硕士研究生时，初次接触企业社会责任研究时的情景。从懵懵懂懂，到初窥门径。我们一直被问及这样一个问题："企业为什么要履行社会责任？"如果企业社会责任仅仅是企业"责任"，那么就是企业不得已而为之的行为，企业缺乏积极性和动力去主动做好。

　　但是近几年来，国外企业社会责任管理，已经由最初的社会回应，进入到战略社会责任管理阶段，强调ESG协调发展。很多知名企业把社会责任作为自己的核心战略，提高企业的核心竞争力，并实现了企业的可持续发展。中国政府也相继颁布相应的法律和法规，促进企业积极履行社会责任。但是由于中国各区域经济、社会治理能力的巨大差异，各地区政府推进企业履行社会责任的规制能力存在差异。企业任意选择捐助项目，缺乏社会责任项目执行的持续动力，使得企业社会责任项目的社会效果难以评估；或者企业在高调捐赠的同时污染环境，企业履行社会责任不尽责的行为或"阳奉阴违"的行为，时有发生。在此背景下，本书从资源依赖角度去深度剖析企业社会责任多角色的根源，重点分析企业规制影响力与企业社会责任的关系。

　　虽然明知研究对象复杂，企业规制影响力与企业社会责任的关系错综复杂，但我们依然选择尝试，去理清企业影响力、政府类型；尝试探讨异质性政府能力条件下，规制俘获对企业社会责任的影响途径。企业影响力的基本来源是一种社会权力，这种权力被企业用于组织和控制人或物，以有效地实现个人或组织目标。企业可以通过自身的影响力获得利于企业自身的规则利益。从影响域的角度，本书将企业规制俘获的影响力划分为经济影响力、政治影响力和行业影响力。企业经济影响力是指企业无须诉诸对公共官员的私人支付，而是通过对企业所控制的资源，特别是控制的财富（诸如企业规模、国家所有权），来影响基本规则形成的能力。这种力量越强大，行动导致的变化也就越大，获取资源并有效地转化为所需的产品或服务的能力就越强。企业的政治影响力定义为企业影响政府的能力。在西方国家，企业可以通过资助候选人竞选，游说立法者等方式对法律和政府规制产生影响。行业影响力定义为企业通过行业协会的各种游说、政策咨询等形成规制的影响力。在对相关影响力进行界定基础上，根据中国实际，本书依次选取企业对地方经济发展、就业、财政的重要程度来计量企业经济影响力；依据上市公司高管中政治联系的类型和层级分别进行赋值和评分以衡量企业的政治影响力；依据企业参与行业专业协会和普通协会的类型和层级进行赋值和评分，以衡量企业的行业影响力。因此，企业规制影响力的计量和上市公司规制俘获能力数据库的构建是一项复杂而又有难度的工作。对企业规制影响力评价的过程，实际上是对企业错综复杂社会关系的梳理、判断和衡量的过程，其目的在于获得企业社会责任规制执行的影响效应，为研究规制俘获与企业社会责任关系奠定基础。

　　企业社会责任的计量方法一直是企业社会责任研究中一个存在长期争议的话题，选用不同的计量方法将带来不同的评价结果。为了保证研究成果的稳健性，笔者及课题组成员花费大量时间，进行了不同指标体系的构建和计量方法的比较研究。为保证分行业社会责任评价指标能真实体现行业的特殊社会责任，故在前期研究中，笔者比较深入地对中国上市公司各个行业产品特点、生产工艺流程特点进行了分析。但是，这些分析耗费了作者较多时间，致使本书完成周期较长。

　　虽然明知数据收集、整理工作难度较大，是本书的关键问题，但笔者和课题组成员依然始终坚持。在较为可靠、客观的数据基础上，本书分别检验了不同影响力对企业社会责任的影响机制。研究中，通过对不同俘获方式下的其他潜在影响因素进行控制，保证了研究的科学性。但由于企业各种规制影响力差异明显，研究中涉及的控制变量数目多且计量复杂，因此难以建立一个综合性的理论模型，将不同规制俘获影响力对企业社会责任履行的共同影响作用进行刻画。这也成为本研究的不足之一和未来研究的重点突破方向。此外，本书并未穷尽企业俘获政府的方式，例如企业可以通过专家影响力来影响规制强度；企业所处区域原生自然环境水平，也会影响政府规制强度和企业社会责任行为的选择，这些均将成为笔者未来的研究方向。

郭　岚

2021 年 5 月